高校教学的理论探索与多维实践
省级历史学重点专业类建设教研论文选

王 健◎主编

知识产权出版社
全国百佳图书出版单位

图书在版编目（CIP）数据

高校教学的理论探索与多维实践：省级历史学重点专业类建设教研论文选／王健主编．—北京：知识产权出版社，2016.7
 ISBN 978-7-5130-3135-6

Ⅰ．①高… Ⅱ．①王… Ⅲ．①高等学校—教学研究 Ⅳ．①G624.0

中国版本图书馆 CIP 数据核字（2014）第 256375 号

内容提要

本书为江苏师范大学历史学省级重点专业的教研论文专辑，展示了该专业教学一线团队所取得的前沿认知，对于提高历史学、文化产业学和旅游学的教学和科研水平、探索培养三大专业本科优秀人才的路径，均具有重要的探索意义和参考价值。

责任编辑：刘琳琳　　　　　　　　责任出版：孙婷婷
封面设计：李志伟

高校教学的理论探索与多维实践
——省级历史学重点专业类建设教研论文选
王　健　主编

出版发行：知识产权出版社有限责任公司	网　　址：http://www.ipph.cn
社　　址：北京市海淀区西外太平庄 55 号	邮　　编：100081
责编电话：010-82000860 转 8390	责编邮箱：susan-lin886@163.com
发行电话：010-82000860 转 8101/8102	发行传真：010-82000893/82005070/82000270
印　　刷：北京中献拓方科技发展有限公司	经　　销：各大网上书店、新华书店及相关专业书店
开　　本：720mm×1000mm　1/16	印　　张：20
版　　次：2016 年 7 月第 1 版	印　　次：2016 年 7 月第 1 次印刷
字　　数：350 千字	定　　价：48.00 元
ISBN 978-7-5130-3135-6	

出版权专有　侵权必究
如有印装质量问题，本社负责调换。

编委会

主　编：王　健

副主编：蒋　保

编　委：杨绪敏　姜　新　张秋生　王　欣　朱锦程

目 录

通识教育视野下的史学经典选择策略——以《通鉴纪事本末》
　　为例 ………………………………………………… 王　健（1）
高校中国古代史课引入研究性学习的方法 ………… 黄永美（9）
高教版中国近代史教材有关海军叙述的错误 ……… 陈先松（18）
近十年高校历史教学研究综述 ………………………… 刘德州（25）
论高校历史教学中原始资料的运用 …………………… 鞠长猛（32）
论师范院校中国古代史教学与高中历史教学的关系 ………… 薛海波（42）
世界历史教学中关于加强澳大利亚研究的重要性与教材中澳大利亚与
　　大洋洲内容的缺失及其思考 ………… 张秋生　高文燕（47）
高校世界现代史教学中的若干问题浅析 ……………… 赵辉兵（68）
女权运动在我国历史教学中的缺失和原因探析 ……… 宋严萍（74）
世界史课堂教学模式浅议——以世界近代史教学为例 ……… 颜　廷（80）
论师范院校世界古代史中有关中国史内容的教学 …………… 张　爽（88）
关于高校教风学风现状的调查与反思 ………………… 杨绪敏（93）
史学功能转化与建立应用史学 ………………………… 姜　新（102）
对师范类大学历史课教学的几点思考 ………………… 刘　玲（108）

高校历史专业本科学生培养模式探析——兼论本科生导师制

  的利弊 ………………………………………………… 戴　辉（115）

文化产业管理专业特色建设与创新研究 ………… 朱锦程　王　蕊（126）

我国高校旅游管理学生专业满意度调查研究——以江苏师范

  大学旅游管理专业为例 …………………………… 张红霞（132）

近三十年中国旅游史研究述评 …………………………… 孙天胜（139）

高校旅游管理课程考评存在的问题及解决对策 ………… 张　屏（158）

以职业经理人为目标导向的旅游人才培养模式创新探索——以

  江苏师范大学旅游管理专业为例 ………………… 王　欣（173）

旅游管理专业本科生酒店实习的优势及问题分析 ……… 颜丽丽（183）

浅谈多媒体视频作业在高校旅游英语教学中的应用 …… 焦海燕（190）

徐州市休闲观光创意农业发展研究 ……………………… 张红霞（196）

从"跷二郎腿"透视大学生身体健康意识——以江苏师范大学、

  陕西榆林学院为例 ………………………………… 高　军（204）

旅游管理本科毕业生旅游行业就业认知探析——以江苏师范

  大学为例 ………………………………… 李海建　孙思瑜（212）

《旅行社管理》本科课堂教学方法改进策略研究 ……… 殷英梅（222）

参与性教学模式在《旅游学》课程中的应用研究 ……… 颜丽丽（228）

论高校旅游管理专业教学质量提升路径 ………………… 高　军（235）

旅游管理本科课程设置存在的问题及改进——以江苏师范大学

  旅游管理为例 …………………………… 谢五届　林棉棉（242）

追根溯源，挖掘特色——谈自然地理学在高校旅游管理专业

  学科体系中的地位 ………………………………… 李　秋（251）

旅游管理本科专业课程双语实践教学模式探讨 ………… 陈　芸（259）
基于云计算的高校智慧旅游实验教学平台建设研究 ……… 张俊洋（267）
案例教学法在《文化经济学》教学中的应用 …………… 萧　磊（275）
加强文化产业管理专业实践教学的几点思考 …………… 张培奇（281）
高校《会展策划与管理》课程实践教学改革探究 … 王　蕊　朱锦程（287）
文化产业管理专业实践教学模式探析 …………………… 房　芳（293）
90后青年学生网络偏好行为及其引导——以驻江苏省徐州市
　　高校为例 ……………………………………… 安仲森　王　欣（302）

通识教育视野下的史学经典选择策略

——以《通鉴纪事本末》为例

王 健

摘要：历史学作为代表一个民族传统最重要的人文学科，备受中外教育家的重视，在全球通识教育的发展历程中，很早就被纳入核心课程的体系。史学经典研习作为通识教育中史学教育的重要途径，在实现上述功能方面具有得天独厚的优势和重要意义。笔者认为，南宋袁枢所著《通鉴纪事本末》对于培养学生对历史事态的分析、诠释和理解能力，无疑是上乘之选。本文以两汉断代史为例，设计了以十二则事件为中心的纪事本末精选教材架构，来反映汉代政治史的起承转合与兴衰存亡历程。同时，该书也借鉴了一般史籍选本的编纂长处，利用专门题解、注释、讲评等样式来引导学生阅读并吸收其精华。

通识教育是一个文化奠基工程，目的是强化青年学生的人文素质，实现文化传承。在这种宏观的教育体系中，史学经典的教育课程承担了独特的任务，给予高校学生以史学思维训练，使其了解历史发展的规律性和复杂性，并能自觉从历史文明进程的广阔背景中认识自身与社会的关系，关注社会的发展，关注历史的进步，提升其历史思考的能力，强化其文化传承的责任感，使大学生形成富有学识智慧、具有人文素质和人文关怀的理念，能成为对自己的生活和社会承担责任的成年人。本文从通识历史教育的当代背景出发，探讨史学经典的选择策略。

一、史学教育成为海内外通识教育的共同选择

历史学作为代表一个民族传统最重要的人文学科，备受中外教育家的重视，在全球通识教育的发展历程中，很早就被纳入核心课程体系。如哈佛大学自20世纪70年代启动通识教育课程改革，其最初的通识核心课程即包括历史研究。2005年改革后的哈佛课程体系，其中通识教育涵盖的"文化与信仰""世界各社会""世界中的美国"均涉及历史问题。

台湾的大学通识教育，其起源可追溯至1958年由台湾教育部门所颁布的大学共同必修科目，将"历史"等科目定为各大学必修课程。1984年颁布"大学通识教育选修科目实施要点"，要求各大学必须在七大领域开设选修科目，其中就有"历史与文化"。台湾各大高校中，如台湾大学在共同课程（18学分）中开设4学分的历史课程，在通识课程（12学分）中开设4学分的人文课程；台湾"清华大学"在共同课程（20学分）中开设4学分的历史课程，在通识课程（8学分）中开设4学分的人文课程。1996年以来，台湾大学在通识课程领域开设八大核心课程，其中"历史思维"和"世界文明"属于历史类相关课程；台湾"清华大学"在七大核心通识课程中设有"历史分析"；台湾"中山大学"在博雅核心课程中含有"古今文明史"，而在博雅深化课程中，还有古今文明史的进阶课程。其他如元智大学的历史课程、辅仁大学的历史与文化课程、淡江大学的历史研究，均在各校通识课程体系中扮演重要角色。[①]

这些通识历史课程的开设，对于学生的知识拓展与能力培养大有裨益。台湾大学的历史教育明确提出："重视学生对于史料之阅读，并以增益学生之历史知识及提升学生历史思考能力为教学目标"。淡江大学则提出历史研究课程"要启发学生比较归纳、以古鉴今的思维能力，使之获得客观有用的历史学识"。

香港中文大学通识教育课程特色鲜明，该校的通识教育注重多元文化教育，内容包括历史科目以及参与各种社群活动，以满足不同专业和不同兴趣学生的需要。香港中文大学开设的通识教育课程分为四个层次，即中国文明（必修）、分科课程（选修）、跨科课程（选修）、书院科目。其中第一层次中国文明体系中开设中国文化要义、中国文化导论、传统中国文化概论、现代中国文化概论、中国文化与现代化、中国文化及其哲学、中国哲学主流思想、中国近代思想史、当代中国思潮等20门从历史文化传承的角度来看中国文明的通识课程。同时，在第四层次，各书院开设的科目也涉及历史课程，如联合书院开设的"西方文化的特质""美国历史与

---

① 参阅黄俊杰：《台湾大学院校通识教育现状：对于评鉴报告的初步观察》，《高教评估》2006年第4期。

社会"。①

中国大陆的一些重点大学也开始对通识教育课程改革进行探索。如清华大学将通识课程分为：校内必修课、系内必修课和全校选修课三大类。全校选修课包括文化素质、外语、体育三类。其中文化素质选修课包括"历史与文化"。中山大学自2009年开始，在本科生中推行"通识教育共同核心课程"计划，与历史教育相关课程主要包括中国文明、人文基础与经典阅读等四大类。同时，在校内设立不分学科的博雅学院，学生在与历史相关的课程中要选修6门以上的中国文明课程和6门以上的西方文明课程，并在第三学年内完成一个独立研究课题。

二、通识教育中的史学教育功能与经典选择策略

历史学的学科特点赋予其独特的教育功能，正如法国年鉴学派史家布罗代尔所说，"史学的首要目的就是教育"。笔者认为，史学自身的教育功能体现为：

第一，历史知识认知功能。诉诸历史知识是人类认识自身的重要方式。古罗马政治家西塞罗曾说："一个人如果对自己出生以前的历史毫无所知的话，这个人就等于没长大。"史学首要的教育功能就是传承历史知识，帮助人们从历史纵深的角度了解社会、认识自身。

第二，历史意识培育功能。历史意识是指在历史知识认知的基础上凝聚、升华而形成的经验性心理、思维、观念和精神状态。历史意识的生成以历史知识为基础，以历史感的形成为前提。对历史的感性体悟和理性认知经过长久积累，便会慢慢凝结、升华为一种深沉的历史意识。尼采把人的历史意识分为"批判性历史意识"和"纪念碑式历史意识"。通过历史教育，培育人们的历史意识是历史学所应担负的神圣使命。

第三，历史思维培养功能。历史思维既是一种价值观，也是一种方法论。历史思维通过对历史现象的比较、概括、归纳，揭示历史发展的规律，形成运用历史知识解决问题的思维能力。历史思维可分为历史形象思维和历史逻辑思维。前者包括感知、联想、想象等思维活动；后者则是在感知历史事实的基础上，以抽象了的历史概念为运用思考对象，揭示历史

---

① 杨耀成等：《香港中文大学通识教育模式访谈》，《药学实践杂志》2005年第4期。

的本质为目的的思维活动，包含分析与综合、抽象与概括、归纳与演绎、比较与分类等思维方法。

经典研习作为通识教育中的史学教育途径之一，在实现上述功能方面，具有以下得天独厚的优势和重要意义：

首先，这种课程设计的价值，在于让学生越过常规课程的现代史学体系的灌输，直接接触到史学经典原著，感受历史文献的经典表述，原汁原味地理解传统史学文化。

其次，训练对于所选择的历史事实的理解、分析和诠释能力，升华历史思维素质；

最后，感受历史文献的经典所固有的传统文化核心观念，有助于直接理解传统，体验传统，乃至运用现代意识去批判地领会传统，实现创造性地转化传统。

以上宗旨，其实许多与专业历史教育的经典文选课程有大量相近之处。但区分度在于，前者是有限时间段的有限阅读讲解，重在历史感受；后者更注重专业的精细解读和深化训练能力，强调历史理性的阐释能力。由于普通非专业大学生的历史分析能力和思维能力有限，因此在选择史部经典时应该有深入的学术考虑和实践检验过程，力求选取切合通识教育特点的优秀经典，这对于提高通识教育质量和效益来说，是至关重要的一环。

上文提到的海峡两岸高校的历史通识教育，多是以现代史学家撰写的各类史学著述为基本教材，中国史学经典直接进入大学通识教育课堂的仍然偏少。在这方面，中国人民大学进行了可贵的探索。2010年该校推出《资治通鉴选讲》的通识教育教材。该教材的编者认为，《资治通鉴》代表了中国传统史学的最高成就，是对大学生进行通识教育的经典读本。该教材选编了该书关于中国古代历史发展若干重大问题的记载，旨在普及历史知识的同时，引导学生进行自主思考和反省历史。

对于通识教育来说，《资治通鉴》其学术价值和传统史学的典型性都是无可怀疑的，但也有其自身的局限问题存在。由于编年体例先天的特点，带来以时叙事和以时系事的纷乱杂陈，同一年度内可能同时并进地发生若干件事态，这给普通研习者带来阅读上的困难。而且由于这种多头并进的叙述体例，也将发展中的主题事态零碎化，对于初学者来说，编年体的《资治通鉴》选取有许多难以处理妥善的地方。梁启超就曾经批评编年体史书本质总不能离账簿式，前因后果难寻，翻检费力。

由于纯编年体史学著作的以上缺点，作为通识教育读本如何选择呢？笔者认为，通识教育中的史部经典，应该突出叙事性和事件性。因为具象性的充满历史情节的原始文献更容易被初学者所喜闻乐见，也更容易理解和记忆。而历史事件的不可重复性，更容易获得情节性和戏剧性，这些对于非专业的研习者来说，都是引人入胜的景致。

基于这种认识，笔者认为，通识教育中的史部经典最理想的文本之一，就是南宋袁枢所著的《通鉴纪事本末》。该书从春秋末年三家分晋到五代的一千五百多年历史中，撷取了二百三十九个专题事件，按照事态来龙去脉进行笔墨集中的焦点式关注和叙述，从中读者能够很方便地把握事态的由来萌发、矛盾的形成和发展、矛盾的冲突和激化、矛盾最终解决的完整历程，对于历史事态的分析、诠释和理解无疑是上乘之选。章学诚《文史通义·书教下》做过公允评价："司马《通鉴》病纪传之分，而合之以编年。袁枢《纪事本末》又病《通鉴》之合，而分之以事类。按本末之为体也，因事命篇，不为常格，非深知古今大体，天下经纶，不能网罗隐括，无遗无滥，文省于纪传，事豁于编年，决断去取，体圆用神，斯真《尚书》之遗也。……但即其成法沉思冥索，加以神明变化，则古史之原，隐然可见。书有作者甚浅，而观者甚深，此类是也。"① 梁启超最为推崇纪事本末体："盖纪传体以人为主，编年体以年为主，而纪事本末体以事为主。夫欲求史迹之原因结果以为鉴往知来之用，非以事为主不可。"周谷城评价认为："事本末体不为人物所拘，不为时间所拘，以历史事件为叙述对象，较为接近人类过去活动之义。二是破坏历史自身之完整较少。"综上可见，历代史家对纪事本末体史书辩证发展的价值均作了精确的阐释和评价，总结了传统纪事本末体的发展规律。

从现代史学角度看，这类事件史的编纂体例打破传统史书以人物为中心的体例，可以让读者聚焦事件的缘由、过程和结束；了解矛盾的积累、爆发、冲突与和解；考察事态的演化、发展线索、高潮和结局；揭示出事

---

① 章学诚：《文史通义·书教下》，辽宁教育出版社1998年版，第14页。

态相关性的诸层次背景、显性和隐性要素；并且训练读者去理解基本史料和关键性史料，破解事态记载的疑难点；观察事态连续性发展环节中历史主体的能动、受动、被动和主客观因素；进而扩大视野，考察到事态因果链及其多重影响，判断事态发展的延续性、断裂性、重演性，并且形成对于主导事态发展的基本趋势判断等。①

三、《通鉴纪事本末》的条目遴选策略：以两汉史为例

笔者所供职的大学，长期重视汉文化和汉代历史的研究普及，历史文化学院近期便承担面向全校开设汉代历史专题的通识课教学任务。因此，运用《通鉴纪事本末》的叙事优势，来开展汉代历史文化的专题教育，是本校开展素质教育的一门重要课程。有鉴于此，笔者摒弃了既往采用的当代人编著的现代教材，决意选择史学经典切入教学，进而设计了使用《通鉴记事本末》策略。因此，也就面临如何将该书改编为通识教育的教材和如何进行课程设计的问题。

首先，要对历史专题进行选择取舍。袁枢整理《资治通鉴》汉纪部分的繁杂事态，叙述四百年汉代历史，将其提炼浓缩为四十六个事件，反映了汉代政治史的起承转合和兴衰存亡历程。这些事件系列为：

第一阶段：从秦末动乱讲起，一直到汉景帝，为西汉前期。具体事态有豪杰灭秦、高祖灭楚、诸将之叛、诸吕之变、匈奴和亲、南越称藩、七国之叛、梁孝王骄纵等。

第二阶段：西汉中期，汉武帝时代的重大事件。包括汉通西南夷、淮南谋反、汉通西域、武帝伐匈奴、武帝平两越、武帝击朝鲜、武帝感神怪、巫蛊之祸、燕盖谋逆，延续到武帝托孤。

第三阶段：西汉中叶，从霍光秉政到汉宣帝中兴。其间大事件有霍光废立、赵充国破羌、匈奴归汉等。

第四阶段：西汉晚期。事件有恭显用事、成帝荒淫、河决之患、丁傅

---

① 现代史学又进一步发展了传统纪事本末的体例，如大陆史家宁可提出新见解："史书的基本任务是记事。'事'，不仅包括历史上的事件，也应当包括历史上人们的活动及其心态、思想，还应当包括历史现象、关系、制度、结构、运动、过程，等等。也就是说，人们历史活动的全部。"这是宁可对事件理解的一种普遍历史的眼光，对确证历史事件的价值有重要意义。见《宁可史学论集》，中国社会科学出版社1999年版，第174页。

用事、董贤嬖泆、王莽篡汉。

第五阶段：东汉复兴的历史，延续到汉和帝时期。事件有光武中兴、光武平赤眉、光武平渔阳、光武平齐、光武平陇蜀、楚王英之狱、马后抑外家、窦氏专恣、西域归附。

第六阶段：东汉后期的政治纷乱和政权名存实亡的晚期阶段，直至曹丕受禅。事件有两匈奴叛服、诸羌叛服、鲜卑寇边、嬖泆废立、梁氏之变、宦官亡汉、黄巾之乱、韩马之叛、袁绍讨公孙瓒、曹操篡汉。

笔者从中精选出高祖灭楚、七国之叛、汉通西域、巫蛊之祸、赵充国破羌、河决之患、光武中兴、光武平陇蜀、楚王英之狱、窦氏专恣、黄巾之乱、曹操篡汉共十二个专题事件史，以此十二则事件为中心，力图反映汉代政治史的起承转合和兴衰历程。同时注意上述事态发展演变过程中历史矛盾的产生、演化、冲突、高潮及其后续影响。

精选的考虑原则主要有三，一是既能反映汉代政治发展基本线索，又能与大学生既有常识相互启发、有所深化，同时避免诸如豪杰灭秦等家喻户晓事件的重复讲授；二是事关国家命运和历史发展道路，有充分的重要性和独特性；三是为历代读史者所喜闻乐见，充满戏剧性和历史跌宕，能够将研习者引入历史文化的胜境。

在编纂体例上，笔者也借鉴了当前史籍选本的编纂长处，设置了专门题解、注释、讲评等样式，来引导研习者阅读，吸收其精华；并且设置好参考文献和经典性论文选介，帮助学生进行辅助性和拓展性的进一步阅读。

随着江苏师范大学通识教育的推进，笔者上述关于史部经典的教材选择策略和编纂构想近期正在付诸实施，并期待得到海峡两岸同行的批评指教。

【参考文献】

[1] 邹川雄. 通识教育与经典诠释 [C]. 沈阳：南华大学教育社会学研究所，2006.

[2] 黄俊杰. 大学通识教育的理念与实践 [M]. 武汉：华中师范大学出版社，2001.

［3］王立文. 全球在地文化与经典教育［M］. 台北：红蚂蚁图书有限公司，2009.

［4］梁桂麒，刘志山. 港澳台学校通识教育的比较研究［M］. 北京：中国社会科学出版社，2008.

［5］骆少明. 2008中国大学通识教育报告［M］. 广州：暨南大学出版社，2010.

［6］陈智主编. 海峡两岸文化素质教育通识教育研讨会论文集［C］. 广州：广东教育出版社，2009.

［7］黄俊杰. 台湾大学院校通识教育现状：对于评鉴报告的初步观察［J］. 高教评估，2006（4）.

［8］杨耀成. 香港中文大学通识教育模式访谈［J］. 药学实践杂志，2005（4）.

［9］张龙平. 历史教学在大学通识教育中的运用［J］. 教育教学研究，2012（4）.

［10］高文兵. 大学的历史教育与育人［J］. 理论视野，2013（10）.

［11］许在全. 试论袁枢与《通鉴纪事本末》——兼论纪事本末体的史学地位［J］. 福建论坛，1982（4）.

［12］崔文印. 纪事本末体史书的特点及其发展［J］. 史学史研究，1981（3）.

［13］陈春声. 以博雅教育为通识教育积聚优质师资·中山大学的实践［J/OL］. 台湾：通识在线，2010-5-12.

［14］章学诚. 文史通义·书教下［M］. 沈阳：辽宁教育出版社，1998.

高校中国古代史课引入研究性学习的方法

黄永美

摘要：本文针对目前国内高校中国古代史课堂上学生积极性不高的现象，引入研究性学习方法，即在老师指导下，充分利用课堂和课余时间，课堂上多方式展示教学内容，增进师生互动；课下布置预习、作业、实践等内容，让学生从被动学习变为主动学习。这将有利于提高学生的思考意识，培养学生的创新能力，既是国家素质教育的延续，也是高校历史教学培养创新人才的目标需要。

基金项目：江苏高校哲学社会科学研究基金指导项目"西汉长城防御体系及影响的研究"（2014SJD435）；江苏师范大学科研基金项目"西汉长城修筑原因及防御体系的研究"（13XWR018）。

研究性学习在我国教育界已不算新词，特别是在我国素质教育政策推动下，对此问题的研究，已涌现了大批有价值的研究成果。然而从目前研究情况看，多数成果是针对基础教育的，而关于高校研究性学习的探索相对较少。并非高校不需要研究性学习，目前高校引进人才层次不断提升，大学教师起点越来越高，科研压力随之增加，所以高校教师多以学术研究为奋斗目标，教学工作相对而言显得薄弱，教师队伍中参与教学方法交流、探讨的较少，勇于创新、改进的更是凤毛麟角，多沿用传统的灌输式教育，缺乏启发；甚至有些教师以为学术好，教学自然就好。这样一来，不少学生在学习中自觉性、积极性不高，投入的时间和精力不多，迟到、早退时有发生，上课开小差屡见不鲜，有的甚至笔记也懒得做，考前复印别人的笔记，背背了事。更有个别学生为获高分与任课教师"套近乎"，以深造为由"要分"。所以高校教育，尤其是作为传统学科的历史学科教育，迫切需要提高学生的学习积极性，与新时代大力提倡的培养创造性人才接轨。鉴于此，本文拟对高校历史专业中国古代史课引入研究性学习进行探讨。

一、研究性学习的不同释义

什么是研究性学习，目前国内教育理论界还没有一个明确的界定。有的学者认为"研究性学习是以探究的方式学习外在的客观事实及其联系，促进主体的内在发展，在本质上，研究性学习是一种学习方式和教学方式"[1]233；有的学者认为"研究性学习就是要通过课程模式的变革推动学生学习方式的转变，使学生的学习由被动到主动，由接受到研究，由单一到多元，由封闭到开放"[2]251；也有学者认为研究性学习分广义和狭义两种理解，"从广义上看，研究性学习泛指学生探究问题的学习，是一种学习方式、一种教育理念或策略。从狭义上理解，它是一种专题研究活动，是指学生在教师指导下以类似于科学研究的方式主动地获取知识、应用知识、解决问题的学习活动。"[3]也有学者认为"研究性学习作为一种以问题或专题研究为典型特征的学习方式或教学方式，其着眼点是以学生的直接经验为基础，突出了学习过程的探究性、体验性和实践性，以及个性发展的开放性，培养学生的主动学习能力和实践能力，并由此提高他们创新能力的一种新的尝试和实践"[4]。有学者则更有针对性地提出"大学研究性学习指大学生在教师的指导下，以问题为载体，运用各种方法积极主动地探究未知事物，达到学会学习、形成创新能力的一种学习活动"[5]。

纵然学者们对研究性学习的看法不同，但无疑都肯定了研究性学习是为促进学生积极主动获取知识，灵活运用知识，提高其实践能力和创新意识。而且事实上，研究性学习不仅需要学生这一主体的自我发挥，更离不开教师有效的指导，是教与学的双项结合，是课堂与课余时间的有效利用。以中国古代史课为例，现在基础教育越来越强调素质教育，删除了大量基本历史知识，所以中学生课堂学习到的历史知识非常有限。如果没有高校教师对中国古代史知识量的有效补充，学生很难对中国古代史有一个全面的了解，更谈不上在基础知识之上的研究性学习。所以研究性学习仍然离不开教师的参与，高校历史教师需要在"有限的课堂教学中，既要弥补学生的基础知识，又要向学生介绍最新的学术研究成果，还要与其进行深入的探讨和探究"[6]。

二、研究性学习的意义

高校中国古代史课程引入大学生研究性学习有利于调动学生积极性，变被动为主动，提高教学效果。在我国基础教育实行新课改的浪潮下，高校教育却还多是以讲授为主的教学方式，教学效果和教育质量备受争议。如何改进教学方式，提高学生的积极性，其实也是每个任课老师关心的事情，只是苦于课程进度和有限的课堂时间与大量待输送知识之间的矛盾。在教师关注海量信息的"输送"时，对学生是否能将信息准确无误地"接收""消化"关注不够。引入研究性学习，教师在知识"输出"之后，做有效的"跟踪"或者引导、督促学生"消化"。师生之间的交流增多，做到"输出—接收—消化"一条龙教学。引入研究性学习，教师在课堂讲授的同时融入启发式教学，展开对话交流，创新教学情境，实地考察历史遗迹等，利用多种方式使学生在讲授、探讨、交流、考察中学习知识。

高校历史课引入大学生研究性学习是新时代培养创新人才的需要，是履行教育工作者的特殊使命，因为"伴随着 21 世纪以创新为实质的知识经济的到来，培养会选择、会思考、会创造的具有主体能力性的新型人才，从而为知识的创新注入可持续发展的活力，便成为每个教育工作者所肩负的义不容辞的特殊使命。"[4] 同时，研究性学习也是响应我国素质教育的号召，在基础教育的"素质教育"基础上继续启发学生，这也是贯彻我国高校历史课的教学目标的需要，如"中国古代史的学习目标和学习任务主要体现在：系统掌握中国古代史学科的基础知识；学会中国古代史资料的收集、整理和分析并能提炼出新的观点；在中国古代史的学习中培养自主学习、合作学习和探究学习的能力；加强学生书面表达和语言表达能力的培养；培养学生正确的历史观、人生观和价值观，激发他们对中国传统文化的兴趣和对本民族文化的认同感。"[7] 中国古代史课不是只清楚各个朝代的存在就可以，要抓住一条主线，例如，社会形态的演变、政治体制、经济发展、外交关系研究，甚至"以'民'的演变为主线，民在中国古代经历了从先秦依存于部族到汉唐出现'豪民'，唐宋以来崛起'富民'，近代以来逐渐形成'市民'的历史进程。相应地，中国古代社会经历了从'部族社会'到'豪民社会'，再到'富民社会'，并走向'市民社会'的演进过程"[8]。在主线的引导下，学习掌握全面的知识。"大学是培育人才的地方，培养人才，可以说是制造人才产品，但这种制造，绝不同于制造物质产品。"[9]所以应该启发学生的积极性，引导学生开展研究性学习，让学生充分发挥个性，培养学生的思考意识，发现问题、解决问题。

三、研究性学习的引入方法

高校是培育、创造人才的地方，学校首先应该为人才的成长打造基础环境，加强基础建设，例如图书馆的充实、多媒体教室、多功能会议室，等等。尤其是图书馆，它是学生课余时间补充知识、解决问题的最佳地方，不仅图书馆的藏书需要不断充实，查阅书籍的便捷化也应不断加强。同时图书馆的晚间时间也应有效利用起来，晚间开馆应适当放宽，甚至开通通宵阅览室。另外，各种数据库的购买是当今网络时代学习必不可少的，也是教师和学生了解最新科学研究状况的最佳途径。有些学校甚至还开展有远程教育、网络教育，等等。虽然"多媒体教学可以大大加强学生的直观感受，网络教学变天涯为咫尺，网上几乎可以获取你所需要的一切东西，确实应该大力发展，但恐怕还不能说鼠标一点，万事俱全，个性化的教学还更需面对面的启发、诱导、交流、示范，等等。教师的工作决非机械可以代替的。"[9]

而这种示范作用的发挥离不开教师自由教学的施展。若要将研究性学习顺利引入高校教学中，学校则要制定适合其"生存"的政策，灵活课堂要求，灵活规范。因为"每一个教师的教学，都有自己的特殊风格，而每一个学生的学习，也都有自己的特点。大学应该有一些规范，保证教学的进行符合自己的特点，但更应该有相当自由的空间，使教师、学生发挥自己的教和学的主动性。教和学都是一种相当个性化的工作，一个教师课堂上可以有上百人听课，但对课程的感受却可以各有不同，而获得的成果也往往各有不同。我们在规范教学的同时，一定要注意给教师和学生以充分的自由度，管得过死、过严，并不利于教学的提高。"[9]

在以上基础上，高校中国古代史课要引入研究性学习，还应从以下方面着手：

1. 转变观念

"教师要转变角色意识，树立以学生为主，自主发展的教学理念。在教学活动中，学生是学习的主人，而教师则是学生学习中的指导者。高校的教学，更重在学生的自主发展。实施研究性学习，教师首先必须转变以教师为本位的角色意识。"[4]课堂不能再是老师的"一言堂"，应该将课堂归还学生，老师在讲授知识的同时应关注学生的掌握情况，不仅要展开教与学的交流，还应关注学生掌握的程度。同时，作为学生也应该转变课堂是老师自己"讲授"的时间，课堂不是轻松地、毫无思考地"欣赏"，应该积极配合"以学生为主"的理念，积极探讨、交流或提问，发现问题，思考问题。

2. 重视课堂

课堂是老师与学生交流的主要场所，在课堂上增强交流才能更有效地起到示范、引导的作用。为了更好地在课程上实施研究性学习，教师除使用传统的讲授法外，还可采用以下形式丰富课堂：

第一，提问式讲授。虽然方法并不新奇，但不失为集中学生注意力、引导学生思考的一个好方法。抛出一个问题，学生可以主动积极回答，也可由老师点名提问回答。老师也可将问题逐步分解，示范给学生回答，展示解决问题、思考问题的方法，将大问题"化整为零"，一步一步剖解问题，寻找解决途径，让学生学习分析问题的思路和方法。

第二，由点到面的讲授。从一个重要的历史人物着手，如以秦始皇、汉武帝、孔子等人为话题，带出与他们相关的时代内容，打破按朝代顺序的讲解法。或用"大家来找茬"的游戏方法，展示出时下正在流行的电视剧或电影主体人物，如《甄嬛传》，讨论哪些电视剧中的人物是历史中真实存在的，与他们有关的记载有哪些？让学生学习发散思维，学会在生活中辨别和学习历史知识。同时，这样的方式贴近生活，也容易调动学生的积极性和参与意识。

第三，充实讲授的内容。现在我国高校使用的中国古代史教材，仍多是朱绍侯等主编的2004年出版的《中国古代史》，而近年新出土的材料和最新的研究成果则注入不多，而且"由于考古学、民族学等学科同中国古代史教学密切相关，教师应该加强中国古代史教学与考古学、民族学的结合，将考古学、民族学研究领域里国内外最新的研究成果、研究动态及考古学研究的新材料和新成果介绍给学生，让他们接触学科研究的前沿。这样做能帮助学生尽早地了解到学术前沿，对促进他们实现从中学到大学的转化是十分有益的。具体的做法是：教师每讲述到一部分，在学生掌握基础知识的前提下，向学生介绍该部分目前的研究动态、重要学者及其学术成就，这里既要有概述，又要有个论。所谓概述就是对该部分学术成就的总体讲述；所谓个论，就是对其中的一些重要学者及主要观点进行详论，清除'定论'，这也是科学研究的前提。"[6]所以在教材之外，还存在更多的出土材料和研究成果，如"里耶秦简""清华简"等内容。这样既注重文献资料又重视出土资料的讲授方法也是历史学研究的二重证据法的展示。

第四，展开小组讨论。改变观念后的讲授法既然需要学生参与课堂，就要给学生参与的机会，考察他们思考的情况。可选择他们感兴趣的话题，或者有争议的历史事件，例如秦始皇的"焚书坑儒"，统一思想在当时有着时代的必要性，但统一思想文化不是立竿见影的事情，需要一个过程，而秦始皇却需要马上有结果，使用残酷的手段控制全国思想，巩固其统治。那么这样实施的结果呢？因此可针对"焚书坑儒"展开讨论：这个历史事件是否确实存在？焚烧了哪些书？坑杀了哪些人？为什么会发生？结果如何？其更深远的意义，对于学术发展、文化传承的影响有哪些，等等。最后总结学生的思考，引导学生对文献记载的学习，让学生明白"方士"和"儒生"的关系。

第五，课堂内容展示的多样化。随着科技的发展，传统的课堂——"粉笔天下"发生了变化，为了更形象、生动地展示教学内容，多媒体教学越来越普遍。图片、音乐、文字和教师语言相结合，特别是中国古代史课程，有图片和音乐的配合会使学生有一种融入历史场景的感觉，有益于站在历史环境中思考历史问题。此外，也可以引入视频教学，如最新的考古发现、发掘过程、文物讲座等内容，因为视频讲解比直白的语言、单纯的图片更加连贯，感官性强。特别是考古发掘的视频，既可以了解古代墓葬选址"背山靠水"的实际情况，也可以展示古人"视死如生"的情况。同时，通过陪葬坑、墓葬发掘的视频，学生也可直观感觉到不同身份的墓主人，陪葬品的级别不同，青铜器的组合不同；还可直观地感受陪葬品的放置位置。

第六，督促学生做笔记。做笔记一方面可以集中精神于课堂，另一方面也可以方便学生课下复习和充实。同时，通过笔记的形式，学生也可以发现问题，如可对老师讲述过程中自己不理解的部分做特殊标记，课下与同学、老师展开交流，或者有的放矢地查阅资料。所以做笔记非常必要，而且是一门技术活，并不是将老师讲述的内容一字不差地记录下来，而是需要自己加工，方便掌握。"怎样才能更有效地记笔记呢？首先，要充分地预习学习内容，因为它是记好笔记的前提。教师的课堂教学时间有限，而讲授的信息量又较多，学生如果要在课堂笔记中对学习内容进行初步加工，则必须在课前对学习内容有一定的了解。其次，建议在笔记本的两边留出空白，以便课后在空白处就相关内容进行补充、说明、完善或记录学习心得。再次，充分利用教科书上的空白位置，以批注的方式记笔记。这样的笔记清楚明了，便于结合教师的讲述和教科书内容，深化对知识的理解和掌握。"[10]

3. "跟踪"课余时间

课堂时间毕竟是有限的，为了让学生获得更加全面的知识，必须好好利用课余时间。教师可以将课堂中略讲内容或讨论内容，让学生课下去图书馆进一步充实，发挥图书馆的优势，并作为作业进行检查。也可以给学生开一些参考书籍，帮助学生课下消化课堂内容、扩充知识。

除了对已学习内容充实、复习外，还要时时提醒学生课前预习。"通读教科书内容是预习的第一步，也是低层次的预习要求。概括知识结构是比较高层次的预习要求。该层次要求学生在通读的基础上，自己独立地概括出知识结构。提出问题不是最终目的，尝试对问题的解决更为重要。尝试解决问题的途径包括对教科书内容的整理归纳及查阅其他资料以寻找到解决线索。尝试解决不了的问题可以存疑，在课堂上与老师、同学讨论解决。总之，学习贵在于无疑处质疑，能提出问题的预习才是真正有效的预习，它不仅实现了对知识的较为深刻的个人理解，而且有助于思维能力的提高。"[10]通过预习，既明确了要掌握的知识，同时可发现问题，调动学生带着问题进入课堂学习，从而寻找解决问题的方法。

4. 合理开展考察调研

前面已提到中国古代史与考古学密切相关，不仅在课堂讲授过程中要注重与考古学的结合，将其领域最新的研究成果、研究动态及考古学研究的新材料和新成果进行介绍，同时也应让学生开展实际的考察调研活动。虽然考古发掘、文物可以通过视频、图片的形式进行形象展示，但这远不如亲临实地带来的效果好。再精美的器物通过视频、图片展示，都不如实地观看带来的历史感强；再细致的拍摄，都不如我们的触感来的真实。例如考察汉长安城城墙遗址，站在经过千年风雨冲刷仍然矗立的夯土城墙断面前，可清晰看到夯土层的厚度，夯土材质以及夹杂的瓦砾，目睹汉代的建筑水平。又如通过对汉景帝阳陵的考察，可以深刻体会汉代帝王陵墓陪葬坑的设置。大量陶塑动物，如肥硕的猪、丰满的羊、生动的公鸡和母鸡，还有普通的家狗和耳朵尖、尾巴短的狼狗透漏出生活的一面；千人千面的陶俑精神饱满、神采奕奕，也反映了当时人们的精神风貌。

同时也可通过实地考察调研，发现与文献记载有所出入的内容，如通过对最新发现的河南安阳内黄县三杨庄汉代村落民居遗址，了解汉代村落居民生活情况，院落的设置、庭院的建设、房屋大小，等等，明确了乡里的设置存在着理想化状态，而实际的设置又因地理位置的不同而有差别。通过这些实地考察调研，对文献内容进行有效的补充，从而引发学生对所学知识的思考。

综上，在转变观念的基础上，在老师的引导下，有效地利用课上和课下时间，提高学生兴趣，丰富讲授的内容和讲授方式，挖掘文化的魅力，让课前预习、课堂积极思考讨论、课后复习和调研变成一种习惯，在习惯中让学生由被动变主动。当然，针对不同的年级，老师讲授的和引导的比例不同，比如对刚入学的大一新生，老师讲授的要多一点，先让学生充分了解整个知识脉络，然后再慢慢增加课堂讨论和实际的调研，问题的难度也应循序渐进地增加。

【参考文献】

[1] 聂幼犁. 历史课程教学论 [M]. 杭州：浙江教育出版社，2003.

[2] 仇忠海. 研究性学习模式探索 [M]. 北京：人民教育出版社，2005.

[3] 王淑慧，王庆华. 研究性学习课程建设的探索［J］. 中国大学教学，2006（9），40-41.

[4] 郭学信. 研究性学习与高校历史教学改革［J］. 历史教学，2008（16），90-93.

[5] 张利荣，刘艳平. 高校思想政治理论课引入大学研究性学习的有效策略［J］. 教育与职业，2014（5），189-190.

[6] 张连银，李迎春. 当前高校中国古代史教学中的问题及对策［J］. 历史教学，2012（20），60-65.

[7] 张明富. 关于在中国古代史教学中对学生学习评价改革的思考［J］. 西南大学学报（人文社会科学版），2006（4），150-151.

[8] 林文勋. 中国古代史的主线与体系［J］. 史学理论研究，2006（2），30-38.

[9] 马克垚. 大学历史教学浅谈［J］. 历史教学，2001（1），34-35.

[10] 曹华清. 中国古代史课程学习策略探析［J］. 大学（研究与评价），2007（5），68-73.

高教版中国近代史教材有关海军叙述的错误

陈先松

摘要：高教版《中国近代史》教材有关海军史的叙述不多，700余字，然而在这有限的篇幅中，却存在多处史实硬伤。这种现象在当前的教材编订中较为普遍。教材硬伤既然无法避免，就需要充分调动教师、学生的积极性，通过教学计划的合理安排以及好疑、考证等方法，避免教材编订疏漏产生的负面影响。

1988年前后，根据国家教委师范司有关文件精神，高等教育出版社组织编写并出版了一套历史专业系列教材。这套教材由重点师范大学的知名教授主笔，其内容质量、编写体例等在长期的教学实践中获得公认，成为当前高校通史教学的主选教材，其权威性、实用性、影响力毋庸置疑。然笔者在教学实践中，通过备课、师生互动等环节，却发现通用20余年、已吸收当时学界最新科研成果的《中国近代史》教材仍有若干疏漏。本文将以洋务派筹建海军的相关叙述为例，加以分析、说明，并就这种局面如何加强教学质量、展开师生互动，谈一些个人看法。

一、教材史实疏漏的体现

高等教育出版社2010年最新版《中国近代史》教材有关近代海军的叙述，集中于第四章第一节第五小点"洋务派筹建海军"中，有700余字，简单介绍了晚清海军创建、发展的最重要史实。本人之前对晚清海防建设有一些初步的研究，加上学生们提问及师生互动等环节，发现了若干史实疏漏，并找到相关史料加以证明。具体疏漏及实证如下。

（一）关于海防经费数额

海防经费，是晚清南北洋海防建设的主要经费来源和常年经费来源，自1875年起按年划拨，由粤海等关四成洋税和江浙等省厘金项承担。关于海防经费的数额，高教版教材称"每年 400 万两"①。此说不确。

江浙等省厘金项是晚清海防经费的重要来源，总理衙门对此有明确规定：江苏、浙江两省每年各筹措 40 万两，江西、福建、湖北、广东四省每年各筹措 30 万两。② 从中可以看出，江浙等省可以拖欠海防经费，但每年 200 万两的定额是清楚的。

那么，粤海等关四成洋税是否明确了另 200 万两的定额呢？四成洋税指海关进出口正税的 40%。总理衙门规定：粤海等关四成洋税应"分解督办南北洋海防大臣李鸿章、沈葆桢兑收应用，不准迟延短欠，其各关现有应协陕军、黔军、淮军月饷暨拨还洋商借款等银，自应循旧协拨……粤海等关四成洋税如将来协饷借款全行停拨扣完后，每年约得银二百数十万两。"③ 从中可以看出两个问题：第一，海防经费指粤海等关四成洋税"循旧扣拨"陕军月饷、黔军月饷等协饷借款后的剩余部分，其数额因粤海等关洋税收数的历年变化而难以预计。换言之，粤海等关海防经费没有规定具体数额。第二，总理衙门根据往年洋税的收数，估计粤海等关充拨海防经费的数额约"二百数十万两"，这是建立在陕军月饷、黔军月饷等将来"全行停拨扣完"的基础上，是一个假设中的数额而非现实数额。

总之，清政府从未规定海防经费的具体解数，若以 1875 年而论，海防经费数额有 350 余万两，而非 400 万两。④

（二）关于海防经费创议

高教版教材称："1875 年 6 月，由两江总督沈葆桢、直隶总督李鸿章等人创议，总理衙门调拨粤海关、江海关等税银和江浙等六省厘金，每年 400 万两，作为筹办南北洋海军军费"。⑤ 海防经费从粤海等关四成洋税及江浙等省厘金项筹措，果真是沈葆桢、李鸿章创议、筹划的结果吗？先看一下沈、李二人有关海防筹款的情况。

第一次海防大讨论中，沈葆桢提出的建设性筹款方案，主要是开发台湾。沈葆桢认为该地煤铁、樟脑、石油等资源丰富，可以认真经营，获利

---

① ⑤ 陈旭麓主编：《中国近代史》，高等教育出版社 2010 年版，第 161 页。
② 张侠等编：《清末海军史料》，海洋出版社 1982 年版，第 616 页。
③ 张侠等编：《清末海军史料》，海洋出版社 1982 年版，第 616-617 页。
④ 陈先松：《海防经费原拨数额考》，《中国经济史研究》2010 年第 3 期。

丰厚，但台湾开发需有一定的时间、条件限制，沈葆桢自己也表示"此皆收效于数年之后"。另外，沈葆桢于海防奏文中，用一句话附带提及"武科宜裁、南漕归海运、漕标宜裁"等筹款建议，可能预料到这些措施会触及漕运系统等激烈反对，没有展开论述。① 换句话来说，针对当前需要解决的海防筹款活动，沈葆桢没有提出现实可行的创议。

相较于沈葆桢，李鸿章对海防筹款较为热心，提出设耕织机器以培养税源、开设铁路、扩展轮船招商局、开矿、整顿盐厘货厘等诸多建议，然这些方案大多缓不济急。针对当前海防经费的筹措，李鸿章提出如下几条建策：其一是停罢西征，暂时放弃收复新疆，节省下来的军事费用匀作海防经费；其二是借洋款，认为是"各国常有之事，无足诧虑也"；其三是加征洋药关税，不仅可减少鸦片进口，还可将加征的税项专"收作海防经费"；其四是裁撤冗费，诸如裁各省艇船以养轮船、裁边防冗军以养海防战士、停宫廷不急之需等。但这些创议皆石沉大海。②

另外，李鸿章也提出拨付四成洋税、各省厘金，但此与总理衙门最终议决有较大差距。李鸿章提议所有海关的四成洋税除已承担的陕军月饷等协款外，其余数额连同户部历年收存的四成洋税，皆充为海防经费。③ 而总理衙门仅提用了粤海、江海、山海、闽海、浙海、台湾等处海关的四成洋税，而将镇江、九江、江汉三关的四成洋税仍解给中央。④ 李鸿章认为沿江沿海各省货厘、盐厘应加整顿，每年限定数万两协助海防建设。⑤ 而总理衙门摊派的省份只有江浙等六省而非李鸿章所谓的沿江沿海各省，摊派的税种没有包括李鸿章建议的盐厘，摊派的数额是每省数十万两而非李鸿章所谓的数万两。⑥因此，将海防经费的筹措归因于李鸿章的创议，同样没有依据。

（三）关于海军建设规划

高教版教材称：1875年，清廷"准备在十年内建成南洋、北洋和粤洋

---

① 沈葆桢：《沈文肃政书续编》，见陈支平主编：《台湾文献汇刊》第4辑第5册，九州出版社2004年版，第488-494页。
② 顾廷龙、戴逸主编：《李鸿章全集》，安徽教育出版社2008年版，第6册，第162-165页。
③ 顾廷龙、戴逸主编：《李鸿章全集》，安徽教育出版社2008年版，第6册，第164页。
④⑥ 张侠等编：《清末海军史料》，海洋出版社1982年版，第616页。
⑤ 顾廷龙、戴逸主编：《李鸿章全集》，安徽教育出版社2008年版，第6册，第165页。

三支海军……至 1884 年，已建立北洋水师、南洋水师和福建水师三支海军"。① 第一次海防大讨论后，清政府果真确立了三支海军的海防规划吗？

第一次海防大讨论之初，广东巡抚张兆栋将丁日昌数年前草拟的《海洋水师章程六条》条陈于上，其重要内容是在山东直隶洋面、江浙洋面、广东福建洋面建立三支海军，如此，中国海防体系有"如常山之蛇，击首尾应"。② 丁日昌的海防章程随后交由各省督抚讨论，并获得李鸿章等多数督抚的认同。然此仅代表督抚们的想法，并非清廷正式的海防规划。1875 年 5 月底，清廷任命两江总督沈葆桢、直隶总督为南北洋海防大臣，并以谕旨的方式明确了以南北洋为中心大办海防的格局。③

（四）关于海军衙门

高教版教材称："为了统一各支海军的指挥权，1885 年 10 月成立了海军衙门，由醇亲王奕譞任总理海军事务大臣，庆亲王奕劻和李鸿章为会办，实际主持的是李鸿章。"④ 然而实际主持海军衙门的果真是李鸿章吗？

1891 年，醇亲王奕譞逝世，李鸿章私下向郭嵩焘介绍道："频年经营海滨，自旅顺而东至大连湾，南至威海卫，燕齐傅海以内台垒，甫具规模。此皆（醇）贤王主持其间。曩岁同舟，即由此路，旌钺遐远，思之慨然。"④ 此函已言明奕譞在海军衙门中的主持作用和地位，且诉说对象为退隐政坛的多年老友，没有作伪的必要。诚然，海军衙门大臣中，李鸿章因多年从事海防建设而对醇亲王奕譞等有较大影响力，若谓李鸿章可以跨越醇亲王奕譞而实际主持海军衙门，则有违史实。

（五）关于颐和园挪用海防经费的数额

高教版教材称："1888 年以后，北洋舰队不再添购舰船，每年 400 万两的海防经费，先后约有银 1000 万两被挪用修筑颐和园去了。"⑤ 北洋舰队停止扩充与海防经费挪用到底什么关系，暂且不论，海军衙门果真能够挪用 1000 万两修筑颐和园吗？

---

①④　陈旭麓主编：《中国近代史》，高等教育出版社 2010 年版，第 161 页。
②　中国史学会编：《洋务运动》第 1 册，上海人民出版社 1961 版，第 30-31 页。
③　中国第一历史档案馆编：《光绪宣统两朝上谕档》，广西师范大学出版社 1996 年版，第 1 册，第 108 页。
④　顾廷龙、戴逸主编：《李鸿章全集》，安徽教育出版社 2008 年版，第 35 册，第 192-193 页。
⑤　陈旭麓主编：《中国近代史》，高等教育出版社 2010 年版，第 162 页。

海军衙门成立后，接管了原海防经费，但同时也得负担南北洋等海防建设开支，并不宽裕。1888年，海军衙门称每年收用海防经费等正款仅290余万两，南北洋海防建设费用等正项支出320余万两，收不抵支近30万两，① 尚需海军衙门另行设法弥补，从何谈起挪用海防经费1000万两之巨修筑颐和园？

（六）其他疏漏

高教版教材因在编写中粗心大意，在部分语句上自相矛盾，诸如前称400万两"海军军费"，后又改称"海防经费"；前称海军军费只划给南洋、北洋，后又称这笔钱准备用来建设南洋、北洋、粤洋三支海军；前称海防规划中有"粤洋海军"，后又改之为"福建水师"等。教材称两江总督沈葆桢为"南洋海防大臣"，也颇显突兀，这些都给学生阅读和了解历史真相带来一定困难。②

二、关于教材疏漏的教学应对和思考

高教版《中国近代史》编著水平较高、实用性较强，在较长时间内仍是多数高校教学工作者的首选教材，但仅仅700余字的海军叙述中，却有较多史实疏漏。这不能不给我们的教学工作敲响警钟，督促我们在教学实践中应尽可能扬长避短，充分调动师生教与学的积极性，避免教材疏漏带来的负面影响。

了解近代史教学特点，做到有的放矢，是我们改进教学、避免教材疏漏的重要前提。本文认为近代史教学的特点有如下几个方面。

（一）中国近代史教学承担更多的是爱国教育、经世致用的功能

史学的经世致用，讲究近史原则，而中国近代史体现尤其明显。第一次鸦片战争以后，中国进入一个新的时代，一方面是帝国主义入侵及中国人民争取国家民族独立的过程，另一方面是欧风美雨对传统中国的冲击及先进中国人寻求国家近代化的过程，多少爱国志士抛头颅洒热血，固然是良好的爱国题材，但寻求民族独立、富强的经验教训尤值得今人借鉴、思

---

① 张侠等编：《清末海军史料》，第637-638页。
② 陈旭麓先生主编：《中国近代史》，第161-162页。

考。而这一切都应当建立在史实的真实和可靠的基础之上。

（二）中国近代史教学内容具体细致

历史学课程中，中国古代史因资料较少、时限跨度较长，世界史因国别众多且资料搜集、阅读较为困难，相对而言，在教学内容上更侧重史实轮廓的描述、分析。中国近代史则不同，会注意到更多的人物、细节和更加准确的时间，事件与事件、人物与人物之间也有着更加错综复杂的联系，同一人物在很短时间内思想、政治态度、政治作用等也会发生很大的变化，这在相关内容的梳理和教学上，无疑给高校教师提出了更高的要求。

（三）中国近代史教学内容的解释较为陈旧

改革开放以后，中国近代史教学、研究取得了很大发展，但仍保留一些较为陈旧的解释，在历史事件、人物评价方面存在简单的脸谱化倾向，造成某些史实的失真和不尽客观。另外，有关近代化历程的史实、人物在当前教材体系中仍有所忽略，需教学工作者适当补充、说明。

（四）中国近代史教学资料的丰富

新中国成立后，中国史学会陆续编纂《鸦片战争》《洋务运动》《戊戌变法》等大型资料汇编，基本上囊括了《中国近代史》教学内容的主要事件。近年以来，伴随清史工程的开展，资料的编纂取得了更多的丰硕成果，诸如清宫档案的整理出版、新版《李鸿章全集》的面世等。与此相关，学术界对中国近代史的研究也得以进一步深入，从很多方面纠正、弥补了当前教材内容体系的不足和史实的失误。这些又为高校教学工作者防范教材疏漏提供了有利条件。

在了解中国近代史教学特点的基础上，高校教师提高史学教育责任感，高校学生能够提出疑惑和怀疑，是避免教材疏漏负面影响的关键环节。以高教版《中国近代史》关于海军叙述为例，笔者备课时对若干表述产生怀疑，诸如海防经费是由李鸿章创议等，随后查阅了大量资料加以证实，学生们在上课时也及时反馈了叙述中一些自相矛盾的地方，诸如"海军军费""海防经费"概念的随意变换等。这些都是前文发现教材疏漏的原因。

为更好地防范《中国近代史》教材疏漏，本文认为在教学过程中应注意以下几点：

第一，高校教师应对《中国近代史》教学具有高度的责任感，做好教研结合，从教学中敏锐地发现问题并善于分析问题、解决问题，从科研中加深对教材内容的认识、理解，能够摆脱对教材内容、解释框架的束缚，从而有效地防范教材的疏漏。

第二，高校学生应对《中国近代史》持有浓厚兴趣及好疑精神，通过课前阅读、课下补充，能够从教材中找到难以理解或难以接受的历史逻辑或其他疑惑，而这些恰恰可能就是教材中最容易出现史实疏漏的地方。让学生养成阅读、疑问、解决问题的积极性，高校教师在平时教学中应注意启发式教学，丰富史学人物的内心情感等细腻之处，拉近学生与历史的时空距离，避免学生对《中国近代史》教学产生枯燥乏味乃至排斥的感觉。

第三，高校在教学安排中，要注意教师科研方向与教学内容的合拍，合理安排教学时间并减少授课课程的变动，使《中国近代史》教师享有较为充裕的科研时间和精力；要购买相关近代史资料，特别是一些价格昂贵或大陆较为罕见的、十分重要的核心资料，诸如大陆新版《李鸿章全集》、台湾《海防档》等，为师生防范教材疏漏提供必要的资料。

近十年高校历史教学研究综述

刘德州

摘要：最近十年，关于高校历史教学的研究突飞猛进，涌现出了大量学术成果。这些成果对当前高校历史教学所面临的新形势以及存在的突出问题都做了全面剖析，并提出了解决问题的方法。本文对一些有代表性的成果进行综述，以供高校历史教师借鉴。

教学改革是高校近年的一项重要工作，也是教学从业者、研究者关注的热点问题。就历史学来看，针对高校教学研究的论著层出不穷，就近十年来说，相关论文就达到了百余篇。这些研究成果的侧重点不一，质量也参差不齐，今据管见所及，择其要者，予以综述。

一、关于高校历史教学面临的新形势

近十年来，高校历史教学一个明显的特征就是面临着诸多的新形势，即一些新事物、新理论的出现对历史教学提出了新的要求，这一点可以说比以往任何时候都更加突出。就现有研究成果来说，大家关注的主要有以下几个方面：

1. 史学危机

这是进入21世纪以来渐为人熟知的一个提法，也是造成高校历史教学困境的重要原因之一。刘辉萍认为，当前社会的功利思想导致历史专业的学生就业难是历史学日渐衰落的最直接原因，有鉴于此，大学的历史教学应多介绍本学科的研究前沿，拓宽学生知识面，重视实践（《史学危机与高校历史教学改革刍议》，《文教资料》2007年10月号下旬刊）。

2. "公共史学"

这一概念近年开始流行，以此为标准，有学者发现我国高校历史教学面临越来越大的困境，为更好地满足公众需求，要更为慎重且大胆地规划高校历史教学，要使公共史学与学院派史学分野（赵亚夫：《公共史学与高校历史教学》，《甘肃社会科学》2014年第1期）。

3. 建构主义理论

这一理论源于西方，对教育学的发展提出了很多的要求。韩继伟认为当前我国高校历史教学还延续着传统理念，教学内容单一，方法僵化，手段陈旧，以教师为中心，这些都不符合建构主义理论的要求。他认为要将建构主义理论应用于高校历史教学，应注意转变教学观念，创设学习情境，培养学生协作精神（韩继伟：《建构主义理论视角下的高校历史教学改革探析》，《临沧师范高等专科学校学报》2013 年第 4 期）。

4. 口述史

口述史虽然兴起较早，但在我国受到重视应该是始于 20 世纪 80 年代，这一新颖的史学方法在高校历史教学中也被认为有着重要的应用价值，有学者将其概括为三个方面：有助于抢救即将逝去的鲜活资料，有助于改善高校历史教学模式，有助于提高学生的逻辑思维能力（李美荣、李珍梅：《口述史在高校历史教学中的应用价值》，《沧桑》2013 年第 5 期）。

5. 生态教学理念

这一理念是将德国学者恩斯特·海克尔提出的生态学与教育学相结合而产生的新的教学理念。朱敏对这一教学理念在高校历史教学中的有效性作了分析，认为高校历史课堂可以视为一个微型生态环境，教师要时刻密切关注所有学生的学习动态，尤其要竭尽所能地帮助那些学习上存在困难的学生（朱敏：《生态教学理念在高校历史教学中的有效性分析》，《中国科教创新导刊》2013 年第 5 期）。

6. 对人文精神的培养要求越来越高

今天，高校学生人文精神的提高，已引起越来越多的关注，目前的高校历史教学在很多方面与人文教育还不适应。有鉴于此，郭学信强调高校要树立以人为本的教育理念，优化教学内容，重视学生主体地位，大力倡导多元的评价体系和方法，同时加强教师自身的人文素养，不断提升教师的审美品位（郭学信：《人文教育与高校历史教学改革》，《历史教学问题》2007 年第 6 期）。

7. 多媒体教学普及

针对高校历史教学中多媒体使用的普遍化，一些学者也开始总结其中的利弊，如汤慧玲指出，多媒体辅助教学一方面大大提高了教学效率和学习效率，但另一方面也存在过分依赖多媒体，学生消化困难的问题（汤慧玲：《高校多媒体辅助历史教学的思考》，《辽宁行政学院学报》，2006年第12期）。

二、关于高校历史教学存在的问题

对于当前高校的历史教学，很多学者都已认识到存在的问题很多，这些问题往往并不局限于某一所高校，而是作为一个通病困扰着每一位教学者。大家对于这些问题的认识也是比较统一的，就已发表的论文来看，备受学者诟病的问题主要有以下几个方面。

1. 教学方法呆板

如王国强指出，"填鸭式"教学仍占主导地位，基本还是"一张嘴、一本书、一根粉笔"的格局（王国强：《优化高校历史课堂教学之我见》，《中国校外教育（理论）》2007年第8期）。当然，如果教师一味求新，舍弃传统，也有矫枉过正之嫌，这在当前也是一种客观存在，如吴珍就批评一些所谓的教学方法创新流于形式，一些教师不顾学生的实际能力，不考虑教材内容是否适合，盲目照搬别人的新教学法，片面追求课堂的轰轰烈烈，结果学生真正掌握的知识量很少（吴珍：《高校历史教改存在的问题及对策》，《时代教育》2013年第9期）。

2. 教学内容单一

如李响沅认为历史专业教材在体系编排和内容设置上都没有发生可喜的变化，一些新成果没有及时出现在教材中，高校历史系培养出的人才脱离社会现实，不能很快适应市场经济下对职业素养的要求（李响沅：《对高校历史课堂教学的探讨》，《神州》2013年第3期）。

3. 考评体制陈旧

李储林在《当前高校历史教学现状与改良途径探析》（《贵州教育学院学报（社会科学）》2007年第6期）一文中指出，目前在对学生学期成绩的评价上，大都采用闭卷的考试方式，内容不外乎书本知识和课堂笔记，还停留在应试阶段。

4. 学生学习兴趣不高

相信大多数历史教师都有这种感觉，课堂上死气沉沉，学生听课的注意力十分涣散，甚至玩手机、睡觉者亦不在少数。究其原因，有人认为，历史专业所招收的新生大多是从其他专业调剂而来，尤其在市场经济的冲击下，高校招生难，学生就业难，使学生无法沉下心来学习历史（杨竹芬：《论高校历史教学存在的问题与对策》，《漯河职业技术学院学报》2013年第6期）。

5. 重科研轻教学

这一现象在当前的高校教师群体中已然十分普遍，其背后的根源还在于现行的高校职称评审制度。对此，已有很多学者著文探讨，如汪增相《大学教师重科研轻教学的原因及对策》（《管理学刊》2010年第5期）。不过正由于这是一个普遍现象，所以还没有学者专就历史教师来探讨。

据此可见，当前高校历史教学中存在的问题已涉及教学过程的方方面面，值得每一位教育从业者忧虑和深思。由于这些问题已基本得到大家的共识，因此本文就不再详细介绍每一位学者的观点，而是综括言之。

三、关于解决问题的方法

针对上文所提到的高校历史教学中存在的问题，学界提出了很多解决的办法，主要涉及以下几个方面。

1. 提升学生的科研探索兴趣和能力

这是大家最为关注的问题，也是研究成果最丰富的领域。有学者提出，教学的重心要由史事的讲授转向历史思维方式的培育，包括：引导学生阅读哲学政治学书籍，以联想的方式解构不同历史人物的行为，以质疑精神引导学生对约定俗成的历史结论提出自己见解（欧德良：《高校历史专业探究式教学的实践与思考》，《河池学院学报》2010年第S1期）。鄙意以为，这一观点也有些矫枉过正，甚至想当然了。历史观点的形成必须建立在扎实的史事了解及资料分析基础上，如果忽视这一基础，凭空联想、质疑，得出的结论很难令人信服。至于个别学者提出的借鉴《百家讲坛》的成功之道，提升授课的趣味性的建议（李义芳：《百家讲坛对高校历史教学改革的启示》，《沙洋师范高等专科学校学报》2007年第2期），也有商榷的余地。类似于"说书"的授课方法可以提升学生的兴趣，但并非所有的历史问题都可以采用《百家讲坛》式的演说，而幽默的语言、过硬的口才严格来说也不应是每位历史教师的必备素质，教师没必要都口若悬河。还有学者认为高校历史教学中创新能力的培养要注重两个大的方面：一是要树立创新理念，创新教学内容，开展研究性教学，教师从知识的传授者转变为学生学习的指导者，积极发展学生的求异思维；二是要组织学生参加学术会议和社会实践，以此加强创新素质的培养（于耀洲、邢丽雅：《谈高校历史教学中创新能力培养》，《教育探索》2006年第4期）。

蒋道霞认为高校历史学科的理想教学模式应该是研究性教学，即学生在老师指导下，从学习生活和社会生活中选择并确定研究专题，用类似科学研究的方式，主动获取知识、应用知识、解决问题。其实施的程序应该是：（1）教师介绍课程相关知识，启发学生自学；（2）教师引导学生充分讨论，提出问题；（3）学生搜集史料，分析史料，解决问题；（4）学生阐述自己的研究成果，师生共同研讨；（5）学生上交学术论文（学期研究成果），教师评定成绩（蒋道霞：《研究性教学：高校历史学科的理想教学模式》，《产业与科技论坛》2006年第2期）。

与研究性教学相对应的，还有学者探讨高校历史教学中的研究性学习。郭学信认为研究性学习是一种以问题或专题研究为典型特征的学习方式或教学方式，是当前高校教学改革的一大亮点，高校历史教学中研究性学习体系的构建，要注意以下几点：（1）教师转变角色意识，树立"以学生为本，自主发展"的教学理念；（2）优化课堂教学内容，减少授课时数，通过确立学习主题、撰写读书报告、开展课堂讨论等方式积极营建参与式的教学体系；（3）改革考核评价方法，加强对学生自主学习意识与质量的考核评价（郭学信：《研究性学习与高校历史教学改革》，《历史教学》2008年第16期）。

姬庆红、王延庆认为高校历史课堂教学中必须加强学术训练，具体要从三个方面努力：一是注重学术史；二是通过即兴研讨、专题研讨、问题小组等方式使课堂研讨多样化；三是通过读书会、文献分析报告会等方式提高学生的能动性（姬庆红、王延庆：《在高校历史课堂教学中加强学术训练》，《历史教学问题》2014年第2期）。

2. 转变教学观念，革新教学内容，创新教学方法

李储林强调要树立开放性和多元化的教学目标，即老师要树立历史为现实服务的思想，充分重视情感态度、价值观的培养和教育，从学生的发展出发；确立学生在历史学习过程中的主体地位，增强其学习主动性（李储林：《当前高校历史教学现状与改良途径探析》，《贵州教育学院学报（社会科学）》2007 年第 6 期）。

有学者结合历史学的特征，认为高校历史专业的教学应该突破微观视角的局限，坚持宏观视角，立足世界史，高屋建瓴地讲授国别史和专门史，在纵向上注重因果关系分析，横向上注重历史事件的比较（权小勇：《试论历史的特征和高校历史教学的内涵》，《社会科学论坛（学术研究卷）》2008 年第 11 期）。还有学者提出"史料应用研究型教学"的概念，认为通过史料的媒介作用可以让学生更清晰、真实地掌握历史知识（吴晓莉：《高校历史学科史料应用研究型教学可行性探析》，《黑龙江史志》2010 年第 19 期）。其实我国高校历史课堂一向注重援引文献资料，但如果像该作者那样强调太过，一方面教学时间不允许，另一方面也会造成学生的史学认知碎片化，不利于把握历史发展的脉络。

在考核方式上，于志勇结合他在内蒙古师范大学历史文化学院的教学经验，认为不应单纯地强调期末的闭卷考试，要把考核引入到平时的教学过程中考查学生学习和掌握专业知识的程度和投入的学习努力程度（于志勇：《高校历史专业课程教学思考——以中国古代史教学为例》，《内蒙古师范大学学报（教育科学版）》2010 年第 9 期）。今天绝大多数高校都将平时成绩纳入了学生的最终期末成绩，但往往给分比较随意，还很不成熟，对此，于志勇给出的五个角度——题目、结构、观点、资料、理论等就比较有参考意义。

对于多媒体辅助教学，刘新慧认为具有多种优势，但在实际教学过程中必须注意合理使用，如要认清多媒体教学只是一种辅助手段，不能代替教师的全部工作，要注意多媒体教学课件的合理建设，同时不应忽视传统的教学手段（刘新慧：《谈多媒体网络在高校历史专业教学中的运用》，《文教资料》2008 年 12 月号上旬刊）。

3. 不同高校、不同专业方向要有不同的教学方法

由于高校有部属、地方之分，历史学有世界史、中国史之分，与之相

关的教学方法也有所差别，一些学者已开始注意及之。如熊英针对地方高校的历史教学改革提出了自己的建议（熊英：《地方高校历史课堂教学内容与方法改革刍议》，《历史教学问题》2009年第2期），其中一些观点值得我们思考，如适量压缩通史课程，增加专门史必选课、专业理论课、实践教学课、研究性学习课等，另外还要尽量做到教学人力资源共享。针对世界古代史的学科特点，有学者主张高校教学改革要做到以下四个方面：在教学内容上突出文明史的特色；进行"发散式"教学；在教学活动中体现学科综合性的特点；追求教学内容的情景化、直观性、艺术性（杨凤霞、高磊、李丽玲：《历史教学应放宽视野——高校世界古代史教学改革的探索与实践》，《绥化学院学报》2006年第4期）。

以上这些学术成果既有理论层面的思考，也有实践经验的总结，反映了近十年来关于高校历史教学研究所取得的显著成绩，也将对此问题的研究推向了新的高度。总体来看，对于高校历史教学中存在的问题，学界已有较为深刻清晰的认识，但针对这些问题所提出的建议还太笼统，缺乏建设性、可操作性，尤其是对学生自主学习的强调还不够。我们知道，历史学的学习和研究，最根本的还是要回到书本和资料上来，要想方设法指导、激励学生去阅读、分析文献，学会使用工具书，这应该是高校历史教学的重要任务，也是我们研究历史教学法的重要任务。如果我们单纯关注教师的授课，效果难免大打折扣，甚至事倍功半。另外，对高校历史教学方法的探讨已不再仅仅是高校历史教师的任务了，各级政府的教育主管部门、高校行政管理人员、社会学家、心理学家等都与有责焉，例如历史专业学生就业率的低迷造成学生学习积极性的下降，历史教师舍教学而逐科研，这些问题单靠高校教师的努力是无法彻底扭转的。

论高校历史教学中原始资料的运用

鞠长猛

摘要：在目前高校不断提高高等教育质量、提升人才培养水平的背景下，高校历史教学需要加强原始资料的运用，以实现历史学教育的创新。本文主要从原始资料教学的必要性、原始资料的分类及特点，以及原始资料教学的过程进行分析，认为原始资料教学有利于激发学生的学习兴趣和创新思维，提高历史学的教学、研究水平，值得高校历史教师进行深入探索。

我国《面向21世纪教育振兴行动计划》要求："高等学校要追踪国际学术发展前沿，成为知识创新和高层次创新性人才培养的基地。"历史学作为我国高等教育的基础性学科，按照《行动计划》的要求，应着力培养学生的创新精神，提高他们运用知识的能力，承担起塑造民族精神，提高社会认同方面的责任。目前，关于这方面研究的论著较多，但大多学者主要从课程设置、教材编修和教学方法方面进行论述。他们的论著开阔了高校历史学发展的思路，但往往较为宏观，追求面面俱到，鲜有深入地阐释某一方面问题的论著。本文结合笔者近几年在本科教学中对学生的调查和访谈，运用课程论和教育学的相关知识，着力考察原始资料在历史教学中的运用问题，以期采用以小见大的形式探讨历史学教学创新问题，得出一些有益的认识。

一、原始资料运用的必要性

高校历史专业课程内容涉及中国史、世界史和考古学三个一级学科，共有七十多个学分，教学任务较重，特别是世界古代史、考古学和史学理论是学生首次接触的内容，在学习过程中会存在一定的难度。在教学传统上，教师在讲解这些内容时十分重视知识的讲解，希望在有限的课时中讲解更多的教学内容，以达到传授知识的作用。这样的教学方式有其合理之处，却忽视了对学生能力方面的培养，使教师在教学过程中扮演着"授之以鱼"的角色，并没有做到"授之以渔"，无法充分调动起学生学习的积极性，导致课堂封闭、沉闷，缺乏开放性、创新性和个性，似乎学生普遍对历史学缺乏浓厚兴趣。在各高校不断要求提高教育质量、提升人才培养水平的背景下，不少学者已经认识到该教学模式的不足，试图从教材内容、教学方法、课程设置以及专业前景等多个方面寻找解决方案，先后提出了不少可贵的见解，但将其运用到教学中，得到的效果并不明显。对此，史学家马克垚也颇为无奈地指出："有时老师启发学生讨论，提出问题要学生回答，可是还是讨论不起来，弄得兴味索然。"① 为了找到该问题的症结所在，笔者从任职以来，经常以小型问卷或访谈的形式进行调查。从反馈回的结果看，上述问题主要存在于学生兴趣和课程内容两个方面。

从学生兴趣来看，历史专业学生或多或少存在着"理想与现实之间的矛盾"心理，但这并没有完全掩盖他们对历史学知识的兴趣。所谓"理想与现实之间的矛盾"，主要体现在学生担忧就业和收入问题，而不认可历史学的"钱途"影响了学习兴趣。这是历史学在现阶段面临的一大现实问题。在目前整个社会商业化色彩日趋加强、高校毕业生就业形势日益严峻的背景下，历史专业作为一门基础性学科，重在培养全民的正确历史价值观，虽然不存在被裁撤的问题，但因为缺乏有效创收渠道，"在高校中持续弱化和边缘化，进而影响到师生的精神状态"②，使学生对这一专业缺乏信心，更在一定程度上丧失了深入研究的兴趣。目前历史专业已然成为高考填报志愿的"冷门专业"，第一志愿录取率一般不超过30%。对此历史学教师应正确认识和处理这一客观存在的矛盾，加强对学生的引导。但理想与现实的矛盾并非导致历史学教学困境的根本因素，反而是历史教学本身出现了问题。从教学实践看，通过系统的专业训练，教师是可以帮助学生认识到历史学的功用和价值，使他们逐步加强对历史学的认同感，最终形成比较强烈的学习兴趣的。笔者在访谈中便发现，随着学生学习程度加深，80%以上的学生认为历史学比较有趣，是一门值得认真学习的学科；只有10%左右的学生认为历史学较为枯燥，并没有学生对历史学毫无兴趣。由此可见，历史学本身的魅力可以抵消掉"钱途"问题产生的消极影响。要彻底解决该问题，需要从社会层面上重视历史学的学科价值，加大

---

① 马克垚：《大学历史教学浅谈》，《历史教学（高校版）》2001年第1期。
② 王灿、王佑江：《近十年高校历史教育研究综述》，《广州广播电视大学学报》2011年第6期。

对历史学等基础学科的支持力度。但目前情况下，历史学教师应从教学方面实现创新，提高学生对历史学的认可和兴趣。

从教学内容上看，历史课堂缺乏生机的原因主要存在于知识层面，传统历史教学方法和教学内容不利于激发学生的积极性。一方面，这与历史教学内容的难易程度有关。笔者在教学过程中发现，学生普遍认为他们学习历史面临的最大困难是历史脉络复杂、思路不够清晰，导致知识点难记、难背。当被问及哪一门专业课最难时，70%的研究生和90%的本科生认为是世界古代中世纪史，5%的学生选择了中国古代史和世界近现代史，而只有2%的学生选择了中国近现代史。这种状况与他们的历史知识储备有密切关系。中小学期间，他们已经系统学习过中国史和世界近现代史，因此在大学期间再深入学习相关内容时便"轻车熟路"。相比之下，学生们直到进入高校后才开始全面接触世界古代中世纪史，短时间内难以形成完整的知识框架，因而普遍认为该门课程最难。不过，经过本科期间的学习，进入研究生阶段后，学生认为该课程最难的比例已经有明显下降。这样也从一个侧面证明了知识的难易程度而非学习兴趣是目前影响历史教学的一个重要问题，需要教师在教学方法上采取有针对性的措施进行克服。另一方面，学生对历史学的兴趣也与教学方法有关，传统教学方法已经显得过于陈旧，不符合当代学生的认知需求。通过对学生的访谈发现，学生普遍认为历史课堂充斥着背景、意义和评价等说教性的内容。虽然这些内容都是多年来史学研究的精华内容，但缺乏适当的推理过程，导致代入感较差，使课程内容缺乏新意，更使学生失去了思考归纳并与教师进行讨论的动力。这就需要教师在教学内容上进行突破，让历史更加贴近现实，提高历史教学内容的趣味性。

纵然目前历史教学面临着来自社会环境及内容创新方面的困境，但这并不能否定历史学本身的魅力。另外，历史课堂缺乏生机并不代表学生对历史学没有兴趣。通过调查和访谈便可发现，学生实际上对历史课的兴趣还是比较浓厚的。在目前无法改变社会环境的条件下，高校历史教师应着力在教学内容上进行革新，充分发掘历史学的趣味性，增强学生对历史学的信心。因此，在现阶段的现有条件下，如何找到简便而有效的方法是困扰学界的一个重要问题。本文根据问卷调查，并结合具体的教学经验认为，通过加强原始资料运用可以有效克服某些教学内容陈旧的问题，将历史的"内容"而非史学研究的"结果"呈现在课堂上，将有助于激活学生的兴趣点，达到活跃课堂的目的。

二、原始资料的分类及特点

原始资料在历史教学中的运用价值是由历史学的性质决定的。历史学的研究对象是已经逝去的"历史事实"，具有不可复原的特点，只能"有一分史料说一分话"[①]。史学研究者要做到"论从史出"，首先需要掌握准确而翔实的史料，才能深入探究历史现象，继而运用历史思维对"历史事实"进行建构，最终得出合乎逻辑的历史认识。这样的研究方法符合历史知识形成的基本规律，也适用于历史教学。学生只有将知识建立在史料基础上，才能深入思索历史事件，梳理出历史发展的脉络，对历史知识形成深刻的认识，塑造正确的历史观念。

传统上，我们将历史学的史料区分为原始资料和二手史料。其中，原始资料主要是指"那些被当时的人们写下来的文献或是他们创造的历史文明，换言之，是那些直接的行为参与者或目击者所创造出来的文献或文化遗存"[②]。其以多种形式存在，包括历史文献、历史遗存、图像资料、口述资料等。对于高校历史教学来说，每一种原始资料都有其独特的利用价值和不足之处。

历史文献主要是书写的资料，可分为两类。一类是历史档案资料，包括各级公共管理机构的官方资料，如法律法规、税收户籍档案、教会档案，也包括私人的书信、日记、碑刻等。这类资料一般具有较高的可信度，可以源源不断地为历史教学和研究提供资料来源，缺点是没有经过系统整理，内容较为庞杂混乱，无法直接进行运用。另一类是历史文献，主要是历史发生不久后，相关学者根据直接经验或调查研究写成的论著，如二十四史、《荷马史诗》《英国法总论》等。这类资料经过了作者的思考和加工，能够从整体上反映出各个时代的思想观念和文化价值，可以直接用于历史教学和研究，但缺点是由于作者受到时代的束缚，对资料进行了取

---

① 崔玉淑：《历史教学中如何指导学生阅读史料》，《课程教学研究》2013年第27期。
② 朱孝远：《如何学习研究世界史》，北京大学出版社2011年版，第65页。

舍，不利于当代学者全面地认识历史问题。例如，古代人重视政治史研究，二十四史中主要记载"王侯将相"参与的国家大事，对下层民众社会生活的记录较少，致使今天的学者在研究社会史时严重缺乏原始文献资料。

历史遗存主要是以非文献形式存在的历史证据，包括历史遗址、历史建筑、生产生活用品、工艺品等，反映了当时人们的生产生活状况，是历史研究的"活化石"。这类资料可信度高，呈现形式较为鲜活，是历史教学和研究的重要素材。但其缺点是分布分散，较难组织学生进行充分的实际体验，大多数情况下只能以图片和影音的形式呈献在历史课题上，因而在一定程度上减弱了其"鲜活"的特点。

图像资料主要是"人类留下的带有图像性质的可视的遗迹"[1]，包括各种画像、雕塑、摄影照片、电影电视画面、时装玩偶、工艺品、奖章和纪念章等，甚至包括地图和建筑等。[2] 图像资料具有比文献资料更直观的表现力和感染力，它重现了历史的真实场景，将历史瞬间最大程度地展现出来，因此有学者认为"摄影之类的图像从来不是历史证据，它们本身就是历史性的。"[3] 学术界已经认识到图像资料的重要性，大英博物馆便收藏了大量拍摄于19~20世纪的图像影音资料供史学研究者参考。山东画报出版社以"观照百多年来人类的生存和发展"为主题出版的《老照片》，也起到了"定格历史，收藏记忆"的作用，为历史研究提供了新的史料和思路。但图像资料也有局限性，由于受到拍摄器材性能的限制，早期的图像资料往往模糊不清，降低了该资料的质量。同时，图像资料只是一个历史片段，容易造假，需要研究者进行大量的考辨，否则就会断章取义或误读，进而得出错误的结论。

口述资料是一种"通过录音设备来收集和分析口头流传的历史资料的研究方法，其主要价值在于说明和确定没有留下文献资料的阶级、阶层和社会集团的生活习惯，记述普通人民群众的作用和历史。"[4] 这类原始资料

---

[1] 丰华琴：《历史研究与教学中的图像物语》，《江苏省世界史学会第17届年会会议论文集》2014年5月，第193页。
[2] [英]彼得·伯克：《图像证史》，杨豫译，北京大学出版社2008年版，第3页。
[3] 曹意强：《可见之不可见性——论图像证史的有效性与误区》，《新美术》2004年第2期。
[4] 曲钦岳：《当代百科知识大词典》，南京大学出版社1989年版，第100页。

弥补了传统历史文献因主要记录"王侯将相"等社会上层人士的缺陷，注重记录下层文化，且修饰成分较少，成为一种存在形式新颖的原始资料。但该类资料可信度并不高，受访者可能因为防备心理、思路不清或者受到错误引导等原因而没有表述真实的想法，因而只能当成传统原始资料的必要补充。

在教学工作中，每一种原始资料的运用方法都是不同的，教师应扬长避短，合理使用。文献资料和图像资料在收集和整理方面存在较大难度，需要教师在课前进行长时间的精心准备，但使用起来较为方便，成本也较低，只需在讲授过程中以语言、文字或图像的形式呈献给学生即可，可以加强学生对某段历史的认识。但这类资料并没有突破传统历史教学方法，学生的参与程度较低，不利于从质的层面提高学生的学习兴趣。历史遗存的使用符合"读万卷书、行万里路"的中国传统治学精神，要求教师带领学生到历史古迹、博物馆、图书馆等地方进行现场参观学习，还可以进行考古挖掘等教学活动。这类资料有利于学生在真实的历史场景中学习知识，立体感强，参与程度较高。但在运用这类资料时涉及组织学生、安排交通住宿、联系接待单位等一系列问题，而且花费较多，目前还没有大规模使用。口述资料运用是一门实践性很强的活动，需要采访和记录等方面的专业知识，基本操作步骤包括"选题、访谈、口述资料的整理和编辑、口述资料的保存和传播等步骤"[1]。目前条件下无法大量使用，但可以通过鼓励学生在假期中进行实践，如采访家属或长辈，了解新中国成立之后我国社会主义现代化建设的成就及面临的困难，逐步培养学生在运用口述资料方面的能力。

正确分析各种原始资料的类别、优缺点和使用方法，是在高校历史教学中合理使用原始资料的前提。结合目前我国高校历史教学的现实，讲授式虽然不利于发挥学生的主动性和创造力，却可以在短时间内传授给学生大量的知识，因而在一段时期内还会继续存在下去。如果在讲授式授课的基础上，教师能补充大量具有理论性和直观性的历史遗存和口述资料，将有助于拓宽学生的学习思路，培养学生分析问题和解决问题的能力，达到事半功倍的效果。

---

[1] 杨祥银：《与历史对话：口述史学的理论与实践》，中国社会科学出版社2004年版，第40页。

三、原始资料运用的方法

历史学是一门处理史料的学科,但不是仅仅停留在史料的阶段,高校历史教学也是如此。高校历史教学运用史料的目的本质上是为了加强学生的知识和能力水平,提高学生综合分析问题和解决问题的能力,培养他们的创新意识和创新能力。因此,利用原始资料进行教学旨在发挥学生的自主性,改变以教师为中心的教学模式,树立起学生的自主地位。这要求教师变"讲授者"为"引导者",打破学生的思维惰性,充分调动他们的积极性。而要做到这一点,往往要求教师花费较多的时间进行准备。具体的教学方法可以分为四个部分。

(一)原始资料的收集与选择

原始资料是历史的直接参与者或目击者留下的文化遗存,因此是研究历史的第一手资料。借助原始资料,学生可以认识历史知识的来源,重构历史的发展过程,形成正确的历史思维。但原始资料有一个特点就是数量庞大,可谓"汗牛充栋",需要教师根据教学目标和教学内容,对原始资料进行收集、选择和整理,以方便学生在课堂上参考使用。

在原始资料的收集方面,应力求全面准确。教师在收集原始资料时,除参考目前已经出版的高校教学参考书外,还应进行更加广泛的搜集,尽量多地占有历史文献、图像资料等各类资料,为课堂教学选取尽可能多的素材。只有每一个观点建立在多个原始资料基础之上,才能呈现出一个多维的历史过程,改变以往主要讲解历史背景、结果和意义,导致学生被迫通过死记硬背学习历史,不利于学生形成系统的知识,培养思考和学习的兴趣。

在原始资料的选择方面,应保持客观公正,坚持史料批判精神。史料本身并不能直接揭示历史真相,只有运用科学的方法进行批判,才能发现真实的历史。史料批判分为外部批判和内部批判。外部批判主要是排除史料的错误成分,增强史料的可信性;内部批判解决史料的理解问题,找到更符合历史逻辑的理解方式[①],把握好原始资料的质量问题。因此,教师

---

① 朱孝远:《如何学习研究世界史》,北京大学出版社2011年版,第65页。

应挑选典型的一手资料,真实地展示历史的本来面目,同时有意选择一些不确切、不完整或者有偏颇的资料,作为反例提供给学生,加强学生对真实史料的认识,增强学生的辨别和判断能力。

在原始资料的整理方面,应遵循教育学和心理学规律,以最符合教学目的的方式将各类原始资料呈献给学生。教师应对文献资料进行节选,对图片影音类原始资料进行剪接。随后,找出不同类型的原始资料的内在逻辑进行排列组合,将不同的历史片段连接成一条完整的历史线索。

(二) 教学过程

原始资料教学适合采用探究式和研讨式教学方法。这就需要学生在上课之前便对教材有所了解。因此教师应在学期开始时把教学大纲发给学生,给出提前熟悉教学内容的时间。进入课堂教学阶段,教师以传统的观点为切入点,运用大量史料进行反驳,激发学生对旧问题的思考,接着将历史过程环环展开,形成新的观念。原始资料必须结合教材内容使用。否则,"缺乏想象力、不做准备地使用档案资料,要比不做准备地使用教科书和听写本更缺乏创造性。"[①] 教师需要把史料与讲课内容有机地融合为一体,合理地插入到PPT课件或教案中。篇幅较长的史料也可以打印出来,作为延伸性阅读当堂分发给学生。借助这些史料,教师可以抓住学生的兴奋点,引导学生进行思考,带动学生快速进入思考状态。在条件允许的情况下,教师还可以将一部分教学内容用于课堂讨论,通过讨论引导学生进行思考,开发学生的独立性、积极性和自主性。在课堂讨论时,教师也应积极备课,重点收集国内外学者对原始资料的解读和评论,为解答学生的疑问做准备。当每个讨论专题结束时,教师应进行必要的点评和总结,帮助学生将琐碎的知识连接起来,形成整体的认识,起到"画龙点睛"的作用,防止学生"只见树木,不见森林"。当然活跃的课堂气氛并非混乱的课堂秩序,在教学实践中有的教师为了活跃课堂气氛,有意选取趣味性强的内容进行讲解,这并非明智之举。

(三) 实地考察

实地考察主要目的是接触和使用历史遗存资料。历史遗存资料种类较

---

① [英] 蒂姆·洛马斯著,叶小兵译:《论史料教学》,《历史教学》1998年第2期。

多，但它们有一个共性，即它们都凝结着人类的智慧和创造力，是人类文明兴衰荣辱的标志，体现出世界的文化多样性和普遍性，具有不可替代的学术价值。目前，我国高校历史教学在这一方面还比较欠缺，这固然与教育经费、学生管理等问题有关，同时也与教育理念的落后有较大的关系。欧美高校的历史专业较为重视实地考察，要求历史学专业学生必须进行考古学技能实训，以提高学生对实物史料的研习。以英国为例，各高校鼓励历史系学生走出课堂，通过参观著名历史遗迹来感知历史，通过运用实物史料提高运用历史证据的能力。"英国许多优秀的历史教师现在都花大量的时间来设计与历史遗迹考察有关的教学内容，以便使历史知识更具有趣味性和探究性。"[①] 国内高校的历史系也应学习国外的先进经验，将历史专业学生的调查研究能力当成一项重要素质进行培养。

（四）课后辅导

原始资料教学激发了学生的创新思维，提高了学生的独立思考能力和学习兴趣，引发了学生阅读史学资料和论著的热情。随之而产生的问题是，课堂教学时间有限，学生该如何询问在课外时间产生的疑问。这就需要高校历史学教师加强课后辅导，把教学从课堂延伸到课下，下课后在教室停留一段时间，接受学生的咨询。在平时，教师还应保持通信畅通，及时回答学生提出的各种学术问题。课后辅导虽然占用了教师的非教学时间，但却是教学工作不可缺少的一环，也体现出教师的职业素养和敬业精神。

综上所述，原始资料教学代表了未来历史学教育的一个发展方向。2012年3月，教育部出台的《教育部关于全面提高高等教育质量的若干意见》明确规定"创新教育教学方法，提倡启发式、探究式、讨论式、参与式教学。"[②] 原始资料教学符合我国的人才培养目标，符合历史教学的规律，也符合历史学的发展趋势。对于历史学科来说，原始资料教学构筑了史学教育的坚实资料基础，突出了原始资料的作用，有利于体现历史学原本具有的生动、睿智和鲜活色彩，也进一步加快了史学教学和研究的科学

---

① 陈新民：《英国历史教学中的史料教学》，《学科教育》2001年第8期。
② 转引自梁中芳：《探讨式教学 全过程考核——关于世界现代史教学考试改革的一点思考》，《江苏省世界史学会第17届年会会议论文集》2014年5月，第184页。

化水平。对于学生而言，原始资料教学开拓了他们的视野，启发了他们的独创性思维，提高了他们发现问题、解决问题的能力，为学生将来从事科研、教学或其他工作打下了良好的基础。在目前条件下，虽然推进原始资料教学是一条十分复杂而艰难的道路，却值得高校史学工作者不断地进行探索。

论师范院校中国古代史教学
与高中历史教学的关系

薛海波

摘要：师范院校历史教学和高中历史教学在教材编撰体例、课程设置、教学内容上的巨大差别，直接造成了师范院校历史教学和高中历史教学在教学方法、目的、手段等方面的断裂。为了使两阶段的历史教学有效地衔接，高中历史教师不应再追求教学方法和手段的多样性，而要以历史知识的讲授为教学核心。师范院校历史教师要充分发挥自身在教学活动中的主体作用，坚持以培养学生的科研能力为主，注重教法培养的教学方向。

根据笔者近年的师范院校历史教学实践发现，作为刚刚迈入大学校门的大一新生，普遍存在着基础历史知识薄弱、不适应师范院校历史教学方式的共性问题。从目前师范院校本科教学课程设置看，学生有将近1/2的非专业课设置，在大学期间学生需要用大量精力学习外语、计算机，加之教学实习和其他事务，使得学生自己能够用来学习历史专业知识、技能的时间很少。那么，靠师范院校历史专业开设的中国、世界两大通史等专业课是否可以培养出能够胜任中学历史教学的合格教师呢？通过观察已完成本科阶段学习的学生的历史专业基本技能发现，能够独立完成本科历史专业论文撰写的很少，能够熟练驾驭中学历史教材的人也很少。造成上述诸问题的症结何在？如何解决？笔者认为根源在于师范院校历史教学与高中历史教学的教学内容、教学方式、教育理念等方面存在着严重的断裂，两个不同的学习阶段没有衔接好。现以中国古代史为例，谈一下笔者的看法。

一、师范院校与高中历史教学的断裂之处及其影响

目前师范院校历史学教育采用的中国古代史教材主要是《中国史纲要》（有人民出版社版、高教版、福建人民出版社版、华东师大版等多种版本），其中大多数版本的第一版编写时间多在20世纪八九十年代。诸版

本教材虽再版多次，除了添加一些史学界研究的新成果、新发现外，在内容上并没有大幅度的修订。而从20世纪八九十年代开始至今，高中历史教材已经多次修订乃至重新编写。因此，现行的高中历史教材与师范院校历史教材在编写时代上有着较大的时间隔阂。

  从编撰体例看，现行师范院校历史教材均是章节体，均是以马克思主义唯物史观的五种经济形态来作为中国古史分期的依据，按照原始社会、奴隶社会和封建社会三种社会形态的依次演进编排教学内容。中国古代史是师范院校历史专业的必修课，授课时约占中国通史总课时的40％。而现行使用范围最大的人教版高中历史教材，主要是根据教育部2003年颁布的《普通高中课程标准（实验）》编写的。在课程设置上分为必修课和选修课，必修课分为历史（Ⅰ）、历史（Ⅱ）、历史（Ⅲ）三个学习模块，25个专题。其中与中国古代史有关的专题共三个：古代中国的政治制度、古代中国经济的基本结构与特点、中国传统文化主流思想的演变，仅占必修专题总数的12％，其课时分配的比例占总课时数的10％～15％。选修课分为六个模块，其中与中国古代史有关的内容有商鞅变法、北魏孝文帝改革、王安石变法、古代中国的政治家、儒家文化创始人孔子、杰出的中医药学家李时珍、二里头文化的探索、三星堆遗址——古蜀文明之谜、中国著名历史遗迹、明清宫殿、皇家园林和陵墓、中国古城和古村落、中国昆曲，不足全部选修内容的10％。由于高中学生可根据自己的兴趣任选2～3个模块[1]，因此，高中生能够通过选修课学习中国古代史的内容是十分有限的。由此可见，师范院校历史教学和高中历史教学在中国古代史教材的编撰体例上截然不同，在课程设置上有着很大差别，在教学课时和内容的比重上也反差巨大。

  编撰体例、课程设置、教学内容的差别，直接造成了师范院校历史教学和高中历史教学在教学方法、目的、手段等方面的断裂。以专题为主的高中教材编撰体例使高中历史教学的日常模式主要是以多媒体教学为手段，以某一历史专题为讲授的主轴，以使学生掌握历史阶段特征和发展线索为目的，最终使学生具备从不同角度认识历史发展中全局与局部的关系，辩证地认识历史与现实、中国与世界的内在联系，培养从不同角度发现、分析和解决问题的能力[1]。从理论上看，目前高中历史教学的一整套教学设置似乎有利于培养出在知识、能力、情感上均较完备的合格高中生，但在应试教育大环境没有改变的条件下，在以升学为"指挥棒"的前提下，学生学习的实际效果十分堪忧。以人教版高中历史必修（二）第一单元"古代中国经济的基本结构与特点"第4课"古代的经济政策""土地制度的演变"一目为例，编撰者没有提及如西晋的占田制、明代的地丁银、清代的摊丁入亩等在中国古代历史上占有重要的地位的土地制度。对于均田制仅提了一个名称，基本内容没有介绍。对于中国古代的赋税征收，如西汉时期的口赋和算赋、田赋、魏晋南北朝时期的租调制、户调制、唐朝的租庸调制、明朝的一条鞭法等一概删除，仅留下井田制、均田制两个名称和一些表述模糊的文字，如"面对土地高度集中，历朝政府都采取措施抑制兼并，以维护小农经济，巩固统治"。[2]从中国古代土地利用的实际情况看，在中唐以前，中国社会并不存在严重的土地兼并问题，相反存在着大量荒地没人开垦的问题。在中唐以前对于国家而言，人口比土地更重要。至宋代，国家奉行的还是"不抑兼并"的土地政策。中国古代土地兼并现象的严重化，主要是在玉米、马铃薯等高产农作物传到中国以后，引发人口急剧膨胀的明清时期。由此可见，现行的高中历史教材存在着为减轻学生课业负担、推行素质教育而大量删除基本历史知识，为片面追求减少教材文字量而行文表述不清乃至基本史实错误的情况。在此基础上，高中历史教学不仅无法培养高中学生探究、发现问题的能力，在其头脑中也形不成所谓的知识体系和阶段特征，而且还会造成学生基本历史知识的严重缺乏，使其产生历史不过就是"干瘪毫无生气的文字"的厌学情绪。这样纵使高中历史教师运用多媒体、历史剧等激发学生学习历史的教学手段，学生在经历了课堂的活跃气氛之后，仍然没有多少所得。而根据笔者教学实践，在新课标教学模式培养出来的大一历史专业新生普遍存在着基础知识不足、知识体系混乱、阅读文献能力较弱等诸多缺陷。这使师范院校历史教学很难顺利开展，不仅无法向学生介绍学术界如中国古代史的研究成果和问题所在之处，也无法与其进行深入的讨论和探究，反而不得不就大一新生在高中阶段没有学习或者涉及较少的中国古代史重点历史知识，如前面所提的口赋、算赋、田租、占田制、均田制、租调制、一条鞭法等运用大量时间加以讲解和说明。考虑到学生高中的历史基础薄弱和课时有限,还要应付各种考试,本科教学也只能以教材为主,这又使师范院校的历史教学变成了老师一人单独讲授,学生在课堂记笔记,考试背笔记的应试教育模式。而这种教学方式又令学生索然无味,学习历史的积极性大大降低。经过这样四年的本科学习,学生的学习效果可想而知。因此,这些师范院校生毕业后从事中学历史教学的实际能力和知识水平就很成问题。这样周而复始,无疑会对承载着激发中华民族自豪感、认同感、爱国心、社会责任感的历史科学构成严重冲击。

二、师范院校历史教学与高中历史教学的衔接

鉴于以上师范院校历史教学与高中历史教学的诸多断裂之处及其影响,笔者认为应当尽快对师范院校教学与高中历史教学进行有效的衔接。而高中和师范院校两者属于基础教育和高等教育两个不同的教育阶段,各自的管理方式及运行体制也大不相同。因此,在当前的条件下,笔者认为应从以下三个方面入手:

第一,高中历史教师不应再单纯地追求教学方法和手段的多样性,不要过于注重教学形式,因为再先进的教学方法都必须要落实到历史知识的讲授上。与其耗费大量精力研究看似吸引学生兴趣、活跃课堂气氛、但实际教学效果十分有限的教法,不如把大量的精力放在对于历史知识的准确把握和如何使学生系统地掌握历史知识体系之上。高中历史教师应尽力克服现行将大量历史知识删除的教材的缺憾,使学生对自己国家和世界历史有一个基本明确和清楚的认识,并为有志于学习历史学专业的学生打下坚实基础。总之,高中历史教师要明晰如下认识,即培养学生的能力、素质不应以大幅度地删减历史知识为代价;教学方法、教学手段仅是帮助学生学习的手段,并不是高中历史教学的核心,真正的教学核心仍然是承载着人类文明的历史知识。

第二,师范院校历史专业教师要充分发挥自身在教学活动中的主体作用。面对目前大一新生历史知识普遍缺乏,掌握不牢固、不清晰的客观实际,不应当一味地批评学生,挫伤其学习专业知识的积极性,应该利用课堂教学和业余时间加大对学生基础历史知识的补习力度,督促学生利用自修时间尽快熟悉教材,找出自己的欠缺之处。在学生具备基本历史知识

后，教师应开展研讨性教学，用如何发现问题、提出问题、解决问题的思路来组织教学，用问题意识激发学生动手搜集资料、独立思考，培养他们阅读史料、经典文献的意识，从而使学生基本具备在中等学校独立进行历史教学和研究的能力。

第三，目前在高中教学中有这样一种认识，"中学历史教师的主要职责不是进行历史学科研究，而是要进行历史教育研究，中学历史教师的水平高低不仅要看他历史专业水平的高低，更重要的是还要看他历史教育能力的高低"。[3]这种倾向是师范院校历史教师必须要注意和抵制的。因为如果师范院校历史教学以教法为主，那么，师范院校教育实际上就与教师培训机构无异。因此，为了培养合格优秀的高中历史教师，衔接好高中、师范院校两个阶段的历史教学，师范院校必须坚持以培养学生的科研能力为主，同时兼顾教法培养的教学方向。

【参考文献】

[1] 教育部《基础教育课程》编辑部. 中学新课标资源库·历史卷[M]. 北京：北京工业大学出版社，2004：6-7.

[2] 人民教育出版社，课程教材研究所，历史教材课程研究发展中心. 普通课程标准实验教科书·历史2（必修）[M]. 北京：人民教育出版社，2007：16-17.

[3] 刘军. 历史教学的新视野[M]. 北京：高等教育出版社，2003：48.

世界历史教学中关于加强澳大利亚研究的重要性与教材中澳大利亚与大洋洲内容的缺失及其思考

张秋生　高文燕

摘要：澳大利亚是亚洲和太平洋地区的重要国家。20世纪七八十年代以来，随着国际经济重心的东移，作为一个农牧、矿产资源大国和移民大国，澳大利亚在亚太地区的经济和政治地位日益重要，和中国的关系日益密切。以高校为主体的中国学者研究澳大利亚的人数不断增多。尽管澳大利亚本身的历史较短，但仍有不少重要事件曾对世界历史发展进程产生过重要影响，具有特殊的历史地位。在高校课堂讲授和研究澳大利亚历史，有助于认识经济全球化和地区一体化趋势，有助于认识世界历史是世界各地区、各民族逐步联系成为一个互相依存的整体的历史，并有助于推动中澳关系、亚澳关系的发展。然而，由于主观和客观方面的原因，在中国许多高校的世界历史教学中，欧美国家历史和亚非拉国家历史一直占据统治地位，教材内容涉及澳大利亚的较少，对澳大利亚和大洋洲的研究与教学急需加强。本文根据多年从事相关研究与教学的体会，谈一些个人的思考与认识。

基金项目：本文得到澳中理事会（ACC）项目资助，英文论文在2008年10月31日于北京召开的第十一届中国澳大利亚研究国际学术讨论会上宣读。

一、为什么要研究澳大利亚？

（一）在亚太地区的经济与政治地位日益重要

20世纪七八十年代以来，随着国际经济重心的东移，澳大利亚的地位逐渐上升。澳大利亚地大物博，国土面积占世界第6位，许多产品居世界前列，人口仅2000万，人均国民生产总值进入世界前20位。1995年，美国《财富》杂志按人口、资源、国土等综合指标计算，其综合实力居世界第一。从政治上讲，澳大利亚是西方国家，和英美有传统的联系。澳大利亚位于亚太地区，和东南亚国家关系也很好，是亚太经济合作组织（APEC）的倡导者，同时在推动亚太地区发展与经济合作方面也起着重要作用。

（二）和中国的关系日益密切

19世纪中叶的澳大利亚淘金热时期，华工赴澳一度高达5万～6万人，揭开了中澳关系的序幕。1909年，清政府在墨尔本设总领事馆。1941年国民党政府与澳大利亚建交。1972年，澳大利亚与中华人民共和国正式建交，之后两国关系发展很快。2002年双边贸易额已达200亿澳元，同年也是中澳建交30周年，中澳签署天然气合同250亿澳元。2007年两国贸易额已达575亿澳元，中国已超过日本成为澳大利亚最大的贸易伙伴。2013年，中国超过英国成为澳大利亚最大的移民来源国。20世纪90年代以来，双方领导人互访频繁（1999、2003和2006年江泽民、胡锦涛、温家宝先后访澳，达成了建立面向21世纪的长期稳定、互惠共利的战略伙伴关系的共识）。中国改革开放以来，大量新移民赴澳一度高达6万人。现在澳洲华人约有100万人，占澳洲总人口的4%，汉语已成为澳大利亚第一大少数民族语言，中国超过英国成为澳大利亚第一大移民来源国。20世纪90年代以来，澳大利亚华人参政运动蓬勃兴起。悉尼副市长、墨尔本市长都由华人担任，国会议员、州议员不断涌现。2007年11月，工党领袖陆克文上台执政，黄英贤被任命为气象和水资源部长，成为首位进入内阁的华裔和亚裔女部长。20世纪70年代以来，中澳友好省州（城市）陆续建立，已达68对。两国之间的经济、科技、教育与文化交流不断加深。

（三）学术研究的需要

（1）对整体世界史研究的需要。过去对大国史、大国关系史研究较多，对其他资本主义国家研究较少。澳大利亚是一个移民国家，推行多元文化。建国仅二百余年，就进入了发达国家的行列，研究澳大利亚历史与文化有助于认识世界历史发展潮流、经济全球化与地区一体化趋势，有助于认识世界历史是世界各地区、各民族逐步联系成为一个互相依存的整体的历史。

（2）从事中国大周边外交研究的需要。南太平洋有14个岛国，8个与我建交，6个与（中国）台湾建交（其他未建交地区主要集中在加勒比海地区和非洲）。他们是我们反对"台独"所需要争取的对象。澳大利亚是南太平洋的大国，是美国在该地区的"警长"，外交追随美国（美国利用在澳大利亚的军事基地，使用潜艇对中国进行监听）。因此对澳大利亚和南太平洋岛国关系及其历史亟待研究，这不仅是中外关系史研究、地区史研究的需要，同时也是国家安全的需要。

2013年10月6日，中国国家主席习近平在印尼巴厘岛会见了澳大利亚新总理阿博特。习近平指出，中澳同为亚太地区重要国家，两国紧密合作，不仅符合两国根本利益，也有利于本地区乃至世界的和平与发展。中方一向从战略高度和长远角度看待和发展中澳关系，愿同澳方一道努力，推动中澳战略伙伴关系不断深入发展，使中澳关系成为不同社会制度、不同历史文化、不同发展阶段国家和谐相处、合作共赢的典范。双方应该巩固两国关系的四个纽带，即：互信纽带、经贸纽带、人文纽带和安全纽带。习近平提出，当前，亚太地区总体上政治稳定、经济发展、区域合作活跃，亚太各国合作应该把重心放在发展和经济增长上来。中澳双方可以通过外交和战略对话等机制加强沟通、协调、合作。

阿博特表示，中国国力日益上升，对世界是福音，不是挑战。澳大利亚的繁荣得益于同中国的合作。我执政期间将继续致力于强化两国互信、经贸、人文、安全四个纽带，发展更强劲的澳中关系，做中国的好朋友。澳方愿意加快两国自由贸易协定谈判，欢迎中国企业赴澳大利亚投资，希望同中方在二十国集团、亚太经合组织框架内加强合作。

二、世界现代史教材中关于澳大利亚内容的缺失

吴于廑、齐世荣任总主编的六卷本《世界史》，即《世界史·古代史编》（上、下卷）、《世界史·近现代史编》（上、下卷）、《世界史·近代史编》（上、下卷）。该系列教材作为我国高等院校普遍采用的世界史教材，得到了高校历史学科教学指导委员会的推荐。曾荣获国家教委第三届优秀教材一等奖。该教材体现了吴于廑关于世界从分散走向一体的整体史观，注意吸取世界史教学与研究的最新成果。但该教材也有一些不足，如有些地方因强调历史的时代特点，而忽略乃至割裂了地区历史发展的连续性，另外对澳大利亚与大洋洲的历史也很少提及。其他教材更是如此，其主要缺失方面如下。

（1）澳大利亚4万~5万年前就有人类居住，土著先民也创造了灿烂

的远古文明。绝大部分教材对美国印第安人的文化和古代史有介绍，但对澳大利亚土著文化却没提及。

（2）16~18世纪欧洲人在南太平洋寻找南方大陆的探险应为地理大发现的尾声，1768年库克到达澳洲则达到高潮。世界有七大洲，它们的发现先后不一，但世界通史没有相应的记载和叙述，没有符合统一的时空观。

（3）19世纪晚期，澳大利亚工人运动开始兴起，是最早要求实行8小时工作制的国家之一。但现有的世界历史教材中有关8小时工作制的起源问题，只讲美国工人运动，不提澳大利亚。

（4）1900年澳大利亚联邦建立后，走了一条与众不同具有特色的现代化道路，经济发展较快，成为较为发达的资本主义国家。西方国家的现代化道路却只讲欧美，不讲其他有特色的包括澳大利亚在内的资本主义国家。

（5）1939~1945年澳大利亚参加了世界反法西斯战争，成为太平洋战场的主要抗敌力量之一和盟军的后方基地，做出了重大贡献。但在世界反法西斯战争史的教材中，却很少提及澳大利亚应有的相应的重要地位。

（6）第二次世界大战后，澳大利亚积极融入国际社会，1949年伊瓦特担任联合国秘书长，在联合国发挥过重要作用。这些材料也几乎没有提及。

（7）19世纪80年代以来，澳大利亚成为亚太经济合作组织的倡导者之一，在推动亚太地区发展与经济合作方面起着重要作用。这在世界史中也没有详细的表述。

（8）大洋洲和南太平洋共14个岛国，对中国大周边外交具有重要战略意义，其中8国与我建交，6国与（中国）台湾建交，但对大洋洲和南太平洋岛国的历史与现状在世界古、近现代史中很少写到，甚至是空白。这方面的空白我们应该尽快填补，保持世界历史的完整性。

（9）澳大利亚是最早实现福利国家的西方国家之一，其福利与社会保障制度对我们有重要的借鉴作用。它的起源与发展及其利弊值得重视与研究。世界近现代史的材料中对这一部分应适当补充。

（10）澳大利亚的环境保护政策很值得我们学习借鉴。2000年的悉尼奥运会开成了绿色奥运会。墨尔本两度被联合国评为世界最适宜居住城市之一，澳大利亚首都堪培拉是世界上少有的向全世界招标设计的城市，是世界著名的花园城市。澳大利亚环境保护政策的历史沿革也需要认真加以研究。

(11) 在太平洋和印度洋区域的国际联合反恐和海上搜救的合作中，澳大利亚也具有重要的战略地位和先进经验。马航"失联"客机的联合搜救体现了我国与澳大利亚实行相关领域合作的重要性。这些重要材料都应与时俱进地补充进世界近现代史。

三、建议和调查设想

目前在中国许多高校的世界历史教学中，欧美国家历史和亚非拉国家历史一直占据统治地位，这当然是可以理解的，但教材内容涉及澳大利亚的较少，教学课时和教学内容也存在许多不足。这对开展研究全球史的研究很不适应，建议应尽快着手进行相关的调查，调查的内容和方式如下。

（1）以江苏省和华东地区的世界历史教学为主要调查范围，同时兼顾其他地区的重点高校（如北京、西安、武汉、广州等），对他们使用的教材和教学课时、教学内容进行调查（重点在高校的历史系）。

（2）重点调查：①所使用的教材中澳大利亚方面的内容在世界古代史、近代史和现代史中所占的篇幅和比例；②澳大利亚和大洋洲历史中的重要内容在使用教材中的体现；③教学课时的安排（包括必修课和选修课）④任课教师的教学观点、态度与建议。

（3）调查方式：①查阅20世纪90年代以来中国出版社出版的大学使用的世界历史教材，参阅澳大利亚高校历史教材，组织人员进行统计分析；②对相关大学进行问卷调查、同时去相关大学进行走访、开座谈会和小型专题研讨会。

（4）根据调查统计数据和材料，写出调查报告和论文，并在相关学术刊物上发表。

（5）根据调查材料和我省、我校及个人教学经历，归纳澳大利亚和大洋洲历史中的重要内容及其在中国高校使用教材中的缺失，分析其原因，在相关学术会议和学术刊物上发表，引起讨论，并向教育部历史教学指导委员会提出建议，以便争取在以后的教材修订中增加澳大利亚和大洋洲历史中的重要内容。

根据上述设想，我们已在2006年11月南通大学召开的江苏省世界史年会和2007年8月徐州师范大学召开的"世界历史发展进程中的民族国家"全国学术研讨会上，就相关问题对以江苏省为主的全国 20 余所高校从事世界历史教学和研究的教师进行了问卷调查（见附一），同时组织研究生对我国 20 世纪 90 年代以来出版的国内高校使用较多的 30 多部世界历史教材进行了调查，并做了文字及表格分析（见附二、附三），结果堪忧。

如：问卷问题二，您在教学中讲授过澳大利亚历史方面的内容吗？选项为：A. 有　B. 没有　C. 很少　D. 较多。其中 2006 年问卷选 BC 两项的合计占 92%，2007 年问卷选 BC 两项的合计占 82%。

再如，问卷问题五，您使用的世界史教材中涉及澳大利亚历史的相关内容吗？选项为：A. 涉及　B. 不涉及　C. 很少涉及　D. 较多涉及。其中 2006 年问卷选 BC 两项的合计占 96%，2007 年问卷选 BC 两项的合计占 59%。

同时，参加问卷调查的许多老师认为：澳大利亚历史在世界历史教学中应有相应的地位，而目前世界史教学中澳大利亚历史的内容分量与澳大利亚在世界上的地位很不适应，需要做必要的调整。

如：问卷问题六，您认为澳大利亚历史在世界历史教学中的地位重要吗？选项为：A. 重要　B. 不重要　C. 在特定时期特定范围内重要。其中 2006 年问卷选 AC 两项的合计占 100%（A. 19%，C. 81%），2007 年问卷选 AC 两项的合计占 91%（A. 27%，C. 64%）。

问卷问题八，您认为在世界历史教学中澳大利亚历史方面的内容是否需要增加或调整？选项为：A. 需要　B. 不需要　C. 需稍作调整　D. 需作大调整。其中 2006 年问卷选 AC 两项的合计占 100%（A. 58%，C. 42%），2007 年问卷选 AC 两项的合计占 91%（A. 36%，C. 45%）。

另外，参加问卷调查的许多高校老师都对在世界历史教学中加强澳大利亚历史的相关内容的讲授，修改世界历史教材提出了很好的建议和设想。主要内容如下：

①编写澳大利亚史国别教材，供史学教学选用；②将澳大利亚置于英联邦体系内进行研究；③介绍澳大利亚在亚太的地位与作用，尤其是当代的亚洲化趋向；反映中澳两国在各领域尤其在经济和文化方面合作与交流的实际状况；④对澳大利亚现代化进程进行研究；⑤对澳大利亚的各方面内容设专门章节介绍，或与加拿大、新西兰并合一类作介绍与分析；⑥介绍澳大利亚金矿与畜牧业在 19 世纪中期以后在世界经济中的地位；⑦在

教材中反映澳大利亚在殖民主义扩张中的作用；⑧结合新西兰分析澳大利亚土著政策，如何实现民族与文化的多元化；⑨在教材中加入澳大利亚对外政策的依附性与独立性；⑩加强对移民与澳大利亚的发展的介绍。

上述所做的工作仅仅是我们整个计划的开始和初步尝试，我们希望通过这项计划推动中国高校世界历史教学中全球史观的探讨和运用，推动世界历史教材的改革，同时也进一步推动中国高校澳大利亚教学与研究的深入。

该项计划得到了澳中理事会、江苏省世界史学会和许多高校教师、学者的大力支持和帮助，在此表示衷心的感谢！

附一：关于中国（江苏省）高校世界史教学中澳大利亚历史内容的调查问卷

一、您在世界史教学中教授的下列哪门课程？

A. 世界古代史

B. 世界近代史

C. 世界现当代史

D. 其他（　　　　）

二、您在教学中讲授过澳大利亚历史方面的内容吗？

A. 有

B. 没有

C. 很少

D. 较多

三、您讲授的澳大利亚历史方面的内容约占所讲课程的_____％？

四、您在教学中使用的教材是下列哪一类教材？

A. 教育部指定教材

B. 省级出版社教材

C. 自编教材

五、您使用的世界史教材中涉及澳大利亚历史的相关内容吗？

A. 涉及

B. 不涉及

C. 很少涉及

D. 较多涉及

六、您认为澳大利亚历史在世界历史教学中的地位重要吗？

A. 重要

B. 不重要

C. 在特定时期特定范围内重要

七、您认为目前世界史教学中澳大利亚历史的内容分量与澳大利亚在世界上的地位相适应吗？

A. 适应

B. 不适应

C. 有地方适应，有地方不适应

八、您认为在世界历史教学中澳大利亚历史方面的内容是否需要增加或调整？

A. 需要

B. 不需要

C. 需稍作调整

D. 需作大调整

九、您认为在世界历史教学中澳大利亚历史的内容应增加下列哪些方面？

A. 政治

B. 经济

C. 文化

D. 军事

E. 对外关系

F. 其他（　　　　　）

十、您对在世界历史教学中关于澳大利亚历史相关内容的编写或讲授有何建议？（如有可能，请写具体）

（以上调查仅供徐州师范大学历史系在改进澳大利亚研究相关课程的教学时作为参考。谢谢您的支持与配合！）

附二：中国高校世界史教学中澳大利亚历史内容的调查问卷统计表

[注：2006年26份有效答卷（江苏省高校），2007年22份有效答卷（省内外高校）]

		一		二		三	四		五		六		七		八		九		十
		选择数	比例(%)	选择数	比例(%)		选择数	比例(%)	选择数	比例(%)	选择数	比例(%)	选择数	比例(%)	选择数	比例(%)	选择数	比例(%)	
2006	A	9	35	2	8	见表下文字统计部分	23	88	1	4	5	19	0	0	15	58	11	42	见表下文字统计部分
	B	11	42	15	57		1	4	12	46	0	0	16	62	0	0	21	81	
	C	4	15	9	35		2	8	13	50	21	81	10	38	11	42	15	58	
	D	2	8	0	0				0	0	0				0	0	5	19	
	E																15	58	
	F																2	8	
2007	A	13	59	4	18	同上	18	82	9	41	6	27	1	4	8	36	13	59	同上
	B	14	64	6	27		2	9	5	23	1	4	9	41	1	4	18	82	
	C	4	18	12	55		4	18	8	36	14	64	12	55	10	45	16	73	
	D	8	36	0	0		2	9	0	0	0	0			2		9	41	
	E																14	64	
	F																		

（表格中统计数字说明：百分比总和超过100%，说明答卷者一题多选！）

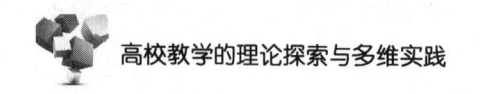

文字部分统计：

第三题：

2006 年　0%——20 人，0.1%——1 人，1%——2 人，5%——2 人

2007 年　0%——11 人，1%——5 人，2%——1 人，3%——1 人，6%——1 人，8%——1 人，10%——2 人

第十题：

2006 年答卷分类统计（共九人详细作答，占 35%）

1. 介绍一些研究动态性的资料，包括国际、国内的研究动态；

2. 在教材中适当增加部分相关内容；

3. 可编写澳大利亚史国别教材，供史学教学选用；

4. 可与外文专业的澳大利亚文学的教育相结合；

5. 将澳大利亚置于英联邦体系内进行研究；

6. 将澳大利亚的殖民地历史及其政治、经济、文化、对外关系等方面内容分章节进行介绍和分析；

7. 继续对澳大利亚原有土著文化进行研究；

8. 反映中澳两国在各领域，尤其在经济和文化方面合作与交流的实际状况。

2007 年答卷分类统计（共八人详细作答，占 36%）

1. 调整澳大利亚在世界史教学中的地位，适当增加比重，能够使学生对澳大利亚历史、国情有一些最基本而全面的了解；

2. 在教材中加强澳大利亚与亚洲的关系，尤其是中澳关系方面的内容；

3. 将澳大利亚的相关内容作为英联邦国家史或移民殖民史或多元文化问题的一个重要组成部分；

4. 对澳大利亚现代化进程进行研究；

5. 对澳大利亚的各方面内容设专门章节介绍或与加拿大、新西兰并合一类，并设专章做比较系统的介绍与分析；

6. 介绍澳大利亚金矿与畜牧业在 19 世纪中期以后在世界经济中的地位；

7. 在教材中反映澳大利亚在殖民主义扩张中的作用；

8. 介绍澳大利亚在亚太的地位与作用，尤其是当代的亚洲化趋向；

9. 结合新西兰分析澳大利亚土著政策，如何实现民族与文化的多元化；

10. 在教材中加入澳大利亚对外政策的依附性与独立性；

11. 加强对移民与澳大利亚的发展的介绍。

附三：中国高校世界历史教材中澳大利亚相关内容所占比重的统计调查

本次调查中查阅的高校世界历史教材共 42 部，具体目录如下：

1.《世界史简编》刘明翰、海恩忠主编，山东教育出版社，1985 年版；

2.《世界史纲》马世力主编，上海人民出版社，1999 年版；

3.《世界简史》朱寰、徐天新主编，中央广播电视大学出版社，1995 年版；

4.《世界史》（六卷）吴于廑、齐世荣主编，高等教育出版社，1994 年版/2001 年版；

5.《世界通史纲要》孙秉莹、连泰、冯兴盛主编，吉林文史出版社，1985 年版；

6.《宏观世界史》李植枏著，武汉大学出版社，1999 年版；

7.《从分散到整体的世界史》（5 册）李植枏、高明等编，湖南出版社，1991 年版；

8.《世界通史》傅孙铭编，东北师范大学出版社，1990 年版；

9.《世界历史 上古史》刘家和主编，吉林人民出版社，1984 年版；

10.《世界历史 上古部分》朱华龙著，北京大学出版社，1900 年版；

11.《世界古代史》邓炎熙、张君谅主编，上海社会科学院出版，1987 年版；

12.《世界古代史》田德全主编，华东师范大学出版社，1991 年版；

13.《世界上古中世纪史》朱寰主编，北京大学出版社，1900 年版；

14.《世界历史 中古部分》马克垚主编，北京大学出版社，1989 年版；

15.《世界中世纪史》刘明翰主编，二十院校合编，1983年版；

16.《新编世界近代史》王荣堂、姜德昌主编，吉林人民出版社，1980年版；

17.《世界近代史》屈连壁著，北京师范大学出版社，1990年版；

18.《世界近代史》袁征编，华东师范大学出版社，1991年版；

19.《世界近代史》管敬绪、黄鸿钊、郭华榕编，南京大学出版社，1991年版；

20.《世界近代史简编》李佩芬著，中国人民大学出版社，1997年版；

21.《世界近代史》王荣堂、姜德昌主编，吉林人民出版社，1984年版；

22.《世界近代史》林举岱、陈崇武、艾周昌编，上海人民出版社，1982年版；

23.《世界近代史》汪涛、柯其成主编，上海社科出版社，1982年版；

24.《世界史 近代史》刘祚昌、光仁洪等主编，人民出版社，1985年版；

25.《近现代西方殖民史（1415－1990）》王助民、李良玉等著，中国档案出版社，1995年版；

26.《世界近现代史》乔明顺编，北京大学出版社，1990年版；

27.《简明世界近代史》潘润涵等编，北京大学出版社，2001年版；

28.《当代世界史》沈学善、张脉强著，南京大学出版社，1991年版；

29.《世界现代史》王春良、祝明、张培义等主编，山东人民出版社，1985年版；

30.《世界现代史》林家恒编，华东师范大学出版社，1991年版；

31.《世界现代简史》林家恒、赵菊玲主编，高等教育出版社，1991年版；

32.《世界现当代史》金重远，复旦大学出版社，1999年版；

33.《简明世界现代当代史》孙国峰主编，黄山书社出版，1989年版；

34.《世界当代史》吴继德著，云南大学出版社，1995年版；

35.《20世纪的世界——百年历史回溯》金重远著，复旦大学出版社，2000年版；

36.《世界当代史（1945－1991）》王斯德、钱洪主编，高等教育出版社，1993 年版；

37.《当代世界史资料选辑》（3 册）齐世荣主编，北京师范大学出版社，第一册 1990 年版，第二、三册 1996 年版；

38.《战后世界史》金重远编，复旦大学出版社，1995 年版；

39.《世界当代史》曹卫平等编，高等教育出版社，2002 年版；

40.《世界当代史》孙颖、黄光耀著，中国时代经济出版社，2003 年版；

41.《世界当代史（1945－1998）》李世安著，中国人民大学出版社，1998 年版；

42.《世界通史》王斯德主编，华东师范大学出版社，2001 年版。

其中涉及澳大利亚相关内容的有：（序号为目录中的序号）

4.《世界史》（六卷）吴于廑、齐世荣主编，高等教育出版社，1994 年版/2001 年版

此套书的最后两卷，即现代史部分的上、下册，共二十二章，计约 820 千字，其中下册部分包含：

第八章　从经济繁荣到经济膨胀的资本主义各国的社会与文化

第三节　日本和太平洋地区发达资本主义国家

（二）　澳大利亚的政治经济与对外政策

共计约 3300 字的内容，占此分册比例为 0.3973%

5.《世界通史纲要》孙秉莹、连泰、冯兴盛主编，吉林文史出版社，1985 年版

此套书分上、中、下三册，共四十章，计约 1097 千字。

第三册，即现代部分包含：

第十一章　世界人民的反法西斯战争的伟大胜利

第四节　亚太地区各国人民抗日战争的最后胜利

第二次世界大战结束

出现"澳大利亚"一词 5 处

（注：因内容甚少，不参加比例计算）

7.《从分散到整体的世界史》（5册）李植枬、高明等编，湖南出版社，1991年版

此套书的第五册，即当代部分，共三编十三章，计约 327 千字

第十一章　太平洋地区经济政治的新趋向

第一节　太平洋地区的崛起

出现"澳大利亚"一词 2 处

第三节　环太平洋合作及其政治趋向

出现"澳大利亚"一词 13 处

（注：因内容甚少，不参加比例计算）

19.《世界近代史》管敬绪、黄鸿钊、郭华榕编，南京大学出版社，1991年版

此书共二十三章，计约 557 千字

第十四章　加拿大与澳大利亚

第二节　澳大利亚的兴起

殖民地的形成、殖民的社会的概况、澳大丽亚联邦（pp. 362-373）

共计约 9000 字内容，占此书比例为 0.16％

25.《近现代西方殖民史（1415－1990)》王助民、李良玉等著，中国档案出版社，1995年版

此书共四编十二章，计约 286 千字

第二编　殖民主义的发展

第四章　英国的霸权

第二节　大洋洲的殖民化

搜索"未知的南方大陆"、系统殖民、新西兰的发现与殖民（pp. 114-120）

共计约 6000 字内容，占此书比例为 0.21％

32.《世界现当代史》金重远，复旦大学出版社，1999年版

此书共十七章，计约 498 千字

第十六章　经济与安全的制度化建构

第一节　亚太经合组织的缘起与发展

一、亚太经合组织的缘起

出现"澳大利亚"一词 5 处

（注：因内容甚少，不参加比例计算）

34.《世界当代史》吴继德著，云南大学出版社，1995 年版

此书共五编十四章，计约 365 千字

第四编　当代的资本主义国家

第九章　战后初期的主要资本主义国家

第三节　英、法的严重削弱

一、英国成为美国的小伙伴

出现"澳大利亚"一词 1 处（p.314）

第十章　主要资本主义国家发展的不平衡

第三节　英国的衰落和法国的发展

一、英国进一步走向衰落

出现"澳大利亚"一词 1 处（p.337）

（注：因内容甚少，不参加比例计算）

35.《20 世纪的世界——百年历史回溯》金重远著，复旦大学出版社，2000 年版

此书共五编，每编各分章节，计约 500 千字

第二编　探索中的世界

第三章　国际关系模式的探索

第四节　英联邦模式的新殖民体系

一、英帝国走向解体

出现"澳大利亚"一词 2 处（p.153）

第三编　多极的世界

第二章　西方世界的演变

第二节　两党治理下英国

六、英国和英联邦

出现"澳大利亚"一词 1 处（p.458）

（注：因内容甚少，不参加比例计算）

36.《世界当代史（1945－1991）》王斯德、钱洪主编，高等教育出版社，1993 年版

此书共十章，计约 480 千字

第一章　两大阵营对立的战后世界

第四节　两大阵营全球对峙

二、美国全球性进攻姿态

美国建立亚太地区军事体系

出现"澳大利亚"一词 1 处（p.54）

第三章　主要资本主义国家的恢复和发展

第二节　西欧诸国

一、英国

"三环外交"

出现"澳大利亚"一词 1 处（p.109）

（注：因内容甚少，不参加比例计算）

37.《当代世界史资料选辑》（3 册）齐世荣主编，北京师范大学出版社，第一册 1990 年版，第二、三册 1996 年版

第一册：共 3 个部分，计约 565 千字

第一部分　国际关系（1945－1969）

五、美国和亚、非、拉、大洋洲国家关系

2. 美澳新安全条约，1951 年 9 月 1 日（节录）（pp.174-176）

共计约 800 字内容，占分册比例 0.14％

第一册附录 2 "苏联东欧部分国家和部分市场经济国家工业生产年平均增长速度的比较"中单列了澳大利亚自 1951 年到 1980 年这段时期内每十年的增长速度比例系数（p.668）

（注：因内容甚少，不参加比例计算）

第二册：共 3 个部分，计约 448 千字
第五部分　西欧各国
A、英国
三、英联邦制度和殖民体系的瓦解
1. 1946 年英联邦总理会议最后宣言，1946 年 5 月 23 日（节录）
出现"澳大利亚"一词 1 处（p.190）
6. 英联邦总理会议最后宣言，1949 年 4 月 27 日（节录）
出现"澳大利亚"一词 1 处（p.197）

11. 联合王国在英联邦发展中作用的白皮书（关于科伦坡计划技术合作方案的报告）
出现"澳大利亚"一词 1 处（p.205）
（注：因内容甚少，不参加比例计算）

第三册：共三个部分，计约 500 千字
第七部分　亚洲
G、亚洲地区的国际组织
一、东南亚集体防务条约及其议定书，1954 年 9 月 8 日（节录）
出现"澳大利亚"一词 1 处（p.237）
（注：因内容甚少，不参加比例计算）

38.《战后世界史》金重远编，复旦大学出版社，1995 年版
此书共五编十三章，计约 392 千字
第一编　对峙的世界
第八节　澳大利亚的兴起（pp.76-79）

一、战后工党的执政

二、孟席斯和自由党政府

共计约 1800 字内容，占全书比例 0.4%

第二编　多级的世界

第六章　西方世界的演变和分化

第三节　工党和保守党统治下的英国

六、英国和英联邦

出现"澳大利亚"一词 1 处，"澳"一字一处（p.212）

（注：因内容甚少，不参加比例计算）

第九节　面向亚太的澳大利亚（pp.244-249）

一、从惠特拉姆到霍克

二、外交政策的调整

共计有约 2600 字内容，占全书比例 0.6%

第四编　面向未来的世界

第十一章　走向稳定的发展

第一节　世界经济的相互依存和合作

三、亚太经济合作组织

出现"澳大利亚"一词 2 处（p.405）

（注：因内容甚少，不参加比例计算）

这本书中有关澳大利亚内容的部分合计约 4400 字，占全书比例 1%

39.《世界当代史》曹卫平等编，高等教育出版社，2002 年版

此书共十一章，计约 229 千字

第一章 战后初期的世界与美苏冷战

第三节　冷战与两大阵营的对峙

二、美国的全球性扩张和帝国主义阵营的形成

美国在亚太地区建立军事体系

出现"澳大利亚"一词 2 处（p.29）

（注：因内容甚少，不参加比例计算）

第八章　第三次科技革命和全球一体化趋势

第二节　全球经济一体化趋势

一、经济区域集团化的发展

亚太地区经济的区域集团化

出现"澳大利亚"一词 1 处（p.221）

（注：因内容甚少，不参加比例计算）

40.《世界当代史》孙颖、黄光耀著，中国时代经济出版社，2003 年版

此书共十一章，计约 416 千字

第一章　战后初期的世界

第一节　缔造世界和平

二、缔结和平条约

巴黎和会和五国和约

出现"澳"一字 1 处（p.4）

四、审判德日法西斯

出现"澳"一字 1 处（p.12）

（注：因内容甚少，不参加比例计算）

第八章　发展中的亚非拉

第一节　亚太地区的崛起

二、印度和澳大利亚的发展（pp.352-356）

共计约 2400 字，占全书比例 0.57%

41.《世界当代史（1945－1998 年）》李世安著，中国人民大学出版社，1998 年版

此书共十七章，计约 465 千字

第三章　冷战升级与危险的十年

第四节　美国的冷战政策

2. 美国对亚洲的侵略和《东南亚集体防务条约》

出现"澳"一字 1 处（p.56）

（注：因内容甚少，不参加比例计算）

第十二章　当代亚洲和太平洋地区的繁荣

第五节　澳大利亚（pp.346-350）

1. 战后至 1988 年澳大利亚的政局与经济发展

2. 90 年代澳大利亚的改革

3. 澳大利亚的对外政策

4. 澳大利亚共和问题

共计约 3300 字内容，占全书比例 0.7％

42.《世界通史》王斯德主编，华东师范大学出版社，2001 年版

(1)《第二编　工业文明的兴盛——16－19 世纪的世界史》

此书共八章，计约 405 千字

第三章 英国工业革命：工业文明时代的来临

第四节　英国的社会改革和世界霸权地位的确立

三、"世界工厂"和"日不落"帝国

出现"澳大利亚"一词 2 处（p.120）

（注：因内容甚少，不参加比例计算）

第八章　第二次工业化浪潮冲击下的列强

第一节　受到挑战的英殖民帝国

一、经济的缓慢发展与"世界工厂"地位的丧失

出现"澳大利亚"一词 1 处（p.306）

二、垄断资本与"殖民帝国主义"

出现"澳洲"一词 1 处（p.310）

(注：因内容甚少，不参加比例计算)

(2)《第三编 现代文明的发展与选择——20世纪的世界史》
此书共九章，计约350千字
第一章 20世纪初世界的动荡与重构
第四节 凡尔赛 华盛顿体系
二、凡尔赛体系
出现"澳"一字1处（p.15）
(注：因内容甚少，不参加比例计算)

第四章 第二次世界大战与战后世界格局
第四节 战争的战略转折与反法西斯联盟的胜利
一、世界反法西斯联盟的形成
出现"澳大利亚"一词1处（p.138）
出现"澳"一字1处（p.139）
第六节 两大阵营的对立：东西方冷战的开始
四、第四点计划与亚太地区军事体系
出现"澳大利亚"一词1处（p.154）、"澳"一字2处（p.154）
(注：因内容甚少，不参加比例计算)

高校世界现代史教学中的若干问题浅析

赵辉兵

摘要：时代的发展与进步对我国高校的世界现代史教学提出了新的挑战与要求。在高校世界现代史教学过程中，要善于运用唯物史观，避免陷入历史相对主义与虚无主义的陷阱；要重视全球史观，避免落入种族或民族本位的窠臼；要灵活处理英语与汉语翻译过程中的词义转换问题，避免望文生义或断章取义。

伴随着世界全球化进程的不断推进，中国社会主义现代化建设与改革开放事业的深入发展，当今中国与世界的联系日益紧密、休戚与共。而我国高校的世界现代史教学，在培养 21 世纪既具有开阔的世界视野又能精准把握中国国情的兼具科学知识与人文素养的复合型人才方面，发挥着重要的培育作用。不过，这也对从事世界现代史，乃至世界史课程教学的教师提出了更高的要求与挑战。因此，笔者拟从以下三个方面，就世界现代史中的若干问题展开初步的探讨。

一、唯物史观在世界现代史教学中的运用

高校世界现代史的教学须臾离不开唯物史观的指导与运用。因此，正确理解唯物史观、历史唯物主义与辩证唯物主义[①]就显得十分必要。对此，恩格斯写道：

"唯物主义历史观从下述原理出发：生产以及随生产而来的产品交换是一切社会制度的基础；在每个历史地出现的社会中，产品分配以及和它相伴随的社会之划分为阶级或等级，是由生产什么、怎样生产以及怎样交换产品来决定的。所以，一切社会变迁和政治变革的终极原因，不应当到

---

① 注：关于三者的联系与区别以及与世界史的关系，我国学者张奎良、郭小凌、丰子义等都做了很好的论述，当然，笔者更倾向于强调三者的统一性，而非差异性。详见张奎良：《关于唯物史观与历史唯物主义的概念辨析》，《哲学研究》2011 年第 2 期；郭小凌：《论唯物史观及其历史命运》，《史学理论研究》2003 年第 1 期；丰子义：《"世界历史"探索与唯物史观研究——从当代全球化的视角》，《南京大学学报》（哲学人文科学社会科学）2007 年第 4 期等。

人们的头脑中，到人们对永恒的真理和正义的日益增进的认识中去寻找，而应当到生产方式和交换方式的变更中去寻找；不应当到有关时代的哲学中去寻找，而应当到有关时代的经济中去寻找。对现存社会制度的不合理性和不公平、对'理性化为无稽，幸福变成苦痛'的日益觉醒的认识，只是一种征兆，表示在生产方法和交换形式中已经不知不觉地发生了变化，适合于早先的经济条件的社会制度已经不再同这些变化相适应了。同时这还说明，用来消除已经发现的弊端的手段，也必然以或多或少发展了的形式存在于已经发生变化的生产关系本身中。这些手段不应当从头脑中发明出来，而应当通过头脑从生产的现成物质事实中发现出来。"①

可以说，这段话包含了三个层面的含义：一是唯物史观，即一切历史现象归根结底，我们都可以"极其简单地由这一时期的经济的生活条件以及由这些条件决定的社会关系和政治关系来说明。"② 二是历史唯物主义，即任何哲学观念，包括唯物主义所具有的历史性，"同样每一历史时期的观念和思想也可以极其简单地由这一时期的经济的生活条件以及由这些条件决定的社会关系和政治关系来说明。"③对此，匈牙利著名的马克思主义理论家格奥尔格·卢卡奇认为："一个思想家越有才华和天才，他就越是他的时代、国家和阶级的产儿。因为任何有益的和现实的哲学问题——而且仍然致力于把这些问题永恒化——都是具体的，就是说，它在内容和形式上都是由社会、科学和艺术的状况所决定的。它的时代及其本身的要求和努力（在这里，总是在具体的倾向内起作用）规定和包含着具体的向前或向后、向新或向旧运动的倾向。"④ 三是辩证唯物主义，即马克思主义，作为一般历史哲学所具有的变化性与超历史性特征。对此，马克思写道："因此，极为相似的事变发生在不同的历史环境中就引起了完全不同的结果。如果把这些演变中的每一个都分别加以研究，然后再把它们加以比较，我们就会很容易地找到理解这些现象的钥匙；但是，使用一般历史哲学理论这一把万能钥匙，那是永远达不到这种目的的，这种历史哲学理论

---

① 恩格斯：《社会主义从空想到科学的发展》，《马克思恩格斯选集》第3卷，人民出版社1995年版，第740—741页。

②③ 恩格斯：《卡尔·马克思》，《马克思恩格斯选集》第3卷，人民出版社1995年版，第335页。

④ （匈）卢卡奇著，王玖兴等译，《理性的毁灭》，江苏教育出版社2005年版，第42页。

的最大长处就在于它是超历史的。"[①] 可以说，具体到世界现代史的课堂教学中，要善于运用唯物史观、历史唯物主义与辩证唯物主义分析与解读世界现代史中的历史现象。以俄国十月社会主义革命的爆发原因为例，我们既要强调它发生的历史必然性，但也不能忽略这种必然性是孕育于特定的历史时代的偶然性之中。在谈到十月社会主义革命发生的必然性方面，事实上，对此，恩格斯早在 1878 年就已经做了准确的预见。他指出："总的说来，我们已经看到了俄国 1789 年的种种因素，在这以后必然会有 1793 年。不论战争的结局如何，俄国革命已经成熟了，并且将很快地爆发，也可能就在今年爆发。同巴枯宁的预言相反，革命将从上层，从宫廷，从没落的和 frondeuse（因不满而反抗的）贵族中间开始。但是革命一爆发，就会吸引农民参加。那时你会看到连 1793 年也要为止逊色的场面。"[②] 当然，恩格斯也指出：这场俄国革命可能会推迟，推迟的前提条件有两种可能，即"或者是反对土耳其或反对奥地利的战争得手，为此需要有金钱和可靠的同盟者，或者是过早的起义尝试把有产阶级再次赶入政府的怀抱。"[③] 而且，恩格斯准确地预见到：俄国革命一旦开启，就不会停留在立宪会议层面，很有可能会出现超越法国大革命时期雅各宾派执政的局面。而作为"欧洲反动势力的庞大后备军"的沙皇俄国一旦被消灭，俄国革命将会在整个欧洲"具有极伟大的意义"。[④] 与此同时，恩格斯对俄国革命的偶然性也有过分析，他说："这是一种例外情况，在这种情况下，一小伙人就能制造出一场革命来，换句话说，只要轻轻一撞就能使处于极不稳定的平衡状态（用普列汉诺夫的比喻来说）的整个制度倒塌，只要采取一个本身是无足轻重的行动，就能释放出一种接着便无法控制的爆炸力。"[⑤] 但是俄国革命所产生的结果与破坏性会与革命者的初衷相去甚远，乃至事与愿违。恩格斯犀利地指出："那些自夸制造出革命的人，在革命的第二天总是看

---

① 马克思：《给〈祖国纪事〉杂志编辑部的信》，《马克思恩格斯选集》第 3 卷，人民出版社 1995 年版，第 342 页。

② 恩格斯，《德国、法国、美国和俄国工人运动》，《马克思恩格斯全集》第 19 卷，人民出版社 1995 年版，第 134 页。

③④ 恩格斯：《论俄国的社会问题》，《马克思恩格斯选集》第 3 卷，人民出版社 1995 年版，第 285 页。

⑤ 恩格斯：《恩格斯致维·伊·查苏利奇》，《马克思恩格斯选集》第 4 卷，人民出版社 1995 年版，第 670 页。

到,他们不知道他们做的是什么,制造出的革命根本不像他们原来打算的那个样子。"① 因此,在讲授俄国十月社会主义革命时,我们要用唯物史观客观、历史、辩证地看待,否则,很容易会走入历史相对主义乃至虚无主义的误区。

二、全球史观在世界现代史教学中的运用

全球史观主要是指在世界各国的发展与联系日益紧密、相互依赖程度日益加深的情况下,观察历史时应该具有全球的视角与观念,而不应局限于原有的民族——国家的藩篱之内。对此,我国学者于沛指出:"全球历史观所以要强调'全球',是针对西欧中心或欧美中心历史观的'中心'而言的。这种历史观大肆宣扬西欧白色人种的优越,认为西欧的历史是整个人类普遍的历史,始终是人类历史矛盾运动的中心。因此,整个世界的历史都应以西欧的历史来认识和剪裁。欧美以外诸地区、国家和民族的历史没有独立存在的价值,都是'西欧中心'或'欧美中心'的陪衬,这些地区和国家的人民,都是欧美'白种人的负担'。"②

具体到世界现代史的教学过程中,要求教师全方位、客观地讲授具体的世界历史事件与现象。而要做到这一点,就必须要时刻关注国内外的学术研究动态,善于学习和运用跨学科的研究方法。例如,讲到第一次世界大战爆发的原因时,我们不仅要看到19世纪末20世纪初的欧洲政治格局的变迁,也要看到自19世纪中期以来西欧现代化过程中的民族主义日益极端化、反对普世主义的自然权利观的趋势,更要看到自1618年三十年战争以来欧洲一体化的内在经济动力。我们不仅要看到政治、经济、军事与社会因素,而且也要关注思想文化乃至心理因素对一战爆发的影响。从全球化的角度看,经济上的全球化,特别是资本主义在世界范围内对利润的追逐与政治上主权之上没有更高主权的民族国家至上,二者之间潜在的不可调和性是一战爆发的深刻根源。

再有,我们应当充分学习和利用人类学的研究理念,秉持他者的眼光

---

① 恩格斯:《恩格斯致维·伊·查苏利奇》,《马克思恩格斯选集》第4卷,人民出版社1995年版,第670-671页。

② 于沛:《全球化和"全球历史观"》,载于沛主编:《全球化和全球史》,社会科学文献出版社2007年版,第321页。

与心态，要坚持讲他者的故事，即便是涉及与自己国家或自身利益相关的历史。这就要求我们在教学的过程中做到不掩恶、不虚美，避免坠入种族或民族本位的思维模式。例如，我们时常讲"中美关系""中日关系"，但我们很少会说"美中关系""日中关系"。这可以说是一种典型的民族本位的表现。例如"近东""中东"和"远东"的概念，体现的是典型的西方中心论的观念。当欧美的民族以其自身所处的位置向地中海以东地区看的时候，以其自身为中心，才有了这些带有典型的殖民色彩的东方主义或东方观念。

此外，在世界现代史的教学过程中，运用全球史观也要求我们要尽可能做到避免先入之见，而应客观、全面、辩证地对历史的事件做出界定。例如：在谈到《凡尔赛和约》时，我们往往强调《凡尔赛和约》对战败国德国来说的苛刻性。但过于强调其苛刻与掠夺的性质，我们就难以解释：如果该条约果真过于苛刻与掠夺的话，那么战败的德国何以有机会东山再起，成为第二次世界大战的欧洲策源地？事实上，与德奥集团强迫苏俄签订的《布列斯特和约》相比，《凡尔赛条约》对德国的掠夺与瓜分要比前者仁慈、宽容得多。

三、英语在世界现代史教学中的运用

世界现代史教学过程中离不开英语的使用。适当、准确地使用英语，将会有助于学生基础知识与专业知识的理解与巩固，拓宽学生的知识面与观察问题的视野。然而，这里存在一个重要的一个问题——能否准确地把握相关的英语概念，即英文在转换成中文的过程中，容易出现的不能忠实原意乃至错译的问题。例如：第一次世界大战战败后，魏玛共和国时期的德国社会充斥着一种说法，即德军并没有被打败，而是由于德国的犹太人、社会民主党人、布尔什维克主义者们"背后捅刀子"，最后才迫使德国签订了停战协定。这种说法的英文为"stab-in-the-back legend（or myth）"，即"背后捅刀子传奇"。如果把它翻译成"背上的刺"则是大错特错了。[①] 再举一个例子，"soft power"和"hard power"，国内习惯上将其翻译为"软实力"与"硬

---

① 参见（美）威廉·J. 本内特著，刘军等译，《美国通史》下卷，江西人民出版社2009年版，第48页。

实力"，笔者认为：该译法如果说不是错误的翻译的话，至少是没有更好地表达出该术语的原初意涵。"soft power"的说法，一般认为主要是由哈佛大学的政治学者约瑟夫·奈（Joseph Samuel Nye, Jr.）提出的。他认为：权力（power）"大体上说，就是影响别人的行为，以达到你想要的结果的能力。"而这种权力不外乎两种即：soft power 和 hard power。Soft power 就是兼用吸引与笼络的方式来获致（you can attract and co-opt them）；而 hard power 是通过威逼利诱（you can coerce them with threats 和 induce them with payments）来实现的。[①] 通过其行文可以看出，他所提的"soft power"和"hard power"若翻译成"软实力"和"硬实力"一定有失准确（我们在使用这些概念的时候，容易把它们混淆为"软件"与"硬件"的关系），可直译为"软权力"和"硬权力"，笔者更倾向于将软权力翻译为"王道"或"恩"；而将硬权力翻译为"霸道"或"威"。而且约瑟夫·奈提出该理论显然也是受老子思想的影响，即"太上，不知有之，其次，亲而誉之；其次，畏之；其次，侮之。信不足焉，有不信焉。悠兮，其贵言，功成事遂，百姓皆谓我自然。"[②] 由此，作为一名合格的世界史专业的老师，不仅应该具有良好的中国史学知识，有较好的语言功底，而且应该具备将中外历史文化融会贯通的能力。只有将外来的术语与理念中国化，用地道的、贴切的汉语表述出来，才能更容易为学生所接受与理解。

以上是笔者在近年来的教学与研究过程中发现的一些问题的突出方面，还有很多类似的情况不便——展开。笔者对这些问题的解答也未必全面或准确，而它们的解决也绝非一人可为或为一朝一夕之事。然而，随着中国现代化进程的不断推进，高校师资队伍建设的不断提高，相信这些世界现代史教学过程中存在的问题会逐一得以缓解，乃至解决。

---

① Joseph S. Nye, Jr., "Soft Power, Hard Power and Leadership," retrieved from http: //www. hks. harvard. edu/netgov/files/talks/docs/11_06_06_seminar_Nye_HP_SP_Leadership. pdf, at June 10, 2014.

② 可参见《道德经》第17章，约瑟夫·奈在"Soft Power, Hard Power and Leadership"一文的开篇的引语部分用的就是《道德经》第17章。

女权运动在我国历史教学中的缺失和原因探析

宋严萍

摘要：19世纪中期到20世纪上半期的第一次女权运动和20世纪60年代第二次女权运动给予了广大妇女以政治选举权、经济所有权、工作权、受教育权,以及在社会和家庭与男子同等的权利。其对社会发展的影响是显而易见的,但是在我国的历史教育中,这方面的内容却基本缺失,其主要原因是我国一直重视革命,轻视改革;而且我们认为中国自1949年以后男女平等,不存在妇女问题,还有长期以来存在于人们意识深处的对女性的忽视。

迄今为止,人类历史上曾经发生过两次规模巨大的女权运动,起源都在欧美,但是其影响却超越了欧美,蔓延到世界各地。它们不仅对广大妇女,而且对男性,甚至对人类社会都产生了重大影响,但是在我国的历史教育中,女权运动的内容基本缺失,在中学教科书中、在使用甚广的大学教科书中,基本没有提及这方面的内容。本文在叙述两次女权运动重要影响的基础上,分析我国历史教育忽略女权运动的原因。

一、女权运动及其在历史上的作用

一位德国作家女作家哈德威格·道姆（Hedwig Dohm）在1876年宣称："妇女的历史就只是一部妇女受虐待和被剥夺权利的历史,在这部历史中男子始终压迫妇女。"同时她还充满希望地对其他妇女许诺："或早或晚你们都会看到这样一片土地,在这片土地上,几百年、也许一千年以后,你会看到像你心中一样的景象：妇女将不再属于男人,而是属于他们自己。"[①]

就在哈德威格·道姆讲这话时,第一次女性主义运动已经在欧美如火如荼地展开。第一次女性主义运动始于19世纪中期,延续到第一次世界

[①] Bonnie S. Anderson Judith P. Zinsser, *A history of Their Own Women in Europe from Prehistory to the Present* (M), Karper&RowPublishers, New York, 1989, p. 334.

大战以后，历时七十多年，涵盖欧洲、北美、澳洲、亚洲的许多国家，其对妇女、甚至对整个人类社会的影响也是巨大的。妇女们主要通过建立妇女组织、出版报刊、组织压力集团对政府施加压力、签名请愿、召开大会等方式呼吁男女平等，争取通过法律实现在婚姻、教育、经济、政治等方面的男女平权，而以争取妇女政治选举权为中心目标。经过妇女们的努力，1894年新西兰的妇女首先获得选举权，其次是澳大利亚，1914年北欧的芬兰、挪威的妇女也获得了政治选举权，1918年英国30岁以上的妇女获得选举权，1928年妇女最终获得与男子同等的选举权。美国妇女的政治权利的获得分成几个步骤，1868年西部的怀俄明州、1870年犹他州的妇女先后获得政治选举权，1914年有11个州通过了相应的法律，但是直到1920年，美国通过了宪法的第19条修正案，美国妇女才最终获得完全的选举权。

自从人类历史进入到私有制社会以后，妇女就被限制在与家庭有关的私人领域，被置于男子的压迫之下，从未参与过政治，不曾有过与男子接受同等教育的机会，几乎没有财产的继承权利。她们甚至不是独立的个体，而只是男子的附属品。第一次女性主义运动是世界上第一次大范围的妇女争取权益的斗争，它涉及欧美的许多国家，也影响到亚洲和大洋洲的部分国家；这也是妇女为自己的权益首次独立发动和领导的运动，广大妇女不再是男人们的追随者，妇女争取权益的斗争也不再是其他社会改革运动的附属部分，而是一次独立的社会运动。无数的妇女走出禁锢她们的客厅和厨房，进入千百年来一直由男性统治的社会，为女性呼吁政治权利。经过几十年的努力，父权制社会终于被撕开了一个缺口，西方国家的妇女相继获得了与男子相同的政治选举权、中等、高等教育权、工作和财产权；同时还获得了部分其他民事权利，如子女的教育权和监护权、离婚权等。妇女们通过自己的斗争，获得与男子平等的权利，这也是人类历史上的第一次。

20世纪60～70年代，从美国开始，遍及世界许多其他地区的妇女又发动了第二次女权运动，其主要目标是争取男女平权、同工同酬、自由堕胎等。这一次的女权运动与第一次女权运动相比，有自己独特的特点，因此也被称为新女权运动。之所以新，首先体现在此次女权运动的斗争目标更加深入、具体，也更加实际，从经济领域的同工同酬，到家庭生活中对家庭经济的支配、子女的监管等方面的男女平权，再到妇女对自己身体的支配，即自由堕胎。其次，这次女权运动更加注重理论的思索和探究：人们开始思索诸如妇女受压迫的根源究竟何在？如何获得解放？该如何对待男性和男权？性别歧视与阶级压迫之间存在什么关联？[1] 凡此等等。因此，这次女权运动不仅让妇女获得了更大范围内的男女平权，而且还改变了人们的思想观念。时至今日，没有哪个国家、哪个团体、哪个个人敢于当众声称其反对男女平等。1979年，第34届联合国大会通过了《消除对妇女一切形式歧视公约》。它甚至改变了人们的思维方式和研究思路，伯克利大学教授卡罗·克利斯特指出："（今天）任何评论者要对一篇文章提出全面的评论，都必须考虑到社会性别；同样，社会科学也必须思考社会性别形成和影响了研究者所使用的数据材料。"[2] 不仅如此，第二次女权运动还使妇女研究在学术机构登堂入室，发展为一个具有专业水准的学科。[3] 今天，在西方国家，女性学已经作为一门重要学科，进入各国大学课堂，20世纪80年代，我国的女性研究开始兴起，在众多专家、学者的努力下，今天女性主义研究也已经发展成为一门显学。

二、女权运动在我国历史教育中的缺失

我国系统的历史教育从初中开始，也就是初中开始开设历史课程，由专职教师讲授历史，高中阶段在初中学习的基础上继续加深，并且历史学成为各省、市高考的必考课程。到了大学阶段，除了中国革命史必修外，中国古代史和世界史都属于历史专业学生的课程了。目前在我国的中学的历史教学中，几乎没有涉及女权运动的内容。初中历史教学以中国史为主，世界史主要讲述一些革命事件，高中历史教育中，世界史分量有所增多，但是依然逊于中国史。目前国内高中课本主要有人民、人教、岳麓和大象四个不同的版本，但是任何一个版本都没有提及女权运动的内容。

如果中学历史教育只是普及，讲述的是基本历史史实，那么大学专业

---

[1] 裔昭印等：《西方妇女史》，商务印书馆2009年版，第479页。
[2] 转引自王政（美国）：《浅议社会性别学在中国的发展》，《社会学研究》2001年第5期。
[3] 裔昭印等：《世界文化史》，北京大学出版社2010年版，第497页。

的历史教学应该属于专业教育，在历史上起到过重要作用的历史事件都应该包含在内，两次女权运动关乎世界上一半人口的政治、经济、社会地位的变化，当属大事。可是目前通用的大学教科书基本还是将之排除在外：大学历史学系使用率最高的教科书是吴于廑、齐世荣主编的6卷本《世界史》（高等教育出版社2001年第2版，2011年第3版，ISBN：9787040094389），这是国家教委组织编写的"八五"国家重点教材，初版荣获国家教委优秀教材一等奖，也是前几年全国历史研究生统考指定参考书，但是此书近代史编也没有涉及第一次女权运动的任何内容，其当代史篇也未曾提到60年代起源于美国的第二次女权运动。王斯德主编的3卷本《世界通史》（华东师范大学出版社2001年版，ISBN：9787561723616）属于上海普通高校"九五"重点教材，其中也没有女权运动的相关内容。齐涛主编3卷本《世界通史教程》（山东大学出版社，2004年版，ISBN：756072017X）均没有女权运动的相关内容。此外，刘宗绪主编《世界近代史》（北京师范大学出版社2004年版，ISBN：9787303044412），刘宗绪、刘北成等主编《世界近代史》（高等教育出版社2006年版，ISBN：9787040017908），刘宗绪主编《世界近代史》（高等教育出版社2011年版，ISBN：9787040315523），均没有提及第一次女权运动。只有齐世荣主编的四卷本《世界史》（高等教育出版社2007年版，ISBN：9787040222906）涉及了部分女权运动的内容。其中刘新成、刘北成主编的近代卷在第十章"欧洲：民主与民族的胜利"中的第一节"现代社会政治思潮的兴起"中，编者将女性主义作为一种社会思潮与保守主义、自由主义、民族主义并列叙述，阐述了19世纪西方女性主义思潮和运动。作者从玛丽·沃尔斯通克拉夫特的《为女权辩护》（1792）到约翰·穆勒的《论妇女的从属地位》（1869），从美国1848年第一届女性权利大会，到英国争取妇女选举权运动，再到新西兰、澳大利亚、美国、英国等妇女选举权的获得，最后叙述了欧美妇女运动对世界其他各地的影响。除了对第一次女权运动的影响讲得还不够到位外，应该说叙述还是完整的、观点还是客观的。

三、原因探析

我国历史教科书之所以忽视了女性主义思潮和女权运动，在我看来主要有三个方面的原因。

一是在过去以阶级斗争为纲的年代，我们主要强调武装斗争，法国大革命、巴黎公社是我们的教科书大书特书的部分，连英国资产阶级革命都被冠以保守的名号。一切改革都从教科书中清除，英国的议会改革、19世纪后半期西方各国的社会改革、美国罗斯福改革都没有在我国教科书中出现，女权运动也就更不会列入历史教学大纲。而从我国改革开放以来，人们逐渐开始接受历史上的改革，逐渐承认改革也是推动历史发展的重要动力，一些西方国家历史上的重要改革渐渐进入教科书，但是女权运动的内容始终不见。

二是自1949年，中华人们共和国建立，就宣布我国是一个崇尚民主、保障男女平等的国家，妇女与男子一样获得了政治选举权、经济所有权，婚姻中的平等权。1953年通过的《选举法》规定男女公民都具有选举权和被选举权；1954年颁布的第一部《宪法》明确规定"妇女在政治的、经济的、文化的社会的和家庭的生活方面享有同男子平等的权利。"1950年颁布的《婚姻法》，坚持男女平等的原则，实行男女婚姻自由、一夫一妻、男女平等、禁止重婚、纳妾、童养媳、干涉寡妇婚姻自由等，1951年，根据"共同纲领"中"保护母亲、婴儿和儿童健康"的原则制定了"劳动保护条例"，规定女工与男工享有同样的劳动保护并对妇女产前和产后做了特殊保护。政治平等、经济独立、教育的普及。"时代不同了男女都一样，男同志能办到的事女同志一样能办到""妇女能顶半边天"。因此新中国成立以后，中国妇女获得了西方妇女一百多年奋斗才获得的成果：政治上男女平权，经济上男女平等。法律规定、保障了男女平等；在党和政府的号召下，妇女大批走上社会，参加社会生产劳动，在劳动中享受着同工同酬。所以人们普遍认为中国不存在女性问题，也没有研究女性问题的必要，因此女权运动和女性思潮与我们没有关系，不需要浪费篇幅，也不需要浪费时间精力讲授、研究。

三是中国具有长达千年的封建社会，男尊女卑。妇女的社会地位和家庭地位低下，在政治生活和经济生活中没有妇女的身影，历史书中也很少有关于女性的记载。虽然1949年以后，中国女性具有了与男子平等的权利，但是在人们的意识深处，女性不可登大雅之堂的观念始终存在。女性从事政治，就被冠之以牝鸡司晨；女人工作努力、优秀，则被冠以"女强人"的称呼。其实，我们社会曾经提倡的"男女一样"并非建立在男女平等的基础上，而是以男性行为准则来要求衡量女性，以男性为准则的妇女解放（其经典的表述是男同志能办到的，女同志也能办得到）包含着不合理性。首先，家庭的社会性别分工不曾改变，所以妇女在社会上承担同男性一样的工作和责任时，还要背负女性传统家庭角色的重负，依然承担着提供各种家庭服务的工作。妇联的工作和活动、政府的政策和通知都说明了这一点。1957年中央领导在讨论第三次妇代会报告时指出："勤俭建国、勤俭持家，为社会主义而奋斗，这是社会主义建设时期长期的妇女工作的根本方针。勤俭建国，是男女共同的事业；勤俭持家，男同志也要管，但是现阶段主要责任更多地落在妇女身上……"20世纪50年代，妇联开展了评比"五好家庭妇女"的活动（政治挂帅思想好、勤劳增产工作好、勤俭增产工作好、学习和教育孩子好、团结互助安全生产好）。各级妇联组织表彰了许多"五好"家庭妇女，其中一个重要内容是妻子如何照顾好孩子和丈夫，解除丈夫的后顾之忧。20世纪50年代《人民日报》刊登的多篇文章中几乎无一例外地将家庭角色与妇女联系到一起，如《将军的好妻子、家庭的好主妇》等，这显然是极大的不公正。其次，社会以男性为准则衡量女性，男性是具有普遍意义的人，男性所代表的一切在价值上高于女性所代表的一切。女人若要享受男人的特权，必须在社会领域像男人一样工作，或者做男人的工作，才能获得与男人同样的平等。也就是说女人所代表的一切是不被估算价值的。因此，在这样的语境中，女人，特别是有关女人争取自身权利的思潮和运动不被写入教科书。

总之，女性主义思潮和女权运动是人类历史上非常重要的思潮和事件，因为它们关乎人类另一半的家庭和社会地位的变化，实际上也影响到了男性和人类社会本身，但是我国的历史教学中却基本没有相关内容，这不能不说是一种缺憾。不过目前这种现状已经开始有所改变，在齐世荣主编的《世界史》、裔昭印主编的《世界文化史》、中国社会科学院最近出版的多卷本《世界通史》中都增加了女性主义思潮和女权运动的内容。希望不久以后，女性学、女性史也可以进入我国的学校课堂。

世界史课堂教学模式浅议

——以世界近代史教学为例

颜 廷

摘要： 大学世界史教学应以"传道、解惑"为基本定位，着眼于拓展学生专业视野，培养其专业思维，训练其学术敏锐性。在教学过程中，教师既要始终坚持从微观分析和宏观考察两个角度对重要的历史现象和历史发展进程进行学理分析和概括，还应注重对重要的历史概念和历史理论进行阐释和解读，并注意比较教学法的运用。

世界史课程是普通高校历史系本科生两大主修通史课系之一，下设世界古代中世纪史、世界近代史、世界现代史及世界当代史等几个断代史课程。与中国史课程相比，世界史课程内容极为丰富，涉猎范围囊括世界所有国家和地区的历史与文化。不仅如此，由于这些国家和地区的历史发展模式多有不同，其文化价值取向亦往往大异其趣，便又为世界史课程平添了一份迷人之处。然而，也正是由于世界史课程内容丰富多彩，在课堂教学中，往往会令任课教师感觉内容庞杂、头绪繁多；学生也会觉得人物、事件纷杂，难成体系，学习无从下手，兴趣寡淡，从而使得教学效果容易打折扣。笔者从事世界史教学有年，对上述问题有过一些思索，并于课堂内外实践中偶有所得，为求鞭策，进一步提高教学水平，愿将自己从事世界近代史教学的几点体会写出，就教于方家同好。

一、注重历史知识的学理分析和概括

世界近代史是承接世界古代中世纪史和现代历史发展的一个历史时段。概略地说，古代中世纪的历史是奴隶制度和封建制度的历史，近代史则是属于世界资本主义政治经济体系成长发展的历史，这段历史与现代世界的政治、经济、社会和文化的发展直接对接。现代世界的历史某种程度上可以说是两种意识形态与社会制度的对抗史、民主制度成长史、自由市场制度发展史，以及现代世界体系基本形成和完善的历史。而在世界资本主义体系成长的近代，今天我们所熟知的政治上的议会民主模式、经济生活中的自由市场模式、文化上的宽容精神、意识形态上的多元化模式等等，都还正处于不断变动和发展的时期。因之，研究世界近代史，直接关系到我们对今天世界的政治、经济、文化等面貌和规律的认知，故而，对于大学本科生课堂教学而言，其重要性是显而易见的。

然而，无论世界近代史课程如何重要，在课堂教学过程中，要求其内容面面俱到，却非明智之举。一方面，近代史内容繁多，课堂上一网打尽不太现实；另一方面，摊子铺得太大，势必会造成教学内容有失精当，难以深入透彻地分析问题，乃至于教学内容流于肤浅。为此，在课堂教学过程中，必须对教学内容进行主次划分，对于次重要、学生可以自学的内容少讲或不讲，诸如东南亚、中欧、中亚、非洲部分地区的历史；而将精力放在相对重要的内容上，铺开深入地探讨，诸如欧美近代史、日本史、俄国史等；对于属于自己专业研究领域的重要教学内容，也应尽量使之成为近代史教学的亮点。比如教师是研究工业革命史或近代西方社会思想史的，就可以在此适当倾斜，讲深、讲透。通过这些教学改革，既锻炼了学生独立学习和思考的能力；又通过有选择的国别史和专门史的重点传授，使学生受到了深入钻研、举一反三、由此及彼和由表及里等治史能力和方法的熏陶。

为了确保教学质量和教学效果，在课堂教学过程中，更重要的是还必须注意改变授课思路。众所周知，大学教育的训练目标并非仅仅是学习具体的专业知识，更重要的是扩大学生的专业视野、培养其专业思维、训练其学术敏锐性。通俗地说，就是依靠专业训练，培养大学本科生基本的专业思维和分析、解决问题的能力。这就是英国学者沃尔什所说的"教授高等历史学……与其说是在传授史实的内容，倒不如说是在教导某种确定史实和解释史实的技术。"[1] 这就要求教师必须将其教学定位确定为"传道、解惑"，而非纯粹的历史知识的讲授。为此，在课堂教学过程中，教师应尽量避免重述教材内容，而应着重于对重要历史现象和历史发展进程进行学理分析和概括，以促进学生对相关历史内容的理解，激发学生进一步学习和探索的兴趣。具体来说，一方面教师应着眼于对具体历史事件和历史现象的阐释，挖掘其背后的根源、内涵；另一方面则应超脱出具体历史事

---

[1] 沃尔什著，何兆武译：《历史哲学导论》，广西师范大学出版社2001年版，第31-32页。

件和历史现象，注意从宏观历史进程的大视角探讨历史事件和历史现象的价值和意义。如果教师能够做到二者兼备，则不仅能够深化学生对具体历史事件和历史现象的理解，进而帮助其在记忆中构架整个世界历史的体系框架，掌握世界历史不同时段的发展特征，更有利于在日常学习中拓展学生的知识视野，训练其思想的深度和思维的高度，乃至学术研究的敏锐性。且更值得一提的是，由于大学生已经具备基本的自学能力、分析理解能力，他们更感兴趣的是对历史事件和历史现象的解释，着迷于历史演变的逻辑魅力，而不是唠唠叨叨的课堂叙事。因此，抛弃那种面面俱到式的课堂知识讲授，着重于历史学理分析、解释和概括，不仅符合大学生的学习特点，更有利于激发他们学习和探究历史的兴趣和热情。

以近代法国大革命史教学为例。在授课时，不必详述大革命发生的原因、背景，政治派系矛盾如何，斗争状况怎样，他们各自在执政期间的政策怎样，发布了哪些法令，效果如何，等等。这些具体历史内容在教材上已经描述得非常详尽，可令学生事先预习和自学。课堂教学中，教师可将授课的立足点放在对大革命整体进程的理解上，谈一谈卢梭的"公意"理论如何影响了法国大革命；大革命的历史进程表现出了哪些基本特点；阐释为什么大革命会带来这么严重的社会动荡；革命的脚步为什么会越发难以控制，越发走向激进；革命为什么常常会导致传统文化的遗失，社会道德素质的下滑；这种传统文化的遗失及社会道德素质的下滑对近代以来法国的政治与社会产生了怎样的影响；作为法国人民争取政治自由、民主、平等各种权利的一种极端化手段，大革命的政治斗争和冲突模式对未来法国政治民主化进程和社会管理模式会产生哪些影响；如此等等。只要结合大革命的相关史实，对这些设问逐一进行探讨，则不仅能够使学生对于法国大革命有更深刻的理解，也能引导他们从理论高度看问题，激发他们进一步深入学习、探讨的兴趣，有利于他们在往后的学习过程中举一反三地理解或评析其他国家或地区的政治发展史。久而久之，学生的专业素质和学养必会有较大提升。

英国教育家阿·怀德海曾说，教育就是获得运用知识的艺术。[①] 在讲述世界近代史时，若非从学理角度分析、概括各国、各地区政治、经济、

---

① 陈晓端：《当代教学理论与实践问题研究》，中国社会科学出版社 2007 年版，第 142 页。

文化的发展模式，帮助学生厘清各国在近代资本主义上升时期各自的发展特征，以及自 1500 年以来世界各国、各地区从封闭走向一体化的基本历史脉络，而是着眼于全面的知识讲授，侧重于史实叙述，最终只能导致一种后果，那就是学生掌握了近代历史的事实，却不懂得近代历史发展的基本规律，也弄不清楚每个国家之间近代的发展模式究竟有哪些不同的特质和特征，更不明白近代以来的资本主义制度是如何塑造了现代世界体系，将整个世界纳入了一体化进程的。若是这样，只能陷学生于纷纭繁杂的史实叙述的海洋之中，抓小丢大，看不到世界近代发展的基本脉络。久而久之，学生自然无法领略世界各国历史和文化的魅力，也就难以保持其对世界历史学习的兴趣。

二、注重基本历史概念和历史理论的阐释

如前所述，大学历史本科教学基本定位应是"传道、解惑"，培养学生的专业思维能力和学术敏锐性。然而，在具体的课堂教学过程中贯彻这一原则时，必须注意一个前提，那就是教师应该对基本历史概念和历史理论进行必要的阐释。

众所周知，由于历史学的学科特性，历史教材中一般都不会对一些基本历史概念和历史理论进行解释，比如什么是封建社会？什么是贵族？等级社会和阶级社会的关系是怎样的？什么是专制制度？什么是等级君主专制？什么又是绝对君主专制？君主立宪制度又是怎样的？封建社会与资本主义社会的基本制度特征是什么？什么是民主、自由、平等，其意义和价值在哪里？为什么封建制度向资本主义制度演进过程中会出现等级特权观念淡化和民主、自由、平等观念增强的状况？如此等等。这些基本历史概念和历史理论既是世界历史发展演变的核心内容，也是理解和学习世界史的灵魂。如果学生们无法站在清晰的理论高度去审视历史，那么这种世界史学习必然事倍功半，甚至一团乱麻。在谈到知识学习问题时，美国著名教育家布鲁纳也曾说过，知识反映的是事物本身之间的联系或规律性。具体到某一学科的学习，就是掌握构成该学科的那些反映事物联系或规律性的基本概念、原则和方法，从而能够把它们当作认识和攻克其他问题的基础。[①]

---

① 杨小微：《现代教学论》，山西教育出版社 2004 年版，第 351 页。

具体到世界史课堂教学中，若不能对基本历史概念和历史理论进行必要的阐释，则学生非但不理解为什么奴隶社会、封建社会一定会讲求特权等级，资本主义社会一定会讲求民主自由，更无法理解封建社会向资本主义社会的转变。对此，笔者深有体会。

2005 年，笔者尚在广东省湛江师范学院历史系担任世界近代史课程的教学工作。当讲到 17 世纪中后期英国内战历史时，为了便于这段历史知识的讲授，笔者授课之前特意向学生提了"什么是贵族？贵族之所以为贵族的基础是什么"这样一个问题。笔者原以为这个问题容易回答，结果却不尽如人意，多数人所能知道的仅仅是"贵族就是社会上拥有特权的一个统治集团"，对于贵族之所以为贵族的"土地"基础及由此而衍生出来的社会等级秩序、门第观念却不甚了了。后来笔者又进一步提问学生，为什么封建制度强调等级尊卑观念，但进入资本主义社会后转而提倡自由、民主、平等的新观念？依然无人能够回答。而这些理论问题，恰恰是学习和考察整个世界近代历史的认识基础。如果学生对这些基本历史理论问题缺乏初步的认识，那么学习世界近代历史之时，根本无法明晰地把握从封建社会到资本主义社会过渡期间的历史演变过程及其规律。

既然对相关历史概念和历史理论的阐释如此重要，那么在世界近代史教学实践中，在讲授具体某章节内容之前，要事先布置学生阅读该部分内容，并提醒他们关注其中可能涉及的一些关键性的历史概念或历史理论，要求他们在预习中注意思考。在课堂讲授之时，由于学生在先期的预习中已经对这些历史概念和历史理论进行了思考，那么一旦教师结合课程教学中的历史事实进行简明扼要的阐释，则不仅可以加深学生对这些基本历史理论和历史概念的理解，更有利于加强他们对所学历史内容的领悟，提升其分析、归纳和自我解读历史的能力。例如，在讲到近代日本明治维新这部分内容时，由于这是一次由日本的低级武士阶层发动的政治革命，其目的之一就是在西方国家已经逐渐走向民主政治的历史背景下重建日本的君主专制制度。但是此时的君主专制制度又不同于以往，因为在改革中，日本通过考察学习西方的政治制度，也开设了议会，制定了宪法，看似实行了君主立宪制度，这就使得初学者可能无法弄清楚日本明治维新的性质是什么。为此，教师可以在布置学生预习时，提请他们注意思考，君主专制制度是什么样的？真正的君主立宪制度又是什么样的？明治维新时代日本开议会、定宪法，是否其国体就是真正的君主立宪制度了呢？带着这样一些历史理论问题，学生在预习之后，再听课堂上教师结合历史事实进行的阐释和分析，就不仅能够对上述问题有一个深刻的理解，而且更有助于进一步地领悟和理解为什么明治维新时代的日本会出现这种政治上愈益保守专制，而经济上积极进步这种看似矛盾的近代文明现象，为以后独立思考日本社会政治、经济走向奠定了学理基础。

三、注重比较教学法在课堂教学中的运用

在谈到比较教学法的功用时，波兰史学家托波尔斯基曾指出，研究历史要寻求历史的规律性，不应用比较法难以独立地找出多少带有普遍性的历史规律性；在阐述历史时，要说明某一过程的进化，不把它与其他过程进行比较，也是不能解决问题的。① 可见，在世界史课堂教学中"传道、解惑"，培养学生基本的专业思维能力和学术敏锐性，使用比较教学法是极为必要的。

世界历史进入近代以后，虽然各个地区和国家发展的宏观方向是一致的，比如欧洲各个国家在近代早期都发展出中央集权制度，都逐渐纳入资本主义世界体系，都或早或晚地发展出民主政治模式，都会逐渐地由重商主义经济阶段进入自由放任主义经济阶段，这是资本主义制度确立以来世界现代化进程的必然结果。然而，各个国家和地区发展方向的一致性并不能抹杀他们之间在发展道路、发展模式、发展效率和速度方面的差异性，以及由于这些差异所导致的不同后果。实际上，也正是各个国家和地区在历史发展进程中的这些差异，塑造了不同国家和地区自身的发展特色，从而奠定了近代世界历史的多样性发展特征。有鉴于此，在课堂教学过程中，教师也必须重视不同时段各个国家所处发展阶段的差异及对这些差异产生缘由的比较分析，可以使学生更为透彻、清晰地辨别各个国家的政治、社会发展特色，在比较中加深对各个国家政治、社会发展模式和文化特征的理解。

---

① 王宗超：《比较教学法在〈历史与社会〉中的应用》，《现代教育科学》2009年第1期，第102-104页。

近代史课堂教学内容的比较，大致归纳可为几类：一是人物比较；二是历史事件及原因比较；三是社会政治经济发展模式比较；四是文化观念比较等等。这些比较包括同一国家或地区不同时期历史的纵向比较，也包括不同国家或地区的横向比较。

就世界史课堂教学而言，应重点关注对社会政治经济发展模式和文化观念的横向与纵向比较。例如，在讲述光荣革命后英国的政治发展特征和政治文化时，就可自然地与大革命后法国政治发展模式及其政治文化进行横向类比。通过比较，便可以发现，"光荣革命"后英国整个近代历史发展一直都是通过议会斗争的方式，走一种和平、渐进的发展道路，结果是英国的政治、社会发展相对平稳。原因在于英国人的政治文化更尊重传统，而不是过度强调创新；善于妥协，而不固执于对抗。而近代法国政治发展的历程则是一波三折，社会的发展往往因为政治的动荡而导致衰退，这种痛苦的发展模式一直持续到第二次世界大战后法兰西第五共和国的建立。其原因就在于法国人的政治文化崇尚革新，缺乏对传统的尊重，而这恰恰是大革命留给法国人的后遗症。通过这一比较分析，学生脑海中很快就可以勾勒出整个近代英法两个国家的政治形象。以后再学习这两个国家的历史时就有了一个很好的参照系。而在谈到近代英国贵族文化时，则可采用横向、纵向比较相结合的方法，告诉学生在中世纪时，英国贵族和法国贵族一样，是死硬的、保守的土地贵族。但红白玫瑰战争之后，都铎王朝新封的贵族则是带有浓重商业精神的贵族，他们虽然也如中世纪贵族一样以土地为生活的根本，但他们不排斥工商业，甚至积极参与其中，结果为进入工业革命时代以后贵族阶层的生存和发展奠定了良好的基础，使近代英国社会文化、经济生活打上了浓重的贵族烙印。而同时期的法国，由于中世纪时期那批死硬、保守的贵族集团世系的一脉相承，进入近代之后，他们依然死抱着等级特权观念，无法融入近代的社会经济、文化中来，结果导致了革命的爆发，使整个贵族集团从此走上了不归路，直到最终消亡。

在世界近代史授课过程中，比较可以使学生在头脑中对不同国家或地区的发展特征勾勒出更为清晰的印象，有利于对知识的整体把握，提高其对历史的理解能力。而对教师而言，比较式教学方法的应用，也可以增加课堂授课时的灵活性、趣味性，能够更好地吸引学生的注意力。

综上言之，世界史课堂教学，授课教师应以"传道、解惑"为基本定位，以拓展学生的专业视野、培养其专业思维、训练其学术敏锐性为己任，在教学过程中坚持微观历史分析与宏观历史考察相结合，注重历史概念与历史理论的阐释与考察，同时注意比较教学方法的运用，只有这样，才能切实保证世界史课堂教学的质量和效果。

论师范院校世界古代史中
有关中国史内容的教学

张 爽

摘要：《世界史·古代史编》是按照世界古代史的时间断限，以全球史观的视野来选择对世界历史和世界文明发展产生重要影响的中国史内容。对于《古代史编》中编写的中国史内容教授要详略得当，充分利用现有研究成果，才能使学生深刻认识中国在世界历史中的位置和作用，从而使学生具备全球史观。

世界古代史主要是指人类起源的原始社会到公元 16 世纪新航路开辟为止，即前资本主义社会的世界历史。由于师范院校设有中国通史课程，因此在以往师范院校世界史教学中往往将中国史排除在外。而中国是对世界历史产生重大影响的国家，离开了中国史的世界史教学体系是不完整的。20 世纪 90 年代中期由吴于廑、齐世荣先生主编、21 世纪初修订再版的《世界史·古代史编》则以全球史观将古代中国作为世界古代史的重要组成部分，纳入到世界古代史教材之中。这无异于是师范院校世界史教学的一次重大变化，是值得充分肯定的。但随之也产生了一些问题，如教材中对于中国史的编写遵循的标准及其特点、如何在世界古代史的教学中讲授中国史有关内容等问题。笔者就拟以吴于廑、齐世荣主编的《世界史·古代史编》为中心，对上述问题加以探讨。

一、《世界史·古代史编》有关中国史内容的编写及其特点

《世界史·古代史编》（以下简称《古代史编》）关于中国史的内容主要有：黄河流域的夏王朝、商周时期的中国、春秋战国时期的中国与同时期的世界、秦汉时期的中国、魏晋时期的中国、秦汉时期亚洲东部的民族迁徙、3~5 世纪中国北方游牧民族的南徙、唐代中国的高度文明、明代中国等。[1]中国古代史上的南北朝、隋代、五代十国、宋、辽金和清代的相

关内容并没有被编入教材中，因此《古代史编》并非是中国古代史的简单缩写。清代是中国历史上的最后一个封建王朝，对中国在世界史中的地位构成重要影响，然而由于清代的建立是在1644年，而1644年属于世界近代史的时间范畴。可见，在时段上《古代史编》是按照世界古代史的时间断限来选编中国古代史的有关内容。

在内容上，《古代史编》是以全球史观的视野，来选择与世界历史和世界文明发展产生重要影响的中国古代朝代。如商周是世界早期文明即青铜时代的重要组成部分。公元前8~前3世纪是世界处于空前巨变的时期，印度河流域的文明早已衰亡，希腊处于"黑暗时期"，从埃及经地中海东岸到两河流域的古老文明也处于衰落时期[2]。而此时处于春秋战国时期的中国虽然战乱连年，但思想文化却异常活跃，涌现出了孔子、孟子等一大批思想家，他们所创立的儒学、法学等学说对亚洲及世界产生了重要影响。秦汉时期的中国与位于意大利的罗马帝国是当时欧亚大陆军事势力最强、政治影响最大的两个大帝国。如果在东亚没有秦汉帝国，那么连接欧亚大陆各国和地区，沟通欧亚文明的丝绸之路就不可能开通。而汉帝国反击匈奴的战争，直接迫使匈奴西迁欧洲。而匈奴西迁，又是3~5世纪欧亚日耳曼人、哥特人、阿兰人等游牧民族波浪式大迁徙的根本原因。因此，秦汉时期亚洲东部的民族迁徙、3~5世纪中国北方游牧民族的南徙两个内容，实际上与此阶段欧亚民族大迁徙和世界政治形势变化有着密切联系。唐代中国是当时世界上最为发达、最为强大的国家，其政治影响遍及欧亚大陆，其高度发达的经济文化对世界文明的发展产生了重大影响。16世纪新航路的开辟是古代世界的终结，在当时世界中已经初步形成了一个跨越海洋、连接欧亚非美四大洲、以白银为货币、以丝绸、茶叶、瓷器、奴隶、咖啡等为主要商品的国际海洋贸易体系，而明代中国则是这个贸易体系的重要组成部分。

《古代史编》在所选中国古代朝代具体内容的编写上，也同样渗透着全球史观。如在"商周时期的中国"一节中，虽然用不少篇幅介绍了西周历史的分封和宗法制度，但其要向学生讲授的重点则是放在"商周时期的中国和当时的世界"一目上。为使学生从全球史观的角度对当时中国文明在世界文明发展中所处地位有一个清晰、客观的认识，《古代史编》表述如下："中国商周之间的交替，与当时世界其他古文明地区的变化有相似之处，也有不同之点。相似之处是，原来在经济、文化上先进的大国为较落后的对手所取代；而不同之点是，周取代商并非以早期铁器文化代替青铜文化，而是在商代基础上的青铜文化的继续发展。周取代商，对商代文化有所变革，也有所继承，在其间没有发生在他处曾出现的文明中断的现象。"[3]《古代史编》实际上指出中国的早期文明在生产力发展上长期处于青铜时代，而印度、西亚和希腊等古文明则在这一时期进入到铁器时代。因此，从生产力的角度上看，在世界早期文明时代中国应落后于印度、西亚等其他文明。而这一内容则是中国古代史教材没有明确说明的内容。又如对于"明代中国"一节的编写，《古代史编》实际上将其分为三目内容加以编写。其中除"封建专制统治的强化"一目外，其他两目为"转变中的明朝中国经济""明代中国的海上贸易"（第四节"海上贸易的发达"第一目）。"转变中的明朝中国经济"指出"明代中叶以后，白银成为主要通货""海上贸易的发展开辟了广阔的国外市场，输入了大量白银"[4]。从当时全球经济发展的背景看，白银已经成为当时世界贸易的通用货币，当时的中国实际上已经通过白银货币与国际市场接轨，成为世界经济的重要组成部分，明代中国经济的波动会很快对国家市场产生重要影响。"明代中国的海上贸易"一目将明代中国的海上贸易分为官方和私人两种，虽对郑和下西洋、倭寇这两个中国古代史中的重要问题进行了概述，但其编写重点放在16世纪初西班牙殖民者占据菲律宾、荷兰人占据印尼后世界贸易体系的大发展之上。《古代史编》写到"质优价廉的中国商品势不可挡地进入了正在开拓的广阔世界市场。当时太平洋地区国际贸易的中心是西班牙统治下的菲律宾，中国商品的输入不仅满足西班牙人在菲律宾的日常生活所需，而且远渡重洋，销往西属美洲殖民地。西班牙人找不到有同等竞争力的货物和中国商人交换，就将美洲殖民地出产的大量白银运往菲律宾，支付给中国商人。这就是当时著名的中国、菲律宾、西属美洲殖民地之间以中国商品和美洲白银为交换的跨越整个太平洋的国际大三角贸易。"[5]由此可见，明代中国实际上已经成为欧洲发现美洲大陆的实际获益者，是世界财富的中心。从全球的视角看，明代中国在世界古代史即将结束的16世纪，在军事上和经济、文化上都处于世界的领先地位。

二、世界古代史的教学中有关中国史内容的讲授

从教学实际情况看，对于中国古代史教学中重点讲授的内容，《古代史编》又加以编写的内容，可以简单讲授或者删掉。如西周的分封和宗法是中国古代史先秦阶段重点讲授的内容，而在《古代史编》中关于分封制和宗法制的编写，无论是在材料上还是观点上与中国古代史教材相比较均没有大的差异，因此可以简单讲授或删掉。而对于《古代史编》中编写的古代中国与世界的联系或者与世界文明发展紧密相关、中国古代史教材记载又比较简略的内容，要重点讲授，从而使学生对于古代中国在世界历史中所处的实际地位、对世界文明所起的作用有一个客观和全面的认识。现以中国古代史教材一般作为概述内容的"明代中国海外贸易"为例。不仅要将上文所引《古代史编》"太平洋国际贸易大三角"的结论讲授给学生，而且还要将与之相关的研究成果介绍给学生。如应将1572～1644年海外流入到明代中国的银圆至少在1亿以上[6]这一数据介绍给学生，以使学生对于16世纪国际贸易对明代中国的影响有一个具体认识。

除此之外，要尽量将国外有关该问题的权威性著作及其观点介绍给学生。如对于在国际贸易大三角中的中国人及中国政府的态度，美国学者斯塔夫里阿诺斯指出："当欧洲在赢得对亚洲海上贸易的控制时，中国统治集团正在积极地反对海外事业。早在欧洲人到达以前，中国移民已慢慢迁徙到东南亚。在菲律宾群岛，西班牙人可能从来没有像中国人那么多。1603年，也就是马尼拉作为西班牙殖民地建城32年时，那里的中国居民大约有2万人，而西班牙人恐怕才1万人。因此，这些中国人实际上控制了殖民地的经济生活，并正在将他们的控制扩展到这一群岛的其他岛屿上。1603年那一年，马尼拉的中国人遭到一次大屠杀；这种大屠杀是他们及其在东南亚的同胞至今每隔一段时期便要忍受一次的。然而，当时附近大陆福建省的一名官员却对此持宽恕态度，并谴责所有华侨都是愧对祖坟的逆子，不值得陛下关心。同样，1712年，皇帝下了一道敕令，禁止中国人去东南亚经商和定居……1729年，又一道敕令规定了华侨回国的日期，逾期则不得返回。这同西方国家是何等鲜明而又惊人的对照；西方国家不久就积极开辟海外殖民地，创立贸易公司，并随时准备着用武力保卫这些

事业，反对任何威胁。"[7]通过讲授斯塔夫里阿诺斯先生的观点，则会使学生深刻地理解中国虽然在16世纪就已经是国际贸易的重要组成部分，但却没有成功开辟海外殖民地、主导国际贸易，从而走上大力发展资本主义的道路，相反在清朝奉行闭关锁国，最终落后于西方的重要原因。总之，对于《古代史编》中编写的中国史内容只有在与中国古代史教材相比较的前提下，从全球史观的视野充分利用现有研究成果和论著，才能使学生深刻地认识中国在世界历史中的位置和作用。

【参考文献】

[1] 吴于廑，齐世荣主编. 世界史·古代史编（上下卷）[M]. 北京：高等教育出版社，1994.

[2] 吴于廑，齐世荣主编. 世界史·古代史编（上卷）[M]. 北京：高等教育出版社，1994：344.

[3] 吴于廑，齐世荣主编. 世界史·古代史编（上卷）[M]. 北京：高等教育出版社，1994：166.

[4] 吴于廑，齐世荣主编. 世界史·古代史编（下卷）[M]. 北京：高等教育出版社，1994：392-393.

[5] 吴于廑，齐世荣主编. 世界史·古代史编（下卷）[M]. 北京：高等教育出版社，1994：413.

[6] 梁方仲：明代国际贸易与银的输出入［J］. 中国社会经济史集刊，1939，6（2）：267-324.

[7] ［美］斯塔夫里阿诺斯. 全球通史［M］. 吴象婴，梁赤民，译. 上海：上海社会科学院出版社，1999：77-78.

关于高校教风学风现状的调查与反思

杨绪敏

摘要： 良好的学风是学校的宝贵精神财富。高校学风建设事关高校自身建设和发展，事关学生健康成长和全面发展。目前在高校的教风和学风方面都存在不同程度的问题。要解决这些问题，首先在办学理念上要积极倡导并真正落实"以师为本""以生为本"的理念，将扩大办学规模转变为充实办学内涵，加强对学生思想教育工作和就业技能的培训。

学风是学习者在求知目的、治学态度、认识方法上长期形成的，具有一定稳定性和持续性的精神倾向、心理特征及其外在表现。就其存在而言，学风弥漫于无形，却可观察于有形；就其作用而言，学风不仅影响到当前的教学效果，影响到人才培养目标的实现，而且对学生能否成才都具有重要的不可忽视的作用。学风不仅在学习上表现为一种风气，也是一种思想作风，是一个学校特有的精神风貌和精神环境。因此，良好的学风是学校的宝贵精神财富。高校学风建设事关高校自身建设和发展，事关学生健康成长和全面发展。学风，是近年来大家谈得比较多的一个问题。学风看起来是无形的，却起着"润物细无声"的作用。一种风气一旦形成，就会在无形中左右人们的想法和做法。对一个学校来说，有好的学风，潜移默化，积以时日，就容易出人才、出成果；要是学风不正，路子不对，即便有好的苗子，也难以取得大的成就。因此，树立和培育什么样的学风，对学术的发展至关重要。

随着高校大规模的扩招，教师队伍扩充，招生条件和生源质量下降，带来了一系列的问题。

一、在教风方面存在的问题

1. 师生之间缺少必要的沟通

在被调查的 36 名学生中，只有 9 名同学表示曾经与任课教师在课外进行过沟通，大多数教师是上完课走人，与学生没有多少沟通。在课堂上，一些教师埋头教书，根本不注意学生的反应，不善于调动学生的学习积极性。有的任课教师对教学内容生疏，缺乏教学经验，无法调动学生的学习主动性和积极性；有的缺乏教学激情，语调平淡，课堂气氛沉闷，学生听起来味同嚼蜡；有的教师缺乏应有的责任心，抱着我讲你听，听不听是你的事的消极态度。一些学生反映与其去听有些教师的上课，还不如自己看书。

2. 教师较少关注学生的学习兴趣，教学方法单一、陈旧

被听课的教师中，90%采用灌输式的教学方法，即使偶尔有课堂提问，也仅仅是做做样子，学生回答问题后，往往不做评价和引导。一些教师在上课的过程中，很少关注学生对所讲授的内容是否感兴趣。这些人的指导思想是：我讲我的，听不听是你的事。一些教师总是抱怨学生素质差，学风不正，但很少做自我反思，很少考虑在上课的过程中如何在语言表述、列举事例、教学方法上下些功夫。有些教师把上课变成了念讲稿或背书；有的平铺直叙，缺乏激情；有的方言太重，口齿不清。结果造成课堂气氛沉闷，学生对老师所讲内容不感兴趣，于是出现逃课、课堂睡觉、玩手机、看其他书籍等情况。

3. 不能正确地处理传统教学方法与运用多媒体教学手段之间的关系

在中青年教师中，大多数教师能够比较熟练地运用多媒体教学手段，使课堂教学内容更加直观、生动。然而一些教师在教学的过程中没有正确地处理好传统教学方法与运用多媒体教学手段之间的关系。有的教师把讲课变成了念电子提纲，坐在计算机旁，一味地操作机器，很少关注学生的反应；有的完全把课堂教学当成了多媒体的演示，教师成了放映员。

4. 一些青年教师缺乏必要的教学技能和方法的培训

由于近年来的不断扩招，高校引进了不少青年教师，其中有些青年教师来自于综合性的大学，缺少必要的从教基本技能和方法的训练。尽管他们入校前后必须经过教育学、心理学的考试，但是这种考试往往带有明显的过关考试、应付考试的色彩，并不能从根本上培养新教师从教的基本技能和方法。因此在开始从教的一二年内，一些青年教师完全是凭感觉上课。在备课的过程中，基本上是找几种相关的教材，拼凑成讲稿或教案，对课堂教学的设计和对某些问题的处理，处于一种茫然无知的状态。因此

在上课时便出现了念讲稿、背书或带学生念书等现象,甚至出现个别教师上课仅带教科书,而没有讲稿的情况。一些新教师从教的基本功较差,如方言太重,语言表述不清,甚至出现不少语病,有的粉笔字写得不成样子,板书也不规范,甚至出现错别字,教学效果可想而知。

5. 不少教师还没有树立终身学习的理念,观念陈旧

目前中青年教师的学历较之过去普遍有较大提高,但学历高并不等同于教学水平高。在调查的过程中,学生并不认同学历高教学水平就高。高学历的教师在从教的过程中同样也需要再学习、不断学习。因为在攻读学位的过程中,大多数人的研究领域很窄。而到了教学过程中,涉及的问题远远超过了其原来的研究范围,这就引发一个重新学习的问题。教学本身也是一门学问,需要在教学过程中不断探索,经过较长时间的历练,不断总结经验教训,才有可能粗通这门学问。尤其在中学课程改革的大背景下,以培养中学师资为主要任务的师范院校教师,尤其要及时地更新教育理念,调整和更新教学计划和教学内容,改善教学方法。所有的教师都要树立终身学习的理念,不仅在科研上要学到老、做到老,在教学上也同样要恪守此种精神。

6. 青年教师导师制度尚未真正建立和完善

一些青年教师名义上也由某位老教师担任导师,但是一般是各忙各的。有些老教师由于上课任务重,科研压力大,还要带研究生,因此根本无暇顾及青年教师的培养。一些新建专业的青年教师忙于应付上课,也无暇去听老教师的课。据调查,有些专业的青年教师工作没几年,有的已经担任5~6门课的教学任务。青年教师的课时量太重,直接影响了他们的业务进修和上课质量的提高。

7. 浮躁学风及功利主义的影响

由于各种政策及导向的作用,目前在学术界普遍存在学风浮躁、急功近利的现象,高校自然也不例外。一些教师为了完成科研工作量,或粗制滥造,或一稿两投,或将已经出版了的著作中的章节改头换面重新发表,甚而出现抄袭剽窃现象。一些教师把较多精力花在校外兼课、兼职和担任家教上,而对学校的教学工作得过且过、不负责任。甚至出现个别教师上课不带讲稿、随心所欲满堂胡扯的现象。

教风中存在诸如此类的问题,其原因是多方面的。根据调查分析,主要的原因大约有以下几点:(1)高校在评价体系上及广大教师在价值观念上不同程度地存在着重科研、轻教学的倾向。尽管学校在迎接教育部本科教学评估过程中反复强调"以教学为中心",近年来在教学方面投入大量物力和财力,并采取了一些有效的措施,以提高教学工作在办学中的地位,但是由于长期以来,高校在评价体系上过于注重科研成果,而轻视教学工作,因此学校在评价一个教师的过程中,更侧重看其出版几部著作,发表几篇论文,承担多少科研项目,在学科建设中发挥了怎样的作用。尤其在职称评审过程中,更凸显出科研成果是硬件,而教学工作无关紧要的状态。在这种评价体系内,广大教师的价值观自然而然也要向重科研、轻教学方面倾斜。有不少教师把时间和精力花在写论文、出书上,在教学方面则得过且过,不敢也不愿花很多精力和时间。(2)学校在办学理念上存在着"官本位"的倾向。这也是全国高校的通病。表面上大家都在高谈学校要"以教师为本""以学生为本",事实上在一些领导的头脑中根深蒂固地存在着"官本位"的观念。比如在一些高校,当一些教师拿到博士学位返校工作后,学校为了表示对其的重视,往往"赏赐"一顶官帽。有些博士本可以把精力和时间用在教学和科研上,但事实上,他们不得不把大量的时间花在处理本不熟悉的各种事务及应酬上,上课变成了一种点缀,由此造成不少科研教学一线人员流向官员队伍。尽管这些人属于双肩挑,但他们很难把较多的精力花在教学工作中。(3)一些新建专业师资年龄、职称结构不尽合理。近年来,随着学校办学规模的不断扩大,新建了不少专业。实事求是地讲,有些专业在申报的过程中明显存在师资不足、教学条件薄弱等问题,报表上的师资队伍有的甚至是拼凑而成的。一旦专业批下来,匆匆上马招生。有的专业甚至连基本的课程都开不出,于是再匆匆招聘人马,结果造成教师年龄层次拉不开。有些专业,大部分教师集中在30或35岁以下。这些年轻教师既缺乏教学经验,又无任何科研基础作为支撑,却每人都承担3~4门,甚至5~6门课的教学任务。他们的备课往往是"急就"而成,找几种教学参考书,甚或从网上下载一些相关内容拼凑成讲稿。他们的上课,充其量只是充当某些教科书的"传声筒"。他们基本上忙于应付上课,而很少有时间去研读相关的学术著作,做深入的科研工作。这样的教学效果可想而知。(4) 相当一部分的教师没有处理好教书与育人之间的关系。高校教师肩负着教书与育人的双重任务，然而长期以来，相当一部分的专业教师认为，教书是自己的本职工作，而育人则是从事思想政治工作的政工人员的事情，错误地将教书与育人割裂开来。因此在实施教学的过程中，往往一味地传授知识，而很少关注学生的情感活动。课后由于自身业务压力大，根本没有与学生交流的时间。而目前担任班主任的大都是青年教师或青年管理人员，由于他们的教学经验和管理经验相对不足，加之教学或教学管理工作任务繁重，很难全力以赴地做好班主任工作。

二、学风方面存在的问题

1. 学习目标不明确，学习缺乏动力

据调查，在高年级中除了一部分准备考研的同学具有明确的学习目标外，其他同学中大多数学习目标不明确，或者把学习目标仅仅定在顺利通过每学期的考试上。由于高校考试的压力不大，因此一些同学整日优哉游哉，课堂上打不起精神，或昏昏欲睡，或偷看别的书籍，课后或忙于上网游戏，或谈情说爱，或沉迷于武侠、言情小说，很少到图书馆借阅老师在课堂上要求参阅的教学参考书。他们在学习的过程中只关心所学内容哪些与考试有关，即使就他们认为考试要涉及的内容（或有些任课教师划定的复习范围），他们也只是关注问题的结论或结果，而很少去关注和探究问题的分析和解决的过程。究其原因，主要是因为这些学生缺乏明确的学习目标和动力，抱着得过且过混日子的态度。加之就业形势的日趋严峻，使一些专业的学生看不到光明的前途，产生自暴自弃的消极情绪。

2. 被扭曲了的"学习互助"

学习中互帮互助本是我们一直提倡的，但现在在学生中流行的"互助"是怎样一种形式呢？在课堂听课的过程中，几个要好同学中推举一两位同学负责记笔记，待考试前请一位笔记做得最好的同学将任课老师出的思考题逐一做出，复印后每人一份，要么死记硬背，要么准备夹带作弊。对老师布置的平时作业，有的同学也懒得动手，要么请人代做，要么抄书。虽然校方三令五申严禁在考试过程中作弊，但是每年仍然要处理一些考试作弊的同学。

3. 撰写毕业论文奉行"拿来主义"

在近年来的毕业论文抽检过程中，已经发现大量抄袭现象。造成这一现象的原因是多方面的，其中关于本科毕业论文究竟怎样定位？是否篇篇都要创新？在一个专业研究领域，专门的研究人员、大学教师的论文要创新，博士、硕士生毕业论文要创新，本科毕业论文也要求创新，究竟有多少"新"可创？这个创新的"度"如何把握？这些都是值得思考和探讨的问题。从大道理上说，科学探索是无止境的，因此需要创新。但问题在于对不同层面的人笼统地要求都要创新，又是很不现实的。因此在本科生毕业论文撰写过程中出现较多抄袭现象并不奇怪。许多同学在大四的一年中除了上课之外，还要参与教育实习，还要把大量的时间花在"跑"人才招聘会、找工作上。真正用在查找资料、撰写论文的时间是极其有限的。指望他们在很短的时间内急匆匆地写出高质量"创新"的文章，是极不现实的。在这种无奈的情况下，许多同学只好走捷径，通过网上下载相关文章加以拼凑或直接抄袭某人著作中的一些章节，甚至直接抄袭教科书上的内容。这些"作品"之所以能顺利通过答辩，一是指导教师不负责任，二是答辩往往是走过场。

学风中存在诸如此类的问题，原因是多方面的，总结一下主要有以下几点值得关注。

（1）中学应试教育的影响：许多同学经过多年的初中考高中、高中考大学的煎熬，终于跨入了大学的校门。在新的大学生活中，他们发现大学生活远比高中生活舒适，一无升学压力，二无教师督促管教，终于可以放松已经疲惫不堪的身心，纵情地享受大学生活能够带来的乐趣。他们继续沿用高中阶段应付各种考试的方法，而目前高校许多科目的考试一味地强调规范化、标准化，建设试卷库或试题库，加之任课教师考前出思考题、划考试范围，致使他们用较少的时间和精力就可应付考试，甚至考出高分。然而他们很少利用课余时间去阅读老师布置的课外阅读书目，更不愿去做深层次的思考和研究。其结果必然出现高分低能或低分低能。

（2）思想政治工作缺乏力度：高中教育阶段，学生学习目的非常明确，就是要考上大学。学校对他们的要求也极为简单，就是考好每一门试，力争好成绩，考入好大学。至于学生其他方面的发展，则很少有人去关注。进入大学以后，尽管也开设了各种政治及思想品德教育课，但这些课程往往不受重视。一些政工人员开设这些课程，往往也是照本宣科，缺乏应有的深度和感染力。加之一些教师在教学的过程中只是一味地埋头教书，很少去过问学生在想些什么，更不去考虑应该怎样帮助学生树立正确的价值观和人生观，因此在一些学生中间出现得过且过、混日子的思想、及时行乐的消极的人生态度，上课不认真听讲，下课也很少到图书馆阅读相关书籍，有的整日沉溺于网络游戏之中，有的热衷于谈恋爱、交朋友。这些同学缺乏远大的志向，也没有明确的奋斗目标，浑浑噩噩地过日子。他们满足于考试及格即可，而且他们只是在考试前抄抄别人的笔记，突击死记硬背就可达到目的。

（3）新"读书无用论"的影响：近年来由于就业形势日趋严峻，出现了新的"读书无用论"。一些学生认为在学校死读书，即使成绩再好也不如有一个好的社会关系。更有一些冷僻专业的学生，面对严峻的就业形势感到失望和茫然。本来考研是部分同学的出路之一，而如今一些专业的研究生找工作都成问题，更何况本科生呢？在这个大背景下，一些学生缺乏学习动力和明确的奋斗目标。

以上问题的出现显然与办学理念、评估体系、就业压力等息息相关。怎样改变这种状况？我们觉得应该特别关注以下几个方面：

（1）在办学理念上要积极倡导并真正落实"以师为本""以生为本"的理念。学校要积极营造一种"尊师重教"的氛围。所谓"尊师重教"并不是挂在口头上的一句官话，而是事事要体现尊重教师，要给广大教师充分的话语权，要注意倾听教师的有关办学及其他方面的意见。在关系学校发展的重大问题的决策上，比如学校财政收支预算、津贴发放政策的调整等方面一定要广泛征求教师的意见。在津贴福利的分配上，要切实向广大一线教师倾斜，而不是一味地向官员和管理人员倾斜。要压缩非一线人员的编制，精简党政管理部门和人员，不断充实一线教师的队伍，从根本上改变目前非教学人员所占比例超过教学人员的不正常情况。要切实采取措施，为教师减负。要努力创造一种宽松的学术环境，适当减少教师教学工作量的要求，给老师提供更多的从事科研工作的时间。对教师的科研要求，不要一味采取简单的量化标准，要重视质量。

（2）切实关注青年教师的业务进修和生活状况。青年教师代表着学校的未来，要有计划地选派他们外出进修或攻读学位。要关心青年教师的收入和生活现状，不断提高他们的待遇。要采取措施，切实落实青年指导教师制度。对一些刚刚走上讲台的青年教师，要适当限制其上课的门数，暂不作科研要求，给他们充裕的时间保证备好课、上好课。

（3）将扩大办学规模转变为充实办学内涵。目前绝大多数高校的办学规模基本已经接近或达到了原来设定的目标。因此在"十二五"期间，重点要放在充实办学内涵、提高办学质量上，不可一味地求大。本科新专业的设立要适可而止，招生规模要量力而行。有些学校不顾自身条件的限制，一味地强调有条件要上，没有条件创造条件也要上，盲目扩建和扩招，负债累累。有些学校没有明确自身的定位，明明是教学型的学校，偏偏要办成科研型的学校，在争取硕士点授予权的过程中，强调多多益善，乃至有些导师身兼2～3个硕士点的导师，而且在几个不同的学科招生，他即使有分身术，也很难保证研究生的培养质量。在争取博士点授予权的过程中，不顾自身条件的限制，把过多的财力和精力放在"炒作"和"作秀"上。面对诸如此类的问题，作为学校的领导首先要保持清醒的头脑，采取实事求是的科学态度，不追风、不作秀、不一味地搞"面子工程"。

（4）进一步加强学生的思想工作。要针对当今学生的思想状态，采取有效措施，有的放矢地开展丰富多彩的思想教育工作。要倡导和鼓励教师做好教书育人的工作。建议在确定班级正式辅导员之外，选拔一批德高望重、教学效果好、工作态度认真的中老年教师担任名义辅导员，定期或不定期地为所负责的班级开设讲座，或召开小型座谈会，或与学生个别谈心等。通过这些活动，使学生树立远大理想、明确人生目标，能切实做好自己的生涯规划，初步掌握治学的基本方法等，同时解决学生在日常生活中遇到的各种问题。这样可以有效地弥补青年教师或青年管理人员担任辅导员在班级工作中的不足。

（5）加强对学生就业技能的培训和就业的指导。目前毕业生就业率的高低已经成为衡量一个学校办学质量的重要标准。由于高中的应试教育以及高校在某种程度上对这种应试教育的延续，造成了许多学生的高分低能。诸如此类的问题严重地影响了学生的就业率。因此学校要充分利用开设讲座、举办各种技能比赛等形式不断培养学生的各种就业技能，进行就业指导，全面提高学生的素质，确保毕业生就业率达到较高水平。

作为青年学子，如何圆满地完成四年的学业？

（1）学习目标要明确：《读者文摘》曾经登载过一篇寓言，说的是唐朝长安城中有一个磨坊，磨坊里有一匹马和一头驴，它们是好朋友。玄奘去西天取经时选中了这匹马随行。历经千山万水，玄奘和这匹马终于从西天取得真经回到长安。马去见驴，驴被人罩着眼睛仍然在推磨。驴感叹地说，你多荣耀啊，多少年过去了，我还是老样子。马说：当年我随玄奘法师去西天取经，有非常明确的目标，尽管历尽千辛万苦，但矢志不渝。而你呢？整日被人蒙住眼睛，只知围着磨绕圈转，没有前进目标。这个寓言说明人生要有明确的奋斗目标。远大理想暂且不论，人生的短期目标还是要有的。比如四年中我要阅读哪些书？我要在几年级通过英语四六级？我是准备考研还是就业？目标明确后，就要踏踏实实一步一个脚印地前行。四年时间转瞬即逝，千万不可彷徨，更不可虚度时光。

（2）学习不可过于功利化：有些同学认为学习就是为了考试，因此平时不注意听课，课后也很少到图书馆看书。只是在考试前突击一下，考个及格就心满意足了。还有的同学片面地认为学习某几门课有用，学习另外一些课程无用。大学本科学习阶段，除了要学好相关课程外，尤其要多看文史哲相关的书籍，不断充实自己，把自己打造得更强。要相信"是金子总会发光"。因为当下的任务就是学习、"充电"。任何对未来的焦虑和担忧都于事无补。在学习中要发现和培养兴趣，不断增强自己的求知欲。做学生最可怕的是没有求知欲。

（3）要拒绝花花世界的诱惑，敢于坐冷板凳。在物欲横流的社会大环境中，不受一点影响是不可能的，但自己要能够把握自己。做任何事情都有个度，比如偶尔上上网对于掌握网络知识、查阅资料是有益处的，但如果没日没夜地沉溺其中就有问题了。我不反对大学生交异姓朋友，但这种交朋友不应该以耗费学习时间、沉迷其中甚至做出越轨的事情为代价。

总之，教风、学风存在的问题，应当引起我们的高度重视。当我们强调学校发展的时候，切不可仅仅寄托在争取几个优势学科、几个博士点上，建立好的教风、学风，才是保证学校继续前进的动力。

史学功能转化与建立应用史学

姜 新

摘要： 高校历史专业遇到了三难：招生难、教学难、分配难，解决困难的关键之一在于发挥史学应用功能。随着经济建设加速，旅游事业发展，文化产业兴起、文物市场红火，为史学应用创造了新的需求。对此，高校应对挑战的步调不一。有的维持原状，有的改换门庭，更多地以历史专业为母体，兴办了档案管理、旅游管理、社会工作等新专业，但是，新专业与史学泾渭分明，忽略了史学素养的培养与原有优势的发挥。为此笔者建议：明确应用史学的概念，把"应用"作为自己的发展方向之一；建立应用史学学科，设计服务社会的新兴分支学科；建立完整的应用史学教学内容，设计岗位需要的课程体系。

在历史学危机的呼声中，高校历史专业遇到了"三难"：招生难、教学难、分配难。发生"三难"的原因被归结为史学缺少应用功能，于是，"三难"引发了"三问"，历史专业是否具有"应用"功能？有哪些"应用"功能？如何实现"应用"功能？

一

在现代汉语中，应用是指适合实用。应用功能一般是指直接服务于社会的能力，例如化学、中文等学科在学科主干以外分离出应用化学、应用中文等，这些分支都同社会有较为紧密、较为直接的联系，常常肩负着将本学科的知识转化为经济价值或社会效益的任务。

历史学以人类社会的发展过程为对象，以丰富的史料为中介，其研究对象具有过去性，其研究过程具有间接性，故而同某些学科相比，史学距离现实社会较远，其认识功能较强，实践功能较弱，直接发挥社会效益的机会较少。但是，这绝不是说，史学毫无实践功能，毫无应用机会。

从理论角度分析，科学为社会服务的主要手段便是开发某一部分的社会资源，向社会提供有价值的信息。一方面，史学虽不垄断任何社会资源，却拥有开发特殊资源的独特本领，史学虽不直接以现实作为基本研究对象，但却始终以研究社会为己任。另一方面，运动中的社会对各种资源的利用，对各学科的需求也在常变常新。因此，史学完全有可能根据社会需求，调整发展自身的结构，发挥自身优势，强化自身的社会功能。当前，社会变化为史学提供了"应用"的机会，其中最为明显的是以下四种。

第一，经济建设规模不断扩大，社会生活日益丰富，对历史档案信息的需求逐步加强。从江河水文资料到市政管线图纸，从乡村土地归属到城市房产转移，从经济政策的制定到法律条文的颁布……大量的档案信息已成为帮助人们解决现实问题不可缺少的工具。然而，在档案系统工作的人员学历较低，绝大部分缺少系统的历史学训练，严重影响档案工作的正常发展。收集资料时，难以辨别价值，管理档案时，难以区分类别，使用信息时，难以有的放矢。历史知识的贫乏已经导致了档案资料散失混乱和闲置，造成了社会资源的很大浪费。档案事业呼吁着史学的介入。

第二，旅游业不断发展，已经成为许多地方经济的支柱产业。在我国，历史人文旅游资源又常常成为支柱中的支柱。开发、宣传、利用这一巨大的社会资源同样离不开坚实的历史知识，其从业人员理应接受系统的史学训练。但是现实中的旅游从业人员状况同样令人担忧。一方面，缺少懂得史学知识的从业人员；另一方面，少数懂得历史知识的从业人员又常常与旅游管理格格不入。这种"缺少"与"割裂"的状态，造成了人文旅游资源开发利用不到位，甚至出现人为破坏资源的惨痛教训。旅游业呼唤着史学的介入。

第三，文化产业不断发展，已经成为推动社会进步的朝阳产业。文化产业以生产和提供精神产品为主要活动，以满足人们的文化需要作为目标，是指文化意义本身的创作与销售，包括文学艺术创作、音乐创作、摄影、舞蹈、游戏设计、工业设计与建筑设计等方方面面，显而易见，历史是文化产业不可或缺的宝贵源泉。同旅游业相似，文化产业从业人员中的"缺少"与"割裂"也十分明显，严重地制约了历史文化资源的开发与利用。文化产业呼唤着史学的介入。

第四，随着生活水平的提高，文物市场日见红火，几乎所有的城市都已形成公开或者地下的文物市场，并且创造着可观的利润。市场在发挥巨大效益的同时，也出现了管理混乱、赝品充斥、欺诈普遍等严重问题，其重要原因同样是从业人员素质低下。这一领域中，无论是从业人员还是市场管理者，甚至文物收藏者都是龙蛇混杂。毋庸置疑，文物业与史学的联系更为密切。没有历史知识，管理者盲人秉烛，无从有序管理；经营者盲人摸象，难以等价交换；收藏者盲人瞎马，难免上当受骗。因此培养一批文物市场管理人员，一批文物鉴别人员，一批文物交易商人，并向广大文物爱好者宣传文物知识已经成为刻不容缓的任务。文物业呼唤着史学的介入。

二

面对"史学危机"造成的"招生难、教学难、分配难"，以及社会转型提出的新呼唤，高校历史专业已经迈出了应对挑战的脚步，但是步履蹒跚，步调不一。

某些名校面对挑战，坚持维护原状，主张招生不勉强，结构不改动。其理由是史学适当萎缩是社会发展的正常结果，自己教学科研能力较强，历史专业在国内外拥有较高的声誉，坚实的实力足以应对危机与挑战。他们的做法有一定的道理，因为危机确实离他们较远，冲击对于他们较弱，社会对于传统史学依然保有相当的需求，招生难与分配难，在这些高校还不十分明显。但是，"变则通，通则久"，故步自封终将导致落伍，实力强并不能完全抵消社会需求的变化。实际上，这些学校历史专业已经出现了本科生少于研究生的不正常现象。从长远看，培养方向与社会需求的失衡，最终将冲破名校效应与高学历的美丽外衣，使保守者陷入困境。

一些实力较弱院校的历史专业面对挑战，则采取了"改换门庭"的策略，纷纷改名换牌，筹办热门专业，放弃传统史学。其理由是史学已是明日黄花，在新形势下已经英雄无用武之地。但是，"改换门庭"后，新专业与史学毫无联系，常常是另起炉灶，这样也产生了种种矛盾。一是放弃历史教育，原有的教学资源大量闲置，历史教师或无所适从，或变换专业，教学资料与设备大量废弃，丧失了系科原有的优势；二是新建专业过于仓促，师资贫乏，设备短缺，资料不足，难以形成新的优势，导致教学质量下降；三是临时改换专业，缺乏深厚的积累与沉淀，导致科研成果数量与质量的大幅度下滑，并且直接影响师资队伍层次的提升。实践证明，"改换门庭"并不能解决"三难"，在激烈的市场竞争中，这些学校的历史系科依然处于明显的劣势。

更多的高校面对挑战，力求传统与创新相结合。他们认识到社会需求的深刻变化以及历史专业改造的必要性与紧迫性，同时也认识到改革必须以现有基础为起点。基于这些认识，这些学校以历史专业为母体，兴办了档案管理、旅游管理、社会工作、文化产业等新专业，拓宽了招生、教学的范围，扩大了学生分配的出路，收到了良好的效果。但是，同样存在一些值得探讨的问题——这些院校没有理直气壮地举起应用史学的旗帜，导致了新专业与原有专业之间的关系不明晰。这样，有的院校从教师到学生，从课程设置到教学内容实施，强调了加强相关学科知识的训练，却常常忽略了史学素养基础的培养，没有发挥系科原有丰富资源的优势，新专业与史学依然泾渭分明。另一方面，有的院校又忽略了"应用"的针对性，常常以历史文化旅游等模棱两可的专业命名，致使新专业仅仅是在传统史学教学模式上加上一两门所谓专业课程，实际上仍然在传统模式中徘徊。

三

社会的变化对历史专业提出了严峻考验，又给予历史专业重要的发展机遇。社会变化已经并且还将继续推动历史专业实施改革，其中关键的一环便是专业的重大调整。

首先，明确应用史学概念。史学必须坚定不移地把"应用"作为自己的发展方向之一，从理论上将史学划分为理论史学和应用史学两部分，明确各自的性质、目标及任务。在坚持史学认识功能的同时，必须努力加强史学的实践功能，借鉴世界应用史学、公共史学的发展经验。明确应用史学应以服务社会为中心，不但参与社会决策，而且积极参与社会教育、社会生产以及社会生活。明确应用史学人才的诸多培养方向。旗帜鲜明地确认应用史学是史学不可缺少的组成部分，满怀信心地认清建立应用史学是挽救"史学危机"的当务之急、完善史学不足的有效措施。并且围绕应用史学的性质、功能及发展方向开展深入的科学研究，为应用史学构建坚实的理论基础。

其次，建立专门的应用史学学科。在对社会需求认真调查研究的基础上，以传统史学为出发点，建立新兴的分支学科。（1）在传统历史学和历史教育专业之外，根据各地区社会需求的重点及各高校现有的教学资源，建构历史档案学、人文旅游学、历史文化资源开发学、文物鉴别学等专业。（2）根据现有教师的实际情况，有计划地扬长避短，区别分流；拾遗补漏，继续培训；针对需要，适当引进；通过多种手段建构能够胜任应用史学教学科研任务的教师队伍。（3）在资源配置上，加大应用史学科研经费、教学经费、资料设备费的投放，设立应用史学的实习基地，实现在资源配置上对应用史学的倾斜。并且公开宣传应用史学的前景，公开在历史学专业之下，以应用史学分支学科的名义招收学生、分配学生。为应用史学打下坚实的组织基础。

再次，建立完整的应用史学教学内容。（1）大刀阔斧改革传统史学教育内容，以历史专业通识必修课的形式，建立培养学生历史学基本素养的新平台。（2）有的放矢地设置应用史学的新教学内容，参考档案学、旅游学、考古学等相关专业的教学内容，以专业必修课和选修课的形式建立应用史学的新教学体系。（3）脚踏实地实施多层次的教学实践活动，贯彻边学习、边见习、边实习的新型教学模式，努力使培养对象既有丰厚的史学理论素养，又有灵活的应用能力，既有坚实的相关知识，又有娴熟的操纵能力，真正成为社会需要的应用史学人才。

我们坚信应用史学专业的建立，必将为历史教学开辟出新的广阔教学科研领域，必将加强史学与社会的直接联系，更好地满足社会对史学的需求，必将缓解高校历史专业"三难"的困境，为古老的史学焕发青春做出重要的贡献。

【参考文献】

[1] 史学理论编辑部. 八十年代的史学 [M]. 北京：中国社科院出版社，1990.

[2] 纵瑞华. 历史学社会功能问题辨析 [J]. 青海社会科学，1988

(6).

[3] 中国史研究编辑部. 基础历史学与应用历史学 [M]. 重庆：重庆出版社，1986.

[4] 张艳国. 论历史学的学科个性及其相关分题 [J]. 史学理论，1989（3）.

[5] 于洪平. 发展经济学 [M]. 大连：东北财经大学出版社，1999.

[6] 李天元. 旅游学概论 [M]. 天津：南开大学出版社，2003.

[7] 冯惠玲，张辑哲. 档案学概论 [M]. 北京：中国人民大学出版社，2006.

[8] 马利清. 考古学概论 [M]. 北京：中国人民大学出版社，2010.

[9] KELLEY, ROBERT, Its Origin Nature, and Prospects. in Public Historian [J]. Public History, 1978.

[10] 姜新. 20世纪美国公共史学与中国应用史学的不同命运 [J]. 历史教学问题，2010（5）.

对师范类大学历史课教学的几点思考

刘 玲

摘要："师德为先、教学为要、科研为基"是对高校教师的三项要求，也是每一位历史教师必须首先要考虑的问题。近三十年的教育生涯，笔者累积了自己对这三个方面问题的经验和思考，本文仅选取其一的"教学"这一"要务"做一感发。我毕业于师范类大学，所教的学生又基本上是师范生，所以，不断地总结教学方法和经验不仅是提升自身教学水平的需要，还是培养学生教学技能的分内职责。当今的时代瞬息万变，信息化及教育的社会化给学校教育带来巨大冲击，如何让大学教育更有效率，成为大学教师要面对的新问题。随着中学历史教育改革力度加大，相应地要求师范类大学的教育要与时俱进，跟得上中学历史课改的要求。就业压力的与日俱增，对本已就业前景黯淡的历史专业毕业生而言更是雪上加霜，如何使我们大学的历史教育更有针对性，培养的学生更能"适销对路"，也成为教师要考虑的问题。国家对创新人才培养的要求，历史专业的学生同样在要求之列，这些都必然引发我们新的思考，要用新的视角、新的思维来应对。以下是我对新形势下高校师范生历史教育相关问题的几点思考，不当之处，敬请方家批评指正。

一、分清主次，合理分配课时

做大学历史教师的几乎都有这样的纠结：历史课该怎样上才像是大学的历史课？历史内容浩如烟海，该怎样选取内容？课时有限，是大量引入史料还是由教师讲述？对此，我认为以下两点是必须要重视的。

其一，突出历史课的大学特色，正确对待转述和征引的关系。

大学历史教学不同于中学的地方很多，其中重要一点就是大量地引入史料，"之乎者也"一直被视作大学历史教师的语言特色之一而备受调侃，其实，脱离了"之乎者也"的授课不仅淡化历史学科特色，还有"口说无凭"的嫌疑。史学界一直存在转述和征引的不同强调，即存在着科学治史和重视写作讲述技巧的叙史学派。① 前者强调以史料来说话，如傅斯年、陈寅恪等，强调征引大量资料，认为这样才是"科学治史"，强调史家不讲话，史料为自己说话。后者主张在消化史实的基础上以自己的语言加以转述，这两种学派无疑对高校历史老师的授课也产生了影响，其实，征引和转述本来是史学界赖以从事知识生产的两大技巧，本不宜偏废，主要是要掌握好度。在我看来，要在多用自己语言转述史料意涵的同时，征引文献；在征引文献时也必须让学生表述出意涵，这样有利于培养学生对资料的解读能力。同时，教师要掌握好课堂的时间安排，关照到学生的理解力和对史料的阅读能力的不同。

其二，打磨教学内容，在讲清历史客观史实的基础上引导意识形态。

上课要讲的史实很多，不可能面面俱到。要分清主次，厘清重难点，对重难点，要讲清讲透，但并不是说可以任意占用课时，必须对内容加以精炼。课堂教学有别于学术讲座，每堂课都有要完成的内容，教师面对的是全班同学，而不是少数研究者和史学达人，对上课内容，要做到收放有度。在叙事头绪多、时序纷纭的情况下，插叙、倒叙可成为课堂常用的两大法宝。

历史教育与意识形态关系密切，担负着思想教育的责任，在面向世界、面向现代化、面向未来的教育导向的今天，则被赋予了更多的内容。诸如明了环境与民生的关系，以养成热爱乡土、改善环境的品德和能力，激发建设家乡和国家的意愿；了解近代世界大势与现代化的发展，激发稳重自强、革新创造的精神，了解今昔中国与亚洲和世界的相互关系，并进而比较人们不同的说法和不同解释，从直线发展与循环的观点，或从演变与革命的观点分析历史的变迁等，通过引导学生对历史知识的学习和解读，加深他们对这些问题的理解和认知。

二、考虑学生需求，注重能力的培养

如今时代风云变幻频繁、科学知识日新月异、须应对的问题和接受的信息时刻处于变动当中；再加上大学教育的日益社会化和大众化，学校教育已不再是专业知识的获取的唯一来源，也不再是大学教育的根本，就历

---

① 卢建荣：《黎东方的叙述史学》，《史学汇刊》第 21 期，1997 年 6 月。

史专业师范生而言，在本科毕业后的选择通常有三：一是毕业后做教师（因所学的是师范教育）；二是报考研究生；三是应考公务员。原来以学术性为核心的讲授在今天毕业生面临巨大的生存压力之下需要做出改变。课堂教学再精彩、再有深度，如果学生所学与社会需求脱节，无法"适销对路"而意义尽失。因此，关注每年研究生考试试题，调整教学重点，掌握考研动向，给学生适时指导成为历史教学内容的一部分；备课过程中还要搜集一些公务员考试题，关注考试热点，在教学内容上加以融入，理论联系实际，以期对备考公务员的同学有所帮助。

学生并不单单为学知识而来，更重要的是为全面发展和实现梦想而来。一学期的一门课，所能给予的信息总是有限的，但关键是要通过这一段时间，培养学生的各种能力。对当前的大学生而言，笔者认为以下几方面的能力应得到强化。

其一，培养学生表达自己意见的能力，以及与他人沟通和尊重不同意见的能力。很多历史问题，对其认知或随时代变化而改变，不宜妄下定论，很多问题其实是没有答案的，如果硬是要给予答案，那答案就是问题本身。规定性的答案和结论性的总结有时会严重制约学生的思维和认知。所以，要多安排些小组讨论和自主学习，让学生各抒己见，通过不同观点的碰撞、交锋和适时点拨，促使学生加深对历史问题的认识，或做出合理或自圆其说的解释。

其二，培养学生团队合作精神，正确认识合作与竞争，提升集体创造能力。大学教育往往太过强调个体之间的竞争和个人成就，而忽略了集体创造的重要性。为此，在上课时，需要我们利用所讲史实内容不失时机地加以引导，比如，在讲国共两党合作时，我突出讲到中共所倡导的"求大同""存小异"，以及所坚持的"既合作，又竞争""既统一，又对立"的对立统一原则，让学生从中得到启发，能辩正地对待竞争。另外，我设计了小组讨论，讨论结果由小组推举的发言人代表小组发言，作为平时成绩的依据之一，这样在保证人人都能参与讨论的同时，让同学们认识到集体合作创新的重要性。

其三，培养学生尊重传统的态度，强调人的反省能力是必要的社会变迁动力。漫漫历史积淀出很多传统的东西，需要我们薪火相传，历史学家钱穆说过："没有传统的民族就像被腰斩的民族"，要培养学生公正客观地对待传统，而不是偏激和武断地肯定或否定。反省能力是人必须具备的能力，唯有具备了反省能力，才会乐意面对与接受变迁，认清现在所生活的时空是一种变动的存在，而且是由多种因素所组成的。一旦了解几乎所有的社会人事（社会制度，意识形态，科技发明等）都在一种持续的变动状态中，就比较愿意去反省目前社会的生活方式，而不会认为一切都是一成不变的。有了多种变因观点和反省能力以后，个人在面对快速的社会变迁时，才不会抵触。

需要培养的能力很多，但以上三点在当前的大学生中尤其缺乏，而历史课给了这种能力培养的素材和空间，我们必须很好地利用才行。

三、关注中学历史课改，调整授课重点

随着大学教育由"精英"教育向"大众"教育的转变，大学生已不再是时代的"骄子"、社会的"宠儿"；教师从业资格的获得也不再是师范生的专利，非师范生也加入了竞争行列，然而由于种种原因，中学里历史教师的岗位又少得可怜，因而，相较其他热门专业的毕业生而言，历史专业师范生的就业压力尤其大。如何让我们的毕业生更具"师范"特色、更加"适销对路"成为教师们最现实的考虑，高校教学必须做出调整，以应对中学课改，实现与中学教学内容的对接。中学教改涉及的面很广，中学历史教学改革力度较大，就我看来，以下两点是大学教师在历史课教学时不能不重视的。

其一，强调时序，以补中学历史课程之不足。

如今中学历史教学内容改变了过去按学科体系的编排，改为主题式和专题式教学，这种改变有利于学生宏观和综合地看待和分析问题，对培养学生的抽象思维能力很有帮助，但这种主题式编排内容也带来了相应问题，那就是历史的时序性被抹杀，为此，在高校师范历史教育时就不能再缺失这一块。师范生从教后，在上课时要对之加以补充。但现实的情况是，大学专题史分量与日俱增，一改以往通史独大的局面，这固然是有好的一面，符合中学历史"课改"对专题史的要求；但另一方面，就大学课时毕竟有限而言，过于拓展的专题史的结果是原按时序排列、按学科体系

编写通史的课时一再压缩，通史讲授只能浮光掠影。历史学习如同盖楼，基础知识如同砖瓦，没有砖瓦的大楼只能是海市蜃楼。基础差、基本功差，但思想活跃成了当前历史专业师范生的惯样常态。虽然当前残酷的就业压力无法让历史专业的学生再像过去那样"板凳须坐十年冷"，但历史专业的特殊性还是需要扎实的史学功底，"巧妇难为无米之炊"，光靠活跃的思想也是不行的，四年时间奠定扎实的历史基础还是可以做到的，这不仅关乎历史专业学生的历史学功力问题，更涉及时序感的强化问题，没有了时序感，就没了历史。我们的师范生在这一方面一定不能缺失。

其二，教给学生搜集和解读史料的方法。

学生在思想、能力、个性等方面的发展已成为新世纪教育的追求，教会学生学会学习显得尤为重要，国际21世纪教育委员会向联合国教科文组织提交的报告《教育——财富蕴藏其中》，提出21世纪教育的四个支柱是"学会认知，学会做事，学会共同生活，学会生存"。在历史学科，可将其归结为学会学习历史与学会做人。联合国教科文组织官员埃德加·富尔也曾说过："未来的文盲，不再是不识字的人，而是没有学会怎样学习的人"。

如今指导中学新课改的重要理论之一就是建构主义，按照建构主义观点，知识是发展的，是内在建构的，是以社会和文化的方式为中介的，学习者在认知、解释、理解世界的过程中建构自己的知识，在人际互动中通过社会性的协商进行知识的社会建构。[1] 这种理论强调学习者不应等待知识的传递，而应基于自己与世界相互作用的独特经验去建构自己的知识并赋予经验以意义，为此强调学习的积极性、建构性、反思性、积累性、探究性、社会性、情境性、问题学习，等等。基于这种理论指导下的新课改，诸如情境教学、问题探究式教学、资料研究式教学模式也就应运而生，尤其是资料研习式，因最能体现新改革的主旨，正方兴未艾，蓬勃发展，引入资料让学生独立思考而得出结论的教学模式和学习路径在中学非常普遍，高考的资料分析题也在逐年增加，如今在高考试卷中所占比例已超过70％。鉴于此，在大学历史教育中，要特别关注这一新的动向，强化

---

[1] （美）莱斯利·P. 斯特弗、杰里·盖尔主编：《教育中的建构主义》，华东师范大学出版社2002年版，总序。

对师范生史料搜集和解读能力的培养。资料校勘、训释、解读等这些在过去被视作历史学习的基本功、被列入"小学"之列的学习方法，现在的大学生掌握的是越来越少。因有了网络，学生热衷于直接上网"查"二手资料和直接上网"粘"别人的论点，很少有人愿意运用第一手资料。信息加工心理学家通常把广义知识分为两类：一类为陈述性知识，主要用于回答"是什么"的问题，如"百家争鸣是春秋战国时期的一次思想解放""第一次世界大战爆发的原因是什么"等。这类知识一般通过学习，便能获得和保持。还有一类知识是程序性知识，告知人们"为什么"和"怎么做"，现在所强调资料分析教学模式更多地属程序性知识，它是分析问题和解决问题的能力，即学习能力。在大学历史课程中，很多课程与此相关，比如历史文献学就属于此类知识，它所含着校勘、训诂、文字、目录、版本、辨伪等方面，必须强化这些方面的课程，"授之以'渔'"远比"授之以'鱼'"要强。要切实地交给学生学习的方法，而不是单纯的知识。我们必须清楚地认识到：由于高校教育的大众化，学习技能的传导不再是基础教育阶段的事，高校同样也有方法传输和能力培养的责任。

四、不断反思教学，减少"匠气"

常言道："尊其师，才能信其道。""要给学生一碗水，教师必须要有一桶水。"尤其在高校，要做一位有威信和受学生拥戴的教师必须在专业知识和技能上要努力提高才行。为此，教师应做到以下两点。

其一，不断反思教学。

根据现代教学理论，无论是"优秀教师＝教学过程＋反思"公式还是"教师成长＝经验＋反思"结论，都强调了"反思"对一个教师的重要性。教师是个"活到老，学到老"的职业，教师的优秀与否是个动态的过程。一方面，由于社会发展的不断演进，知识的不断更新，新的教学方法的不断采用，教学环境的不断变化，教学对象的不断更替等方面的变迁和不确定，教学的效果也会有所不同，甚至每堂课的教学效果也会不同。鉴于此，需要教师多做反思。另一方面，教师反思的益处多多。比如：通过反思，及时发现课堂教学中出现的问题，及时纠正，以免再犯；通过反思，不断创新，超越常规教学中对课程内容的机械复制。即使是资深的老教师,反思仍必不可少。只有反思,才能不断进步。

其二,不断拓展知识结构,减少"匠气"。

教师是一种对专业知识水平和讲课技能都有要求的职业。随着教学的日积月累,对讲课的程式、内容的逐渐熟悉,讲课"路数"也渐渐定形,熟练有余、新意不足成为常态。这种"匠气"最容易成为优秀教师的"致命伤",因为教师的职责是"传道、授业、解惑",技能不能代替学识。跟得上时代的步伐,不断地更新知识、创新方法则更为重要。尤其是大学教育,面对的是一群思维活跃、精力充沛并有独特见解和自主意识的大学生,要与学生产生心理"共鸣",让学生接收到更多信息和动力,就需要不断创新。要规避"匠气",可以采用以下方法。

多上新课。通过不断地接受内容不同、层次不同的新课,打破固化了的内容结构和教学;

多读。通过涉猎大量专业和非专业知识,激活灵感和得到启迪。细读精读专业的史学美文经典,博采众长,充实、更新自己的知识库;

常学。不断学习、模仿别人的知识和经验,始终怀有"三人行,必有我师"的心态,把别人好的地方记下来,模仿多了,即内化为自己的东西;

常更新。教案是课堂教学的基础材料,要使所上课程常讲常新,需要经常更新课件,及时将学术界研究的新动态、新成果、新见解补充进去。

总之,我们做教师的必须清醒地认识到:随着现代教学发展的不断演进,教师的角色已非局限于单方面知识的传授,而是转变成为知识的启发者和潜能的领导者。因此现代教师必须认清形势,不断更新教学理念,熟悉且选用适切的教学方法,才能发挥有效的作用。

高校历史专业本科学生培养模式探析

——兼论本科生导师制的利弊

戴 辉

摘要：本文结合笔者数年从事历史教学工作的经验，试图革新高校历史本科学生培养模式。本文首先论述高校历史专业学生培养中出现的问题：毕业论文质量不高，师范基础技能欠缺等；然后指明造成上述问题的学生核心素质的缺乏：实践能力、主动性学习能力以及研究能力等；进而总结高校历史学生培养体系的若干缺点：教育管理机构客观压力（监督体系）的欠缺，学生主观动力调动的不足等。结合笔者所在学院试行的本科生导师制，通过探讨其内容、效果、不足，最终指出高校历史专业学生培养模式需要学校、系院、教师、学生多方面的协调努力。

当今中国高等院校历史学院（系）承担着重要的史学专业研究和中学历史教育人才的培养工作，而历史人才专业素质的高低直接影响中国史学专业科学研究的发展前景，以及中等教育阶段国民历史素养的培育。众所周知，史学对于提高国家凝聚力、解决重大国际问题、发展国民科学文化素养、启迪民众人文意识具有无可替代的作用。可见中国高校历史专业本科学生的培养工作事关国计民生，重要性不言而喻。本文将结合笔者历史教学工作中的经历以及思考，力图革新高校历史本科学生培养模式，并提升其效果。

一、高校历史专业学生培养中出现的相关问题

笔者供职单位的历史专业为省级重点学科，学生大多属于本科第一批次录取，入学前中学教育基础比较扎实，具有较强能力，学风普遍较好。但是通过笔者对近六届学生的课堂表现、课程考核、日常交流、论文指导等方式，发现学生应具备的一些专业素质是有欠缺的。

第一，毕业论文质量总体不高。毕业论文是历史本科学生经过四年学习之后专业基础知识和史学研究能力的总的体现，这往往直接反映其大学

四年学习的效果。其问题如下：（1）论文选题大多未经深入思考，要么欠缺新意，要么过于笼统；（2）缺乏必要的原始史料，使用的数量也较少，甚至少数学生将前人论著混同为史料；（3）对相关主题的学术史缺乏了解，以致结论因循前人，缺乏深度。（4）忽视"论从史出"的研究准则，前人既定的理论框架不经反思、提升便直接套用，史料不过沦为理论的奴隶。此外，专业研究技能而外，学生的文字表述能力也明显达不到应有的水平，论文框架的安排、论点论据的设置，甚至错别字、标点、格式等问题都无法杜绝。

第二，师范基础技能缺乏。笔者供职的院系本科学生大多属于历史教育专业，这意味着大多数学生毕业后将成为中学历史教育的主力军。但根据笔者对于学生教学实践活动的观察，以师范技能为基石的历史教学素养相对缺乏。首先，"三字一话"的师范生基本功不扎实，少数毕业班学生甚至仍然无法通过普通话测试。其次，语言表达能力有待提高，如说话的逻辑性、思路的清晰性，乃至对问题的解读能力都亟须加强。最后，讲课能力没有实践机会。笔者供职的单位具有几十年历史教育专业积淀，有关历史教学教法课程的设置比较完备，但大多数学生直到找工作时才开始了解中学教学的具体要求，非常缺乏讲课经验。

除了以上直接反映学生能力的两个方面之外，笔者在平时的课堂提问、讨论以及期中、期末考试当中也发现诸多问题。如课堂提问，学生往往翻教材念书，缺少必要的复习预习；课堂讨论大多没做课前准备，照本宣科，而对相关领域研究一知半解乃至缺乏了解。考试复习多考前临时突击，造成基本知识面狭窄，常识性错误屡见不鲜，主观题成为教科书的翻版。课程作业以拼凑成文的情况居多，而往往缺失独立的思考和深入的钻研。

二、高校历史专业学生核心素质的缺失

上述种种问题不能从整体上否定高校历史教育专业学生的史学研究能力、历史教学能力的培养机制，而亟待解决的则是他们某些核心能力的培训。

第一，实践能力。虽然接受了史学方法、历史文献、史学论文撰写等

研究性课程以及中国通史、世界通史等史学基础性课程的教育，但学生仍比较缺乏学术研究的实践。仅就撰写学术论文而言，尽管大多数专业课程都以论文作为成绩考核标准之一，但很多学生平时的课程作业往往拼凑成文，质量不高，甚至他们大学时期写过的真正意义上的论文就是最终的毕业论文。只有少数学生可以通过选题、搜集史料、完成论文这样系统的研究过程，从而培养自身科研能力的学生尚属少数。同时，学生的中学历史教学实践也比较缺乏。除了大四学生参加的教育实习外，大多数学生平时很少参加与中学历史教学相关的实践活动，他们既不熟悉基础的备课、讲课技巧，也不了解中学教育的特点，因而毕业后他们需要很长时间才能掌握必备的技能，积累教学经验。不管是史学学术研究还是历史教育技能，没有实践的配合，理论学习只能成为学生敷衍考试、应对毕业的无本之木，死记硬背的专业知识也很难留下深刻印象。

第二，主动学习能力。由于高校学生成绩评定标准的宽松，学生不需要花费太多的时间和精力就可以通过考试，获得相应学分。这样造成学生学习积极主动性整体偏弱，那些无人监督、评定的学习任务如课外复习、预习，阅读课本以外的相关研究论著，历史教学技能的锻炼等往往失去应有的重视。尤其在考验学生学术研究能力的论文撰写上，问题多多。如笔者曾经发现学生撰写论文时"写中国史的不看古文史料，写世界史的不看外文史料"的现象。史料是历史研究的根本依据，研究者应以"竭泽而渔"的态度广泛搜集，但学生大多追求省时省力，不愿看原始资料，甚至连本校图书馆馆藏资料情况都不甚了了，更不用说通过搜集整理史料深入研究。总之，主动锻炼自身科研能力和教学能力本应成为学生在大学教育各阶段的重要内容，但目前由于主、客观等因素制约，长期的能力锻炼实际上被"临时抱佛脚"的突击行为所取代。

第三，研究能力。研究能力本是高校历史教育的题中应有之义。但目前历史专业学生的学习方式大多仍然停留在中学死记硬背的层面。笔者在平时教学工作中，发现学生往往注重书面考试的考点，忽视专业能力的培养；注重教材知识，忽视前沿研究；注重因循旧有模式，忽视转换研究角度。此类问题显然不能单纯归咎于课程设置和理论传授的欠缺，更重要的显然是学生研究能力的培养。从平时课堂讨论、课程作业以及毕业论文的情况而言，学生显然还没有从掌握基本知识点的低级学习上升到利用基础知识进行专业分析的高级学习。

必须强调的是，研究能力的培养并不只是学生从事史学研究的基础，它也为学生从事中学历史教育提供必要的培训。当前的中学历史教育体制更强调培养中学生的综合素质和能力，其理论导向整体趋向更新、更多元、更有时代感。同时在网络迅猛发展、经济高速运行的今天，中学生素质也有很大提升，拥有更大的知识储备，思维活跃，富有创新意识，他们不再满足课本有限的内容，这也对当下中学历史教育提出更高要求。这些都需要高校历史教育加强对于未来中学教师研究能力的提升。

三、高校历史专业学生素质培养体系的问题

高校历史专业学生某些核心能力的缺失，不能仅仅归咎于学生自身，它说明我国人才素质培养工作、高校教育体制等方面还存在种种不足。我们需要从下自学生上至高校教育体制等诸多层面去找原因，对学生积极主动性、教师教学方法、院系班风建设、高校教学管理体制乃至社会对高校历史学的认识等方面具体考察问题所在。

在学生学习积极主动性的调动上，我们需要从学校、教师、班级、学生自身角度上找不足。学习积极主动性需要客观压力和主观动力两方面共同协作。

第一，教育管理机构客观压力的缺失。中国的高校教育管理体制和高考制度决定了高校人才培养的"严进宽出"模式。通过高考千军万马过独木桥式的严苛考验后，学生往往不再愿意保持中学时期紧张的学习生活节奏。而中国高校教育管理尚未建立起以人才素质培养为核心的成熟模式。因而高校教育承担培养学生劳动能力并最终融入社会的核心任务，但实际上被简化为通过基础知识的考试，获得文凭。

就考试而言，高校学生的考试体系主要以理论和基础知识为中心，以教材为主要考试内容，同时教师往往给出复习提纲或划定复习范围。这样的考试方式有利于突出重要的基础知识，但显然不利于学生对本专业广博知识面的掌握，同时更重要的是对学生思维方式、研究能力等方面的培养效果不明显。虽然论文是几乎所有课程的主要考核方式之一，但学生拼凑

成文的情况比较多见，有的甚至连论文撰写的基本程序也不熟悉。因而更高层次的研究能力无法得到锻炼，学生仅仅在脑子里留下一些零散的知识点。

就教育管理体制而言，大多数高校学生并不担心学分不够以致无法正常毕业、获取学位。这也使学生的学习态度、考试成绩、论文质量等方面有明显下降。前述问题不仅源于考试制度问题，更因为学校、院系乃至班级没有一个良好的教育监督管理氛围和体制。作为教育管理主体的学校、学院，最大压力在于毕业生的就业问题，因而提高学生考试、毕业论文答辩的难度与前者之间存在矛盾关系。加之着眼于学生研究能力、思维模式等高层次能力的考核体制建立和完善难度较大，历史作为人文学科，其研究方法和观点往往见仁见智，很难确定统一的评价标准。这必将是我们未来探讨高校历史人才培养体制的重要课题。

第二，学生主观动力的调动。学生的积极主动性不仅仅来自严格的高校教育考核、监督体系的约束，更需要班级乃至学校等多方面共同协作，塑造积极向上的学习氛围以及良性的激励机制。

高校教育的核心在于任课教师，他们不仅为学生传授专业知识，培训专业技能，更通过言传身教引导学生树立正确的学习态度，养成良好的学习习惯，帮助他们做好研究规划，乃至人生规划。这无疑体现高校教师独有的优势与价值。但由于当前教师考核机制和职称评定体系更侧重科研成果，这使得应以教书育人为本的高校教师不但没有足够的时间和精力培养学生的综合素质，甚至连基本的备课、讲课质量都开始下降，更不用说指导学生进行学习、研究，以及人生诸多层面的规划。因而课堂之外，没有学习积极性的学生与忙于科研的老师之间失去应有且重要的交流。近年来，笔者供职的学校在综合各系院毕业生对各自专业教学工作的满意度数据时发现，历史系的评价在全校排名开始走低，这与向来重视师生交流以及教学质量的院系传统相悖。所以，虽然学生掌握了有限的基础知识，但其实丧失了高校教育最具价值的部分。

教师教育固然是高校历史学生最重要的内容，但由于前者与学生接触的时间非常有限，因而建立一套学生素质培养的长效机制尤为关键，班级管理、班风培养意义重大。据笔者数年教学中的感受而言，班风建设较好的班级中绝大多数学生学风端正，课堂内外与教师的互动更为积极主动，最终学生毕业后个人发展也更为顺利、成功。但就当前历史专业的班级而言，成功的例子并不多，甚至总体而言学生素质有下滑趋势。这一点实际上与班级直接管理者——班主任（辅导员）的经验、责任心的差异直接关联。而就当前教育管理体制而言，由于教育产业不断扩大，招生规模连年递增，一位辅导员担任多个班级班主任的情况屡见不鲜。班级管理本身具有重复琐碎、工作量大、人群复杂等特点，这使得班主任工作难度和压力日趋增大。但另一方面，学校、系院的教育管理体制欠缺对班主任工作的保障和奖励，这使得班主任的付出与收获不成正比，一定程度上影响了他们的工作积极性。因而依托班主任这一基础建立的班级建设无法始终保持一个较高水准。十年树木，百年树人，没有一个良好的班级氛围持续性地引导和激励，学生素质培养自然缺少一个必需的推动力。

第三，教师教育、班级建设都需要学校、系院的相应政策和体制支持。目前在国家教育政策和制度指挥棒的引导下，学校、院系显然侧重点在扩大教育产业规模，提升高校科研成果数量和质量等方面。因而在教师职称评定和工作奖惩方面显然更强调科研，而忽略教学。教学质量高低难以计入职称考评体系，或者只有量的要求而无质的标准，这也导致教师队伍对待教学的态度日趋低落，教学质量开始下降。学校、系院对辅导员和班主任工作的考核体系中也缺乏应有的重视和适当的待遇提升。另一方面，学校、系院对于学生学习积极主动性的调动上也需要建立更有针对性、更具整体性的体制。在国家、学校以及社会各阶层对高校教育的重视下，当前各种奖学金、助学金、助学贷款包括勤工助学等奖励辅助体制日趋完备，但如何在制度层面上整体提升学生的积极主动性，我们也许有更长的路要走。

四、高校历史专业学生素质培养体系的尝试——本科生导师制的效果与不足

针对上述问题，为提升历史本科学生专业素质，笔者所在的系院曾尝试使用本科生导师制，力图推进高校历史专业学生的教育质量。

首先，师生结对关系的达成。历史专业学生按照平时成绩高低进行排

名，选取前十五名作为培养人选。指导教师由历史系拥有高级职称或博士学位者组成。学生根据自己的学术兴趣提出方向志愿，导师根据自身专长提供培养方向，采用双选原则，师生双方结成指导与被指导的关系。

其次，导师制的具体运作。作为本科生导师制的规划者和监督者，学院出台相关制度，规定导师承担自己主管的学生的专业指导和素质培养等相关任务，规定具体的指导课时数量，要求导师提供辅导记录，并给予导师相应的课时补贴；将学生享受的指导权利与其学习成绩排名挂钩，督促其不断提高学习成绩，对于成功发表省级以上论文以及读研的学生及其导师给予奖励。

导师是这套体制的具体实施者，负责制定所主管学生的具体辅导计划。内容包括提出参考书目供学生阅读，通过读书报告、定期讨论监督学生的自觉学习；帮助学生制定具体学术研究计划或申报学校、学院相关学术课题，随时提供专业指导；指导学生撰写专业论文以及毕业论文，力争发表相关成果。

学生是本体制的主要受益者，在导师指导下进行专业素质的培养，完成导师指定的书目阅读，撰写读书报告，参与导师组织的每一次讨论会。同时，学生还要保证自己专业课程考试成绩位于全班前列。此外，学生应该积极主动地与导师沟通自己学习、研究中遇到的问题。

以上学院、导师、学生三方面是导师制的直接相关者。除此而外，教研室的作用也比较重要。它在一定程度上是学院规划和监督体制的延伸，另一方面它直接接触基层的导师与学生。教研室通过定期组织活动，将本室导师和学生集中起来进行交流活动，既可以由教研室主任监督导师、学生履行各自义务，也可以推动学生接触同专业不同导师的方法和风格，丰富专业培养内容。

学院尝试本科生导师制持续两年时间，制度构建的意图在于将导师与学生密切联系在一起，通过类似硕博士培养的方针，将学生素质培养与导师专业经验挂钩，力图推动高校历史专业的教育质量。笔者通过亲身参与导师制的实践，感受到这套体制取得一定效果。

第一，学生的学术兴趣明显提升。在导师辅导下，他们接触到课堂教学以外更大的专业领域，开阔了学术视野。

第二，学生的毕业论文质量明显提升，这得益于导师制将论文选题和前期研究与辅导相结合，因而参与导师制学生拥有远比其他学生更多的专业指导和准备时间。笔者指导的学生参加某重点大学考研复试时，曾有面试老师表示对其论文的选题和框架十分满意。这在一定程度上反映导师制对论文质量的积极效果。

第三，学生的学术实践明显增加。在导师的激励和帮助，以及导师制的监督下，学生申报院系课题立项的数量和质量明显增加。由于导师负有学术研究指导的义务，学生可以方便地得到导师学术上的点拨，这有利于督促学生在具体课题研究指引下积极主动地进行学术研究。

必须看到，我院实行本科生导师制后，在学生素质培养上有了显著进步，但距离解决前述问题显然还有不小的差距。通过总结自己参加的本科生导师制相关教育指导工作，笔者认为这套制度仍然需要弥补如下缺陷。

评价导师指导工作质量高低的适当标准仍未确立。这一问题在制度提出初期便曾引发学院领导层的讨论，其间曾经以论文发表或学生考研成功等标准衡量导师工作。前述标准好处在于易于量化，能清楚直接显示学生的水平的提高。缺点也显而易见，不同老师拥有的学术资源不同，无法保证学生论文发表量；而考研也早就不再是大多数历史专业本科生的选择。但衡量导师指导工作质量的标准问题的确事关这套体制的最终效果。据笔者了解的情况，一些教学、科研压力大的青年教师或科研任务繁重的资深教授，平时很难保证有充足时间辅导学生，甚至个别导师无法保证学院所规定的指导课时。学院虽然规定用辅导记录监督导师们的工作，但由于辅导记录不能完全反映辅导工作本身，以及监督机制不具约束力，因而无法监督导师制的实行，因而导师的指导工作质量高低不能得到充分体现，其工作积极性也受到影响。

学生的积极主动性并未充分调动。对学生而言，导师制最大的好处是用制度的形式为学生确定具体导师指导其学术研究工作，一定程度上拉近了师生的距离。但其缺点在于没有提供更完备的监督激励机制。除了导师的指导外，导师制很大程度上需要依靠学生学习的自觉性。相对其他学生，参加导师制的学生学习积极性相对较强。但具体到要求较高的学术研究领域，学生往往会出现畏难情绪或敷衍态度。如查找史料，他们更喜欢看现代出版的横排的资料，倾向于使用电子方式可搜到的资料，对不易搜索书目的大型丛书则不了解使用方法，愿意使用普通书库的资料而忽略专业特藏书库的资料，等等。这些问题显然主要由于主观能动性的缺少以及监督机制的缺乏。这样往往造成学术素养高的学生进步较大，但大多数学生进步较小。

导师制选拔培养对象的标准也不够适当。入选的学生大多在基础知识的书面考试成绩上表现优异，而这与学生学术研究素质高低并没有直接关系。很多拥有学术研究潜力的学生在平时考试中并不是佼佼者，所以无法进入到导师制的培养体系。而某种程度上，导师专业而具有深度的教育指导，对后者的影响更为明显。一些具备参加导师制条件的学生在学术研究上的兴趣不够浓厚，学习积极性也显然不足。但如果抛弃当前考试成绩这一标准，我们又无法公平公开地做好学生选拔工作。

导师制无法适应更大范围、更多教育技能层面的素质培养工作。由于师资人员数量和质量的限制，导师制主要关注少部分学生的素质培养，而无法照顾全体学生素质培养的要求。而后者应该需要我们更多的重视。在当前导师自身科研、教学工作日益繁忙的情况下，增加更多教育工作显然没有足够的空间与时间，实现难度较大的学生素质教育则更加困难。同时，导师制主要针对学生学术素质的培养而设定，但大多数学生并不将学术能力作为其关注重点，就业反而是他们更关心的问题。因此，对于师范生应该具备的教学技能，我们需要从制度体系上给予更多重视。

五、高校历史专业学生培养模式的思考

综上所述，高校历史专业学生综合素质的培养需要学生、教师、学院、学校共同的关注。

第一，学生必须要深入了解自身专业教育的独特价值，重视大学教育的意义，并贯彻到自身的学习中。大学教育是学生迈入社会前重要的知识积累、能力锻炼的第一阶段。但由于严进宽出的高考制度，大学生往往放松了自我要求，教育制度管理的宽松与考试体制的简单无法保证他们学习的积极主动性，即便在课堂教育中也往往有学生专注于手机游戏或其他书籍，错过接受专业教育的宝贵时机。因而学生要以学术研究的态度，在专

业教师的引导下系统掌握专业知识，了解史学发展的前沿理论，用史学审视过去，关注当下，增强专业学习兴趣。

第二，教师必须严格履行教育职责，遵循"传道授业解惑"的传统师德。在当前的教师考核体制和职称评定体制下，教师的工作中心大多转移到科研方面，这极大挤压了教育工作的空间。在适当调适教育体制的同时，教师应该以教育为本，坚守本职工作。课堂教育质量需要进一步提升，毕竟这仍然是学生接受知识传授的主要途径。为了改善课堂教育质量，教师不仅要做好备课等基础工作，还要想方设法吸引学生兴趣，如教学手段的多样，使用翔实而生动的资料如视频、图片、表格等丰富教学内容；解释基础知识时，坚持历史与现实的密切结合，口头表达使用鲜活、时代感强的词汇等方式拉近与学生的距离；引导学生从研究的角度进行学习，如采用课堂讨论，引入相关领域的前沿研究，拓宽学生的学术眼界，对经典理论模式批判地继承；考试考查项目的设定，必须以考查专业能力作为标准，尽量减少单纯的基础知识点的考试。

第三，学院作为学生具体的监督管理者，必须坚持以学生素质培养为本，严格学生成绩考评体制，切实保障学生理论知识与实践经验的双重培养体系。系院是学校制度甚至是教育体制实施管理监督职能的基层组织，它们承担制定合理培养体系、实施严格监督的重要任务。当前历史学相关院系需要构建一套完备的培养体系，既要兼顾理论学习与实践经验的培养，又要保证学术研究和教学技能的训练，严格实施学生日常操行与科目考试的监督考查机制，建立学生学术研究的合理激励机制。

班级是学院监察管理权力的延伸。作为主管者的班主任作用尤其重要。优秀的素质可以推动学生自身的进步，而优秀的班集体可以推动大多数学生的共同进步，这一点已经被经验所证实。对于班主任教育管理经验的积累，学校、学院既要出台相关奖励机制予以足够的重视，也要提出一系列培养计划，帮助班主任尽快适应并乐于从事积极向上的班风塑造工作。

第四，学校是教育政策的具体制定者，它可以在制度层面更广泛而深入地影响大学各方面。（1）学校应该通过改善教师工作考核机制和职称评定体系，对教学工作的质量给予高度重视，充分保障教师对教学工作的时间和精力投入。（2）学校应该针对学生综合素质培养出台一系列激励机制，通过奖励、科研立项、奖学金等切实保障学生进行学术探索、社会实践、教学实习。同时也应该对学生考试考核严格进行监督，狠抓学风建设，提高毕业生质量。（3）对于大多数即将从事中学教师职业的学生，学校应该整体性革新学生师范技能的培养，建立完善的教学实习基地，从而立足根本，舒缓上自学校下至学生都格外重视的毕业生就业压力。

文化产业管理专业特色建设与创新研究

朱锦程　王蕊

摘要：文化产业管理专业作为国家振兴文化产业背景下应运而生的新兴应用型专业，其专业建设思路和特色发展模式始终受到国内高校和产业界的密切关注。本文试图通过探索江苏师范大学文化产业管理专业特色建设的背景、内容和改革方向，为国内文化管理类专业的创新发展提供些许借鉴与参考。

基金项目：本文为江苏师范大学2008年度教育教学研究课题"文化产业管理专业特色建设与发展研究"的结项成果。

一、文化产业管理专业特色建设背景分析

江苏师范大学文化产业管理专业隶属于历史文化与旅游学院。近年来，文化产业在理论探索和实践发展等领域取得飞速发展，国家各级政府给予了全方位的支持。尤其是随着文化产业上升为国家新兴战略性产业，以及江苏省"文化强省"战略的提出，文化市场对专业人才的需求与日俱增。在此背景下，2006年，徐州师范大学历史文化与旅游学院在省内率先开办了"文化产业管理"全日制本科自学考试主考专业。在积累一定的办学经验和逐步完善教学条件的基础上，学院充分挖掘历史学、旅游管理专业的教学资源，有效整合广告学、新闻学、传播学等校内教学资源，2007年，成功申报了全日制本科专业，成为全省第一家全日制文化产业管理本科专业。根据江苏省统计局2012年刚刚发布的统计数据，2010年江苏文化产业法人单位从业人员为111万人，比2009年增长了1.75%，表明江苏文化产业继续在全省新一轮经济发展中发挥着重要作用。当前，创意经济、会展产业、文化商务等新兴产业门类增长迅速，市场份额占到江苏文化产业产值的三分之一强，但是市场急需的创意、策划、咨询和服务等创新型文化产业人才极度匮乏。如何围绕省内文化产业的优化布局，将专业特色建设与新兴文化产业的人才紧密结合，是专业建设必须深入探索，并

且亟待解决的问题。

2011年5月，本专业以高分顺利通过江苏省本科学士学位评估验收，以此为契机，以朱锦程、王蕊等专业教师为核心的项目团队在校级教育教学研究课题"文化产业管理新专业特色建设与发展研究"的支持下，通过修订人才培养方案，优化人才培养方案，探索专业特色建设。

二、文化产业管理专业特色建设的核心内容

（一）提升专业目标

自江苏师范大学文化产业管理专业开办之日起，学校和学院就将该专业列为重点建设与发展的专业之一，2012年在学校的大力支持下，经过积极努力，该专业与历史学专业组成的历史学专业类被评为江苏省"十二五"重点建设专业类。在此基础上，提高专业规划标准，按照省级特色专业标准进行建设，并将专业建设目标明确为：2013年将专业建成校特色专业，并按省级特色专业标准进行建设，力争在2020年左右将本专业建设为省级特色专业。围绕上述总体目标，学院确立了"打牢基础、突出特色、加强协作、提高质量"的办学思路，即打牢学科、师资队伍和办学设施三大基础，在人才培养模式方面争创特色，加强与文化管理部门、特色文化企业的协作，培养专业服务地方发展的能力，全面提高办学质量和办学水平。其最终目标是把培养社会需要的高素质、复合型人才作为根本任务。强化学生创新意识与实践技能，通过专业培养使学生达到"五个一"的标准，即："一个宽阔的文化背景，一组熟练的操作技能，一项深入的研究课题，一件成熟的策划案例，一种强烈的创新精神。"

（二）创新办学模式

与地方建立专业合作共建关系。一方面专业办学优势能够服务地方经济建设，对于徐州市传统粗放型产业结构向文化创意产业的转型升级起到一定的推进作用；另一方面拓宽了专业办学思路，将专业教学、科研主战场从高校延伸到地方实践领域，专业建设彰显"校地合作"的新型办学模式。在"校地合作"的办学模式指导下，2010年下半年，学院与淮海经济区首家文化创意产业园区——徐州创意68文化创意产业园区签订专业合作共建协议。先后与新华报业集团广告公司、江苏光线传媒有限公司、徐

州文化产业集团公司、徐州文化产业创意园、创意 68 文化创意产业园等省内有影响的文化企业、文化产业园区等 10 家文化企业（园区）签订实践基地协议，建立了长期、稳定的实践基地，满足了实践教学和实习要求。2009 年，在徐州市文化广电新闻出版局和徐州市文化产业集团公司的大力支持下，依托本专业建立了校级研究基地——徐州师范大学苏北文化产业研究中心；2010 年 6 月，与江苏省节庆协会合作，依托本专业建立了校级研究基地——徐州师范大学中国节庆产业研究中心，学院参与举办了江苏省首届"节庆产业"研究论坛。2010 年 9 月，与校属大学科技园（文化创意产业园）合作，在园区设立了校级重点人文社科研究基地——汉文化创意研发中心。

（三）优化人才培养方案

修订后的人才培养方案立足于江苏文化产业布局和产业需要实际，重点关注文化遗存、创意产业、传媒产业、会展产业和收藏产业为核心的江苏支柱型文化产业门类，形成以"创意、策划、营销、管理"为指导思想的培养特色。人才培养方案的创新之处在于形成以模块化课程体系作为方案构建的支撑体系，强化实践教学与模拟。改革后的人才培养方案设置四大课程模块：人文素质基础模块，通过强化人文素质，为学习高年级设置的关键岗位能力模块课程和专门化综合素质模块课程奠定坚实的理论基础；创意与策划能力模块，具有较强的项目推广创新思维和实践动手能力，培养学生具备独立设计创意文案等操作能力；营销能力模块，使学生初步具备文化产品的营销能力和文化项目的推广能力；管理能力模块，作为专业理论和方法部分，帮助学生了解、熟悉我国当下和未来的文化产业运营流程和模式，初步具有现代管理理念、管理方法和企业运营能力，具备较强的组织部门领导力和岗位职能执行力。

根据产业需求，辅以经济学、传播学、营销学、艺术学、考古学等相关支撑学科，形成多学科交叉融合的应用型专业，培养理论、方法与技能兼有的复合型人才。为了充分体现上述人才培养方案的指导思想，专业的课程结构主要体现在三大板块，即基础性课程，包括管理学原理、文化学概论、中国传统文化、文化资源学等；理论性课程，包括文化经济学、文化传播学、文化投资学、文化政策与法规等；实践性课程，包括文化产业创意与策划、传媒经营与管理、文化市场营销与管理、文物鉴赏与流通等。同时，依托"老字号"电子杂志实践教学创新平台，整合课程设置和教学内容，在专业教师指导下，学生独立开展调研、创意、策划等实践教学活动，实现课堂与实践的结合与拓宽。课程结构反映了人才培养方案在夯实学生专业基础知识和人文素养养成的同时，强调专业理论、分析方法与岗位技能的融会贯通。在此基础上，本专业人才培养方案反映出的专业特色是：课程设置有效接轨区域文化产业布局，实践课程教学手段合理规范，学生服务地方模式创新，人才培养凸显"创意、策划"两大特色。

（四）强化实践教学

在"校地合作"的办学模式下，按照地方发展的要求安排和创新实践内容，让地方来检验实践创新结果，以实践创新结果服务地方，从而进一步强化和保证实践教学的效果。根据徐州市传统文化"墙内开花墙外不香"的尴尬现状，与徐州报业传媒集团合作创新实践教学模式，设立文化产业管理专业本科生"老字号"电子出版物实践教学创新平台，对徐州市具有独特优势的汉文化资源、彭祖养生文化等特色传统历史文化资源及产业化现状进行问卷访谈及实地调研。在此基础上着手具备可行性的文化项目创意和策划，以期能够让具备产业化价值和开发前景的地方优秀传统文化资源再放光芒。实践教学由专业老师指导，由学生自主负责的创意、策划团队承担刊物的设计与制作。目前第一期"饮食文化专题"已经完成，充分体现出学生的创新能力和实践能力，反响较好。其间，专业老师结合相关课程教学，组织学生利用暑假分组围绕本地区饮食文化领域的"中华老字号"进行专题调研，并安排学生利用PPT在课堂进行讲解和点评，吸引学生积极参与，效果极好。任课教师结合课程教学，组织学生进行社会调研或案例搜集，为实践教学积累了丰富的素材，同时得到了企业的认可。目前正在准备通过徐州报业传媒集团旗下的《徐州日报》《彭城晚报》《彭城周末》等地方性传媒刊物进行推广。与此同时，本专业与江苏省节庆产业学会合作，建立江苏师范大学校级重点研究基地——中国节庆产业研究中心。针对徐州本土发展起来的节庆"彭祖伏羊节"遇到的瓶颈，专业教师以该中心的实践教学资源为平台，通过指导学生参与"徐州伏羊美食节"等区域重要节庆活动的调研，使专业学生成功申报并获得2011年江苏省大学生实践创新课题。研究结果将直接反馈到"伏羊节"举办组委会，为节庆更好地发展做出贡献。2014年以来，本专业结合校新一轮人才培养方案修订，并结合文化市场的人才需求现状，将专业特色凝聚为"影城剧院、策划咨询、会展节庆"三个重点培养方向，通过大力提升实践教学课时数（占总课时的15％左右），强化实践能力的训练，并且与徐州音乐厅、徐州艺术馆和徐州国际会展中心等行业知名企业建立专业合作共建协议，聘请一批业界专家担任文化产业管理专业专家指导委员会委员。

三、文化产业管理专业建设改革方向

（一）加大课程建设和教学研究力度

从2013年开始，在已通过验收的校级重点课程基础上，着手启动校级精品课程申报的前期准备工作；结合《文化产业政策与法规》校级重点课程立项，加强与徐州市文广新局相关职能部门合作，根据教学要求安排文化产业管理部门工作人员从政策解读、案例分析和实地考察等角度来强化实践教学内容，依托"天空教室"网络教学平台建立师生之间的远程补助性教学，如案例指导、答疑互动、作业督导等；完善"老字号"电子出版物实践教学平台建设，实现定期出版，确保制作团队基本成型，作为实践教学的优秀团队，为未来几年内申报校级教学成果奖打下扎实的基础；加大实践教学比重，增加《会展策划与营销》《品牌策划与推广》《平面设计基础与实践》《文化产业职场模拟与训练》等关键岗位技能课程的实践教学课时，尤其是加入反映地域特色文化的《徐州非物质文化保护与开发》等特色实践课程，并强化与江苏幸福蓝海影视集团、江苏光线传媒有限公司、徐州报业传媒集团、徐州市奇石文化市场等行业知名文化企业的合作，拓宽实践教学模式，将理论讲授、案例分析、网络互动、实地访谈、头脑风暴、分组讨论、现场讲解等多元化实践教学方式有机结合，完善学生的实践能力训练。

（二）推进校企深度合作

将校企之间传统的实践教学延伸到实践研究，实现深度合作，提升实践层次。未来三年内，拟在现有的十余家教学实习实践基地基础上，增加7～8家业内有影响的就业实习合作单位，举办首期"创意、策划实践大讲堂"活动，拟邀请徐州报业传媒集团、徐州音乐厅、徐州创意 68 文化产业园区、徐州老街坊历史文化街区等各行业的精英开设关于文化产业行业动态介绍，以及典型案例的创意、策划专题讲座等，启发和引导学生的创意思路和研究视野；组织学生结合暑期社会实践活动和体验式实习、专业见习等实习项目，进入徐州创意 68 文化产业园区、徐州曹氏香包、徐州张伯英艺术馆等不同类型的文化企业进行专业实践和项目调查，并以调研报告为基础整理、积累文化产业实践教学典型案例。

（三）探索创新性实践教学模式

为了使毕业生适应市场需求，新的实践教学模式主动接轨区域产业布局，将服务江苏、服务淮海经济区，主动对接区域产业布局作为人才培养的根本出发点。概括来说：一是常规性试验抓基地。通过加大实践教学力度，完善教学实习方案，完善、健全常规性实验所必需的实践教学基地，打通学校到社会的实习通道，改革传统以学校教学为主体的单一人才培养模式，构建复合型人才培养模式。结合实践教学计划，有效利用专业实验室——文化创意工作室，推动师生利用工作室的优质教学实验设施，将传统课堂教学延伸到工作室，形成启发式、研讨性的教学团队效应，形成开放、创新的实践教学模式。二是进一步密切校企合作，缩短学生从学校到企业的适应时间，强化学生的实践技能。通过开办"企业冠名班"等方式，选择典型的行业领先企业，以冠名的方式对特殊人才需求进行订单式培养，实现专业培养与市场需求的无缝对接。企业冠名班的教学内容将与企业共同探讨，由企业管理人员定期进行现场实践教学，使学生更好地了解该行业的具体运作模式，掌握相关实践技能，从而在毕业时成为更加适合该行业的实践型人才。

我国高校旅游管理学生专业满意度调查研究

——以江苏师范大学旅游管理专业为例

张红霞

摘要：专业满意度是高校学生对所学专业所持的总体情感态度，不仅影响学生专业学习积极性，同时也对学生的就业选择有较大影响。本文以江苏师范大学旅游管理专业学生为例，在调查学生专业满意度现状的基础上分析原因，并提出其可行性对策，以期对我国高校旅游管理学生专业满意度的提高有所助益。

基金项目：江苏师范大学实验建设与管理研究课题（L2011Y101）。

近年来，在快速发展的旅游产业推动下，我国旅游高等教育发展非常迅速。统计数据显示，截至2011年年底，全国开办旅游专业的高等院校达到1115所，在校生数达59.98万；2011年全国旅游高等院校毕业生总数达15.97万[1]。虽然旅游人才供给逐年增长，但近年来旅游管理专业本科生行业内就业率却持续走低。造成这一问题的原因有很多，其中学生的专业满意度是非常重要的影响因素之一。

专业满意度是指学生对学习和生活等方面一种带有情绪色彩的总的看法[2]。它是学生在使用接受高等院校提供的教育服务等项目而满足其需求的过程中所产生的主观心理感受；是学生在接受学校所提供教育服务等项目后的感知质量与自己预期进行比较的过程中产生的[3]。对旅游管理专业学生的专业满意度进行调查研究，一方面可以把握学生学习的主观心理；另一方面可以了解学生对于学校教学安排等方面的建议，有助于更好地开展旅游教育。本文在问卷调查的基础上，对旅游管理学生的专业满意度现状和存在问题进行分析，探讨原因并提出对策，以期为更好地开办旅游高等教育提供参考。

一、研究思路

江苏师范大学历史文化与旅游学院下设旅游管理系，2002年开始招收旅游管理专业本科生，属于二本招生。同时学校科文学院每年三本招收旅游管理专业一个班级和旅游管理专转本一个班级。为了全面掌握江苏师范大学旅游管理专业学生的满意度状况，笔者自主设计了专业满意度调查问卷并进行抽样调查。

（一）问卷设计

专业满意度问卷内容包含五部分，总计25题。第一部分为学生基本信息情况，包括性别、年龄、年级等；第二部分为入学前情况，包括专业填报意向、专业认知、专业选择原因等；第三部分为教学体系、课程设计及师资满意度等；第四部分为就业前景预测与满意度评估；第五部分为开放部分，由学生列举提高专业满意度的措施。

（二）样本选择

笔者于2012年9月分批次抽取江苏师范大学旅游管理专业多个班级，遵循自愿同意并且匿名的原则对学生进行了专业满意度问卷调查。调查都选择在独立的教室进行，采取当场发放问卷、当场回收的方式。共发放问卷245份，收回问卷241份，其中有效问卷238份，有效率98.8%。被调查学生的年级分布随机，其中大一占19%、大二占21.5%、大三占39.7%、大四占19.8%。调查获得的数据，运用SPSS19.0进行分析，数据处理结果为：问卷总体克朗巴哈系数（α）为0.856，表示量表可信，数据可靠。

二、专业学生满意度现状

以问卷调查数据为依据，从总体专业满意度、教学条件满意度、课程设置满意度和师资水平满意度等方面分析旅游管理学生的专业满意度。

（一）总体专业满意度一般

总体满意度是被调查学生结合自己在校的学习、在社会中的实践以及旅游业的特点，对旅游管理专业的满意度做出的评价。从图1可以看出，半数以上学生对旅游管理专业的总体满意度趋于一般，满意的学生仅占26.9%，还有22.3%的同学对专业不满意。对调查结果分年级进行对比分析发现，旅游管理本科生对该专业的满意度随着学习时间的增长、认知的透彻、思想的成熟，热爱程度却随之降低，这一现象令人深思。

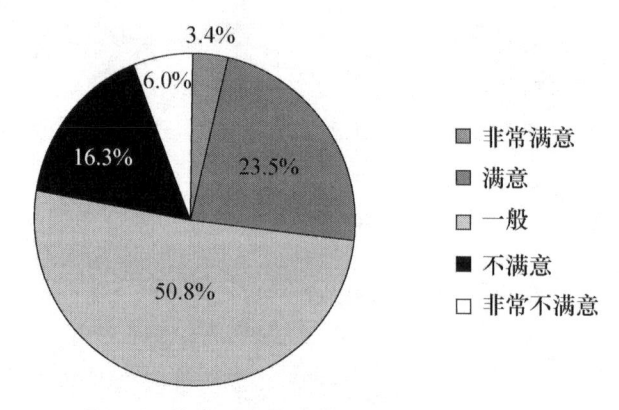

图1 总体专业满意度分布图

（二）教学条件的总体满意度低

调查表明教学条件总体满意度较低，不满意的学生占59.3%；认为教学条件一般的占30.3%；较为满意的仅占到10.4%。说明旅游管理专业提供的教学设施设备不够健全，尤其是实践教学条件相对简单，这也是众多开设旅游管理专业的本科院校的共性问题。

（三）课程设置满意度偏低

课程体系设计得合理与否，直接影响着人才培养的优劣。调查显示，旅游管理专业学生对院系专业课程设置的满意度偏低，其中非常和比较满意的占32.3%，认为课程设置一般的占51.4%，其余26.3%的学生对课程设置不满意。

（四）师资水平满意度不高

从调查结果看，学生对教师教学水平满意度较低，非常满意的学生约占2.3%；比较满意的占25.6%；而一般为60.5%；对师资水平不满意和非常不满意的学生为11.6%。师资水平满意度不高在我国开设旅游管理专业的本科院校较为普遍。我国本科院校多重视教师的学历和职称，而忽视教师的实践技能。旅游管理专业实践性强，而教师日常以理论研究和理论教学为主，没有行业实践经验，必然会导致授课效果不好、师资满意度不高。

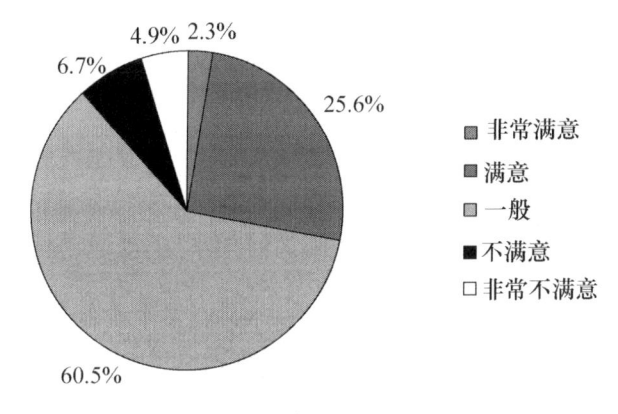

图2 师资满意度分布图

（五）就业前景满意度一般

对就业设想的调查结果显示旅游管理专业的就业前景不被看好。认为就业前途光明的占 11.2%，他们充满信心，相信自己在旅游业将拥有属于自己的一片蓝天；有 55.2% 的人想先尝试一下，不适合再考虑其他行业；有 17.2% 的人对旅游业不抱希望，直接从事其他行业；还有 16.4% 的人对于旅游业的就业前景并不看好，认为前途渺茫，没有明确的就业方向。

三、专业满意度偏低的原因分析

调查结果分析显示，江苏师范大学旅游管理学生专业满意度总体较低，这一定程度上也反映了我国多数高校旅游管理专业学生满意度的概况。究其原因主要有两个方面：学生方面，关于专业选择的初衷、专业了解程度等；学校方面，目前旅游高校的教学条件、教学体系与方法、课程设置等。

（一）学生方面：专业选择存在盲目性和偶然性

调查显示，被调查的学生中第一志愿选择旅游管理专业的仅占 28.7%；多数同学为第二、三、四志愿录取或者调剂录取的。说明学生在选择专业上不够谨慎，随意填报、分数的限制、服从调剂等原因，导致了专业选择带有较大的偶然性，学生学习意愿较低，从而影响入学后的专业满意度。

另外，通过调查发现旅游管理学生报考前对于专业的了解程度也不乐观。报考前仅有 5% 的同学对旅游管理专业非常了解；53% 的同学对专业了解一点，还有41.3%的同学报考前对旅游管理专业完全不了解。仅有18.8%的同学是因为自己喜欢旅游管理专业而就读，多数同学因为被调剂录取，只能就读该专业，约占60%。这一现象也普遍存在于其他开设旅游管理专业的高校中，报考前众多学生对专业没有具体详尽的认知，甚至还存在错误的认识。如认为旅游管理专业只是与旅行社、景点有关，不知道还与酒店有关；认为做导游就能够游山玩水，出去游玩都不需要门票；还认为旅游管理专业毕业后就是做管理者等错误观念。并且兴趣把握不明确，明显表现在专业选择前未能真正做到"知己"，即在对自身情况（包括个人兴趣、爱好、特长、个性特点等）没有明晰时就盲目报考。仓促、草率地进行了专业选择，进入大学才发现所选专业并非自己真正喜欢，从而在学习态度、动力上陷入被动、消极的局面，大大影响学生对专业的满意度。

（二）学校方面：教学条件简单，实践课程严重缺乏

调查显示，造成学生满意度低的一个很重要的原因是实践课程未受到足够重视，课程虽多，但实用性不强。据调查显示，绝大部分学生都认为理论教学与实践教学严重脱节。我国多数开设旅游管理专业的本科院校受师资、设备、教学任务、培养目标等的限制，实践课程设置较少，同时质量不高。旅游业是一个注重实践的行业，对于高校旅游管理专业的学生来说，在理论知识充实的同时，实践训练与操作不容忽视。因此对于旅游管理专业而言，重理论教学而轻实践教学，必然会导致学生专业技能低，学习兴趣下降，专业满意度不尽如人意。

四、提高学生专业满意度的对策分析

（一）提高学生的专业认知度，培养学生对专业的热情

学生选择专业的偶然性和盲目性，导致对专业认知的误区。因此大学入学后，老师应利用新生入学教育等活动向学生正确地介绍专业的概况、特性、四年的课程设置、未来的就业方向以及需要的能力和技能等，引导学生正确认识旅游管理的专业特点；并在教学中利用各种机会向学生传递行业新动态等，帮助学生树立正确的专业观念。而对于偶然选择专业并缺乏专业热情和兴趣的学生，辅导员和专业老师应更积极地利用各种方式培

养学生的专业热情。如采用丰富的教学方法和手段提供给学生高水平的授课内容，鼓励学生与教师课堂互动，组织学生开展旅游考察调研、酒店观摩操作等活动，激发学生的学习兴趣。也可以指导学生创办或加入各种学生旅游社团，例如江苏师范大学开设的"汉荠"导服社、"汉风"导服社等，培养学生的专业技能和素养，提高专业学习能力。

（二）细化专业方向，完善教学模式

实行专业细分化制度，让学生在大二或者大三选择将来就业倾向，如酒店管理、旅行社管理、旅游规划等，由此有针对性地授课；对于专业人数较少无法进行专业细分的学校，可以对课程模块进行调整，在紧扣基本理论知识的基础上，加强综合实践技能训练，培养学生综合素质。建立旅游管理专业课程设置的模块结构，学生根据自身发展规划，选择实用性、针对性课程，与此同时对其他课程也能进行选修，从而扩展自己的知识面。

（三）加大师资队伍建设力度，努力提高教学质量

"振兴民族的希望在教育，振兴教育的希望在教师"，学生对该专业教师的满意度从另一个侧面反映了教师的教学水平和教学质量。可聘请高素质的行业管理人员到学校来进行培训或授课，也可创造条件使教师深入基层，通过锻炼增加社会阅历、开阔视野、增长才干，形成一支理论与实践相结合的师资队伍。在课堂教学中教师应树立"创造性教学"的观念，营造自由、民主的教学气氛，让学生敢想敢说，用开放性的问题提问，引发学生的发散思维和积极想象，进而达到教与学的真正互动，提高教学质量。

（四）完善实习基地，加强实践教学

为提高专业学生实践能力，加强实践教育、完善实践基地是当前多数旅游管理专业本科院校面临的非常紧迫的任务之一。对有利于学生培养的教学实践基地应当申请投资规划建设；另外充分重视学生的专业实习，在省内外建设多个挂牌实习基地，与旅行社、景区、酒店达成协议，提供学生实践操作场地，把岗位作为课堂，通过实践使学生所学理论知识得以巩固，能力得到锻炼，专业技能获得全面提高。

（五）加强对学生的就业指导，调整学生择业心态

在就业期望方面，旅游管理专业本科毕业生的就业期望普遍偏高，学校要帮助毕业生建立正确合理的就业期望，不然往往会形成"高不成、低不就"的择业心态。因此从入学开始，授课教师、学生辅导员、相关管理人员等从学生进校开始就应当抓住每一个机会加强对学生的就业引导，为毕业生就业打好基础。日常教学中，专业教师应多与学生交流，改变部分学生心中传统的导游服务、接待服务等工作"低人一等"的观念，让学生清楚地认识到基层岗位的锻炼是为今后的整个职业生涯发展打基础，也是走上管理岗位的必经之路；调整择业心态，树立正确的择业观念，积极在旅游行业择业、就业并发展。

【参考文献】

[1] 中华人民共和国国家旅游局. 中国旅游统计年鉴2012 [M]. 北京：中国旅游出版社，2012.

[2] 杨清明，等. 重庆高校学生"满意度"的调查 [J]. 探索，2003（1）：92-94.

[3] 高校学生满意度研究 [J]. 玉溪师范学院学报，2008（3）：49-50.

近三十年中国旅游史研究述评

孙天胜

摘要：中国旅游业发展三十年来，旅游史的研究亦取得了令人瞩目的成就，尤其学术论文方面的成果更为突出，在旅游通史、旅游断代史、旅游地方史、旅游思想史、旅游经济史和旅游史学科建设等方面均有较多的建树。但在研究对象的宽度、研究内容的深度和理论体系的建构诸方面，仍然与我们有着悠久旅游史的大国地位不够相称，有待旅游学与史学领域的学者继续努力。

中国的旅游学术研究起源于20世纪30年代，较早的代表性著作是江绍原的《中国古代旅行之研究》[1]，该书主要研究了我国古代人的旅行习俗问题，是中国第一部关于旅游发展史研究的专著。中国旅游史研究起步虽然很早，但学界系统地多角度地关注这一领域，则是近当代这30年以来的事情。20世纪80年代以来，旅游研究的风气日渐形成之后，才出现了比较系统的旅游史学研究成果。

一、旅游史著作综述

目前见到的旅游史著，多数是旅游通史，无论在体例上还是内容上都各有自己的特色和优点。

（一）体例上的特点

1. 以时代顺序为主线

通史大部分都以时代为主线，如章必功《中国旅游史》是国内出版的第一部系统、科学地研究中国旅游历史的专门学术著作[2]。该书系统性强，由"黄帝"而循迹原始的游踪，再继以夏商周三代熙来攘往的"三代商旅"，谈及外交、婚姻、畋猎、游学乃至三闾大夫"行吟泽畔"的东周旅游，复说到初闯太平洋、凿空西域的"秦汉旅游"……直到弃旧图新的"清代旅游"，较系统地揭示了中国旅游史发生发展的演进历程及其各个不同发展阶段的特点。该书偏重于历史人物的介绍，对古代旅游活动和旅游现象的论述不够丰富，尽管如此，仍不失为一部旅游史的力作。王淑良《中国旅游史》的最大特点是时间跨度大，从古代一直写到现代[3]，分为古代卷和近现代卷，以时代顺序为纲，以重大事件和人物为目，不同时代抓住不同方面，形成各自的特点，来突出各个历史时期不同的旅游活动，清晰而生动地论述了中国旅游产生发展的历史脉络。郑焱《中国旅游发展史》[4]主要从中国古代各历史时期的旅游形式与内容，如旅游交通、设施建设情况、中国古代旅游思想的发展、中国古代旅游文学发展概况等来介绍中国旅游史。该书写到清代，对近现代没有涉及。

2. 以旅游活动研究为主线

彭勇的《中国旅游史》[5]充分吸收学术界在旅游史、文化史、社会史等方面的最新研究成果，从分析与考察旅游者的"旅""游"或带有"旅游"性质的活动开始，探寻古代旅游行为的发展历程，剖析旅游者的类型和旅游特点，研究旅游资源的开发和利用，分析旅游服务体系的建立及完善情况，总结旅游活动发展的基本规律。

3. 以历史人物、事件为主线

邹树梅的《旅游史话》[6]写作生动活泼风格，别具一格。它以旅游为主线，把握不同时期的重大事件和重要人物，利用故事情节展示旅游发生发展的脉络。王晓云的《中国旅游史话》也具有这一特点。

4. 以区域旅游发展为主线

以某地旅游发展史作为研究对象的，一是黄家城的《桂林旅游史略》[7]，二是向玉成的《乐山旅游史》[8]。《桂林旅游史略》以详尽的史料、生动的文笔，总结了桂林几千年旅游发展历程、概况以及经验和得失，以名人旅游为主线和中心，全面铺开对桂林旅游史的论述，将静态的桂林旅游风景名胜与动态的名人旅游相结合，透过名人行踪透析该时代桂林旅游发展情况，在研究方法和写作方法上都属独创。《乐山旅游史》则以区域旅游史的视角，对乐山旅游资源的形成、衍化、变迁和数量众多的相关文化遗产资料进行了收集、考订、论述，使读者能溯其源、观其流、获其实。全书结构以历史时期的传承交替时序为"经"，以乐山旅游活动的特点、独特资源优势的形成、对社会经济文化发展的影响态势为"纬"，从乐山旅游史的背景、社会影响、活动分类、文化成果、诗词文联、产业活动与发展、遗产价值定位与保护等方面进行了全景式的展示和阐释。

(二) 内容上的特点

1. 以旅游活动的类型为主

各著作在内容上基本上都涉及了以下旅游活动类型：帝王的巡游，如秦皇汉武、隋炀帝、唐玄宗及清代康乾二帝；士人的游说、游学、宦游；宗教之旅，如魏晋南北朝时期的仙游与释旅、唐代的西游东渡、元代的景教徒西游、明清时期的传教士来华等；西汉张骞出使西域、明代郑和下西洋、康熙时代的西使罗马等。这些内容，在著书中都占很大分量，只是详略有别而已，如蔡家成《中国全史·旅游史》[9]就是以介绍重要人物、重要事件为主。

2. 以旅游交通、旅游业以及资源开发为主

胡世健、张敦仁《华夏旅游史话》(1989)[10]，既有社会和景区现状介绍，又有历史人物和民间传说，还有专门介绍各个时期的旅游交通状况，旁及交通工具的演进和路线的开发。章必功在介绍秦汉和隋唐的旅游活动时提到交通的内容，王淑良介绍了商、秦汉、唐、元等时期的交通状况，还介绍了清代的会馆建设、皇家宫苑及陵园风景区、私家园林、寺院园林及宗教胜迹的开发和建设。在资源开发和游乐设施上，着墨最多的是秦苑汉宫、隋唐的都城景观及明代景区客舍的开发，彭勇著中用两个章节来研究旅游资源的开发和利用，分析旅游服务体系建立及完善情况。

3. 以历史人物为主

章必功（1992）的著作，就以历史人物介绍为主，也涉及景区景点的历史介绍。蔡家成《中国全史·旅游史》是以介绍交通、重要人物、重要事件为主，分阶段来写旅游史。各时代的特点在描述中都显现出来，最后一章为诸多古迹的纵览，如历史文化名城、神庙、陵墓、建筑、古桥等。

4. 以旅游饭店为主

迄今为止，有关中国旅馆研究的著作主要有三部：一是王仁兴的《中国旅游史话》(1984)[11]，它以专题形式对中国古代驿站、迎宾馆、民间旅店、城市客店、寺院旅舍、明清会馆、近代旅馆进行了较系统的整理和阐述，并就古代旅馆的管理、旅馆的特点作了简略的说明。二是尉文渊的

《旅馆概论》（1991）[12]，该书以一章篇幅，按历史阶段，对先秦、汉晋南北朝、隋唐宋元、明清、现代时期的官办旅馆发展作了描述；三是郑向敏《中国古代旅馆流变》（2000）[13]，借助历史学、社会学方法，依靠经济史观和方法论，从中国古代旅馆起源和流变的历史考察出发，研究古代旅馆在名称、经营、服务、管理和建筑等方面与每一个历史时代的关系和轨迹，及其所表现出来的特定现象。归纳它们的空间流变形态和流变结构，分析生活经济、技术和意识三者对旅馆起源与发展的作用。这些著作大大丰富了中国旅游史在旅馆研究方面的内容。

二、学术论文研究综述

研究旅游史方面的学术论文成果颇多，涉及面较广，笔者试从"旅游史学学科研究""旅游通史研究""旅游断代史研究""旅游地方史研究""特定人物的旅游活动及其著作的研究""旅游思想史研究""旅游经济史研究"七个方面进行综述。

（一）旅游史学学科研究

沈祖祥（1990）在《对于旅游史学科建设的若干构想》中指出，旅游史的研究是以已经发生的事实为出发点，按历史的顺序和线索，通过对旅游内部三个相互联系着、运动着的结构演变过程进行系统研究，描述作为一种文化现象的旅游之所以发生和发展的历史规律和运动规律[14]。虽然其论述有一定局限，但却具有先行的价值。

王德刚（1990）研究认为，1935年9月初版的江绍原所著的《中国古代旅行之研究》是旅游史学研究的开山之作，也是中国最早的旅游学专著，并认为中国旅游学的研究始于20世纪30年代[15]。

陈国生、罗文（1999）阐明了旅游史学研究的背景和意义，从旅游史学的学科建设角度进行了系统论述，如对旅游史学的研究对象、内容、性质、方法、分支、理论体系等一系列基本问题进行梳理。文章对文献资料研究法、历史考证方法、统计方法、制图方法、区域比较方法、考古学方法等常用方法给予明确系统化[16]。但有些说法不够规范，概念层次不一。

方百寿（2000）在《中国旅游史研究之我见》中，通过对已出版的若干旅游史学著作的梳理，在概念界定、旅游活动类型、旅游产业、旅游产物等方面的特点进行归纳和分析，提出从方法论建设、内容更新以及多学科合作方面拓展旅游史研究的设想[17]。文章积极倡导新方法的使用，指出多学科的交叉合作对旅游史的研究会起到至关重要的作用。

郑焱（2000）对中国数千年尤其是秦汉、魏晋、唐宋及晚清等几个重要时期的旅游发展史进行了深入讨论，对"比德说""畅神说"等旅游观念在旅游活动中的理论作用给予了肯定，对旅游对文化交流的影响大加褒扬，也明确指出了研究中存在的问题，提出了自己的解决方案，文章立意深远，具有较强的学术性[18]。

许春晓（2003）较为全面地概述了中国旅游史已有的研究成果和所涉及的研究范围，主要将其分为旅游通史、旅游断代史、旅游地方史、特定人物旅游活动、旅游思想史、旅游经济史及对旅游史学学科的研究等几个方面[19]。

邱扶东（2007）在肯定中国旅游史研究成就的基础上，明确指出在旅游的内涵、研究对象、研究内容、研究方法上存在的问题，并对已有的学术观点进行分析，有一定的综述性质[20]。

另有两篇关于旅游史研究综述类的文章，在总结研究成果的同时，亦提到旅游史研究中存在的问题和不足[21][22]。

（二）旅游通史研究

旅游通史研究主要从人类历史发展的全程条分缕析中国旅游的发展，既有将旅游活动作为一种社会现象来研究的，也有将其作为一种文化活动来研究的，出现了一系列成果。这些成果多以著作的形式呈现，已如上述。值得一提的是沈祖祥（1996）主编的《旅游与中国文化》论文集，收录了28篇相关论文，构成了一个比较完善的体系，可以说是众多学者集成的一本专著[23]。此外，梅毅重点对中国旅游进行了历时性分析，认为在宗法背景下，中国古代的旅游有着追求人格完善与人生完善的伦理要求，在科学理性的支配下，中国现代旅游表现出工具理性和功利主义的倾向，作为对现代旅游的反拨，中国的后现代旅游在消解"深度模式"和实践"价值多元"的基础上，进行着全新的个性化尝试[24]。

(三) 旅游断代史研究

对旅游活动与旅游现象进行分段研究的成果层出不穷，且多以论文的形式出现。刘德谦（1995）通过大量史料，证实了先秦旅游活动频仍，并对巡游、游畋、观光、游娱、托志、泻忧及伴随七种旅游类型进行了较为细致的探讨[25]。事实上，刘德谦在这一领域内有较多权威性研究成果，对于先秦旅游活动（1986）和秦汉旅游特征（1986）都分别进行过比较细致的研究，成果发表在《旅游学刊》上，他对先秦及秦汉时期旅游史的研究实属国内前列。

滕新才（1997）论述了明代中后期全国性的旅游热潮，旅游活动空前普及化、大众化，并把这种旅游热的形成与商品经济相联系，指出这与在新的社会环境下所形成的思维模式、生活方式密切相关。认为旅游促进了交通、旅舍、食店、茶馆、酒肆、戏院等行业的发展，陶冶了旅游者的情操，丰富了旅游理论，形成了影响后世旅游事业的审美模式[26]。滕新才先生又在2001年强调了这一观点[27]。此外，梁中效（1997）在《明代旅游的近代趋势》中，指出明朝时期的旅游与欧洲的古代旅游同步向近代旅游转化的观点，积极肯定了明朝旅游的高速发展及其在世界旅游史上的地位[28]。魏向东在对晚明旅游的研究上成绩卓著，其《晚明文人旅游行为特征之文献研究》（2007）[29]、《晚明求适思潮与士绅休闲旅游》（2009）[30]、《晚明时期我国历史旅游客流空间集聚与扩散研究》（2008）[31]、《晚明旅游活动的经济渗透——关于晚明旅游近代化的商榷》（2009）[32]、《时间禁忌与旅游空间——晚明旅游时间分析与研究》（2007）[33]等系列文章，将晚明旅游的研究引向了一定的深度和广度。

周思琴（1998）对魏晋时期旅游文化繁荣原因的研究也颇具特色[34]，认为汉末至魏晋六朝虽是中国政治上最混乱、社会上最苦痛的时代，然而却是精神极自由、极解放、最富有智慧、最浓于热情的时代。这时代游人之多、游踪之广、游绩之丰，可谓中国旅游史上的一个高峰。旅游主体个体生命意识的全面觉醒和对旅游客体自然审美意识的觉醒，一起奏响了魏晋旅游文化的乐章。

谌世龙（2002）以桂林宋代山水游览的活动为研究对象，探讨了宋代桂林山水游览活动兴起的原因和主要表现[35]。王晓如（2003）的《试析宋代两京的旅游特点》是近年来探讨宋代旅游的专文，文章介绍了北宋东京和南宋临安的旅游特点[36]。上海师范大学张杰的硕士论文《临安佛寺与旅游文化研究》，就宋代临安的佛教寺庙建筑在旅游文化中的意义进行了探讨[37]。湘潭大学陈素平（2006）的硕士论文《北宋东京都市旅游研究》，以东京的都市旅游为个案，对宋代旅游进行了探讨[38]。河南大学刘慧的硕士论文《宋代两浙地区景观资源与旅游活动研究》，则对宋代两浙地区的自然和人文景观资源与两浙地区旅游活动的关系进行了研究[39]。这三篇硕士学位论文是近年宋代旅游史研究中值得肯定的成果。但由于他们都是以某区域作为研究的中心，因而无法驾驭宋代旅游的总体状况，特别是对宋代旅游的经济背景和社会影响缺乏深入的分析。王福鑫（2006）的宋代旅游研究，对宋代的旅游者、旅游资源、旅游业及旅游的影响进行了具体分析，并总结了宋代旅游的特点[40]。文章从学术和社会需要双重背景，提出宋代旅游的研究问题，对于历史学科的建设和当代旅游业的发展具有积极意义；认为旅游史学从历史学和旅游学中分离出来是学科发展的必然趋势。

王晓如（2002）和胡柏翠（2008）都致力于唐代旅游的研究，强调了唐朝的旅游文化对后世发展旅游业具有深刻影响[41][42]。贾鸿雁（2002）在查阅相关第一手资料的基础上，从五个方面概括了民国旅游研究的主要进展[43]。刘菊湘（2005）主要从唐代旅游活动的主体——不同阶层的旅游者的角度入手，对唐代旅游进行探讨。作者并不认为唐代旅游者的主要群体是文人士大夫，而是认为普通百姓是出游人数最多的群体[44]。李松（2004）认为唐代知识分子的旅游生活丰富多彩，主要旅游形式有宴游、漫游、边塞游、宦游、隐游与闲游、考察游等[45]。文岚（2002）的硕士论文从近代中国历史着手，从政治、经济、文化、交通、时代背景等方面对近代中国旅游进行了初步研究[46]。该文描述近代中国旅游的发展历程，概括出其发展特征，并深入分析近代中国旅游活动对近代中国社会文化乃至现代旅游业的影响，并大胆提出近代旅游对现代旅游的科学研究也带来新的思路。

王恺瑞（2007）的《唐代的文学作品与曲江风景区的旅游活动》[47]，

黄斌、黄铮（2006）的《唐代桂林山水诗与桂林旅游审美的自觉》[48]，郑亮、王开元（2003）的《唐、清边塞诗对西域旅游文化贡献之比较》[49]这几篇文章，都是运用"以诗证史"的方法，探讨唐代文学作品对旅游地产生积极影响的好文章。

（四）旅游地方史研究

对特定区域的旅游活动和旅游现象进行研究的成果，也多以学术论文的形式出现。

拜根兴（1994）深入研究了魏晋南北朝时期陕西的旅游兴盛现象，论述了这一特定时期旅游活动的社会和经济意义[50]。更有一些专门研究特定地区的特定旅游现象的成果，带有专门史的研究色彩，涉及面比较广，如戴晴晴（2002）对江西省旅游业发展历史的研究，是江西地方旅游史研究的佳作[51]。陈建勤（1995）对长江三角洲地区明清时期的旅游消费及其支出的研究，细致探究了长江三角洲地区旅游活动中的食宿、交通、赏景、娱乐、购物诸方面的消费水平，并分析了支出承担者的情况，认为该地区农业经济和商品经济的发达，为旅游活动的开展提供了良好的物质基础和社会环境，而旅游又促进了封建工商经济的繁荣，扩大了社会就业[52]。从中可以看出中国古代旅游经济史的研究内容非常丰富，其方法也值得借鉴。林聿（1998）就杭州的旅游发展史进行了系统研究[53]，向玉成（2007）以乐山旅游史为例，对区域旅游史个案研究情况作了简要介绍和思考，为区域旅游史的研究提供了良好的范例[54]。何学欢（2008）的硕士论文研究了南岳衡山旅游发展史，文章选取旅游史研究中较为薄弱的当代为着眼点，考察南岳衡山旅游发展的轨迹，选题较新，并以历史学研究方法为主，兼用旅游学、统计学的知识，对南岳当代旅游发展历程及发展中的经验教训进行了初步探讨[55]。于求根（2009）则从专门史的角度，用大量历史证据清晰再现了长沙旅游业的发展历程[56]。

对区域旅游史的研究，还有一些更为细致的研究成果，如特定地区旅馆发展的研究成果等，在此难以详述。

（五）特定人物的旅游活动及其著作的研究

对于特定人物的旅游活动进行研究的成果较多，研究水平也较高。其中以对徐霞客的研究最为突出。

吴必虎（1998）对徐霞客的生命路径及其区域景观多样性背景的研究[57]，是一项极有特色的研究成果。文章通过引进时间地理学研究的生命路径方法，研究徐霞客的旅行历程和时空背景，从游历年龄、出行半径、出行指向等方面进行了探讨，这既是对徐霞客科学旅游的史学描述，又是对史学研究方法的创新。此外，还有多篇论及徐霞客旅游活动的研究，对徐霞客的生平、出游次数、旅行路线、旅行方式、出游缘由、出游的食宿问题等进行了深入探究，是旅游史研究中最为显赫的部分。郑祖安（2010）从精神高度评价徐霞客，指出徐霞客一生不事他业，唯以行游天下为人生。在无限广阔、深邃的大自然怀抱中，经历和达到了常人所没有或难有的五种特别境界：心骨俱彻、飞魂濯魄；生命重来、脱胎易世；此身已不在人世；人以为仙，己也觉成仙；与大自然完全融为一体[58]。中国徐霞客研究会及各地分会定期均有一定主题的学术活动，每次都会产生一批研究成果。

与徐霞客同时代的王士性，近年也成为研究的热点。张勇（2004）指出，作为明代杰出的地理学家和旅行家，王士性与徐霞客在全国范围内进行了长期而广泛的旅行和游历，但他们的旅行情况不尽相同。宦游与私游这两种不同的旅行方式使两人在出游时间、旅行路线、交通工具及饮食、住宿等方面存在较大差异，而这些旅行上的差异又对他们的著述和成就产生了不同的影响。两人著述对后世的影响和社会对他们的评价大不相同，这与中国重经验轻理论的文化传统有关。徐建春（1994）对王士性在地理学和旅游学上的贡献给予了中肯评价，对王士性与徐霞客在中国历史上的不同命运做了深刻反思。姜丽丽（2008）认为《广志绎》中有着极为可贵的旅游思想，其中特别对当时的旅游资源做了详细的介绍。王士性可以说是我国旅游文献创作的先驱之一。敖红艳（2008）指出，王士性将"游"划分为"人游""天游""神游"三个高低不同的层次，并且举例说明了三者之间的区别。王士性还提倡广游，并且提出了自己独特的旅游审美理念。王常红、王汝虎（2010）以及何方形（2009）都认为，王士性的山水诗作较多地表达乡土之念，纵情讴歌家乡自然景致，梳理其中的人文意蕴，流露出诗人的真情。出于描绘大自然山容水态的客观需要，艺术上也作了多方探索。王士性在前人的基础上进一步提升了山水诗文的艺术品格。姜勇（2010）则从游记内容的视角，指出王士性《五岳游草》等游记作品的特点是"自然与人文交融，观景与科考并重"。

单士厘作为中国近代妇女旅游的第一人，受到了赵炜（2006）的关注，他在对单士厘做了详细介绍的同时，也十分关注她的游记《癸卯旅行记》《归潜记》等作品，阐明了她的游历形迹、旅游思想、游历意义等，肯定了单士厘在中国旅游史上的重要地位[59]。

当然，还有很多典型的旅行人物，如诸代帝王的旅游活动等。他们对中国旅游史的发展都做出了不同程度的贡献，因在下面的旅游思想研究者中有部分涉及，此处不再详述。

（六）旅游思想史研究

对于中国历史上的著名思想家、著名旅行家的旅游思想的研究，是旅游史研究领域中的一个精华。目前，这一领域已集合了大量著名学者，贡献了众多高水平的研究成果。

孔子的旅游思想研究，不仅是孔子研究，也是旅游史与旅游文化研究的重要议题。许宗元（1995）从旅游德育观、旅游智育观、旅游美育观、旅游社会观、旅游致思观、近游观六个角度对孔子的旅游观进行了深入探讨，指出孔子的旅游观、旅游活动奠定了他在中国旅游史上的地位[60]。樊友猛、张小妮、王日美（2008）对当今关于孔子旅游思想的成果进行了评述，指出以往的研究存在对"旅游"内涵界定不明确，对旅游行为分类不合理，论述中存在牵强附会之嫌，以及比德观的简单化认识等问题，并对孔子"比德"的旅游审美观进行了再审视，认为对孔子的旅游观做功利与否的断定是不切实际和没有意义的[61]。

沈瑞英（1991）对道家旅游思想的研究中，通过对道家文学作品的分析，提炼出道家旅游思想的内涵，突出了道家思想在旅游思想史中的地位与作用，对以后该领域的研究起着重要的指导[62]。李小波、赵夏（2001）就儒家与道家思想的代表人物——孔子与庄子的旅游思想进行了比较，认为两人的旅游思想各有千秋。文章立意高远，比较深入、具体[63]。

敖红艳（2007）则致力于对明代王士性旅游思想的研究，在对王士性生平事迹、著作、旅游思想、旅游实践等做分别论述的基础上，着重分析研究了王士性旅游思想产生的社会背景及其旅游思想与以往历朝历代著名旅行家思想的不同之处，对王士性旅游思想和产生的影响有了一个较为详细的认识和了解，对地理学、历史学及旅游学的研究都是浓墨重彩的一笔[64]。

曾金秋（2003）、贾鸿雁（2006）都对柳宗元的旅游思想做了系统额研究，充分肯定了柳宗元在中国旅游史上的地位与贡献[65][66]。蔡隆汉（1994）就毛泽东早期的旅游思想进行了研究，认为毛泽东的旅游思想与毛泽东的性格和其注重实践的态度有关[67]。

许宗元（2001）将陶行知的旅游观归纳为六点：旅游是学校教育的手段之一；提倡青少年修学旅游；旅游是一种继续教育；旅游是一种人生乐趣；旅游是国民健身、养生、休闲的手段；旅游是救国之一径。并认为陶行知的这些旅游观念是以哲学思想、社会思想、教育思想为基础的，具有民族性、时代性和科学性特点，具有不可替代的时代意义[68]。

吕伟俊、宗振春（2002）研究了陈光甫的旅游管理思想，认为其创办中国旅行社的目的是与外国资本竞争，以发展中国的旅游事业，并在管理上提出服务社会的理念，强调经营旅游企业既要注意"有形收入"，更要注意"无形收入"，独创了旅游企业与其他企业相互协调、相互促进、共同发展的模式[69]。

（七）旅游经济史研究

对中国旅游经济发展史进行系统研究的成果也比较突出，其中最热的当属关于旅行社及特殊行业的研究。

关于旅行社研究方面最值得一提的是对中国第一家旅行社的研究。郑焱（1996）就中国近代第一家旅行社进行了系统研究，从其缘起、发展、经营与业务、服务与管理、社会历史作用五个方面进行了详细的论述。开拓了旅游界与史学界研究的新领域[70]。张俐俐（1998）则根据档案资料，选取近代中国第一家大型旅游企业——中国旅行社这一典型案例，从一个侧面展示旧中国 20 世纪 20～30 年代鲜为人知的行业发展史，探讨中国旅行社的产生发展与中国近代经济发展之间的联系，以及对中国近代旅游业的影响和贡献，为当代中国旅游业提供了宝贵的历史经验和有价值的借鉴[71]。该研究无论是对旅游学科，还是对经济学科都有重要的价值。易伟新（2003）关于中国第一家旅行社的研究，依据大量的第一手珍贵资料，运用历史学和旅游学研究的基本方法，对旅行社的创办缘由、发展进程、组织架构、业务范畴、经营管理、企业文化及旅游理论研究等方面进行了系统论述，强调了"中国旅行社"的发展在旅游史上的重要历史地位[72]。另外，卢世菊（1999）还对中国第一家旅行社在抗战中的经营方式进行了研究[73]。

张俐俐（1998）的博士论文，从经济史学研究的角度，系统探讨了中国近代旅游业的经营问题，这是经济学研究中最早系统研究中国近代旅游经济史的文章[74]。郑向敏（2000）（2001）则分别论述了中国古代旅馆的问题，阐述了旅馆业在中国古代产生和发展的过程，是旅游经济史研究的重大突破[75][76]。

三、旅游史研究中的问题与不足

虽然近30年来我国旅游史的研究取得了较多成果，研究也在逐步走向深入，但是由于研究队伍的不整齐，专门研究人才的匮乏，起步时间较晚，致使这一领域的研究还存在诸多不尽如人意之处。对此，张楠楠的批评似有许多可借鉴之处[77]。

（一）概念争议导致研究对象不明确

旅游史的研究应该是按照历史的顺序，利用已经发生的旅游事实来描述旅游发生和发展的规律。但由于"旅游"这一概念在学术界还存在很大争议，这就给研究对象的选择带来许多困惑。如关于旅游的起源与旅游史的开端就有诸多观点，相关研究要么是从词源发生学的角度追溯旅游的源与流，要么是以国际通用的旅游概念来处理史料，缺乏统一的论说前提，莫衷一是。

（二）厚古薄今致使研究内容缺位

从横向上看，中国旅游史的研究在选题覆盖面上已是较为宽广，但从纵向上看，在不同历史时段上还很不均匀。

首先，大多数研究侧重于古代，较少对于近现代旅游史的研究，"厚古薄今"状况明显。众所周知，旅游在当代社会生活中已经如此地广泛和普及，近代和现代又是重要的转折时期，重视对中国近现代旅游发展史的研究，不仅可以丰富、完善旅游史研究的学术体系，而且可以总结现代旅游发展的经验教训，探寻现代旅游发展的内在规律，这对加快发展我国的旅游业，具有十分重要的学术价值和现实意义，旅游史的研究正寄望于后来者。

其次，专题的研究还比较缺乏。如对某些特定人群的研究，对某一特殊历史时期的研究，对某一旅游现象的研究，等等。还有，对历史上各个时期旅游发展的背景分析、时代特色、内在规律等方面的研究亦存在明显不足。像对唐代旅游史的研究，过多地将注意力放在了文学士人身上，而忽略了其他社会阶层的旅游活动；运用文学作品进行研究时，只考虑了唐诗中关于旅游的介绍，而忽略了游记以及笔记小说中的记载；在进行区域旅游史研究时，大多针对几个主要的旅游城市，如长安、广州、扬州等，忽略了对其他地区旅游的研究[78]。

第三，还缺乏对与旅游发展相联系的社会史、文化史、经济史、商业史等方面的考察。对各个时期的旅游特色也大多限于表面的描述，缺乏对深层原因的剖析。对旅游行为所产生的经济作用的研究还相当不够；对与旅游活动有关的各类旅游景观的研究以及与旅游密切相关的吃、住、行方面的研究还很不到位；旅游活动对社会的影响及其相互之间的互动关系也少有人关注；古人旅游活动在空间位移上的轨迹展示明显不足。

（三）理论缺乏造成学科地位尴尬

长期以来，由于旅游史的研究摇摆在新兴的旅游学与成熟的历史学之间，致使从理论到方法都尚不成熟。理论分析失之粗浅，研究方法失之单一，对相关学科，如哲学、地理学、文化学类的引鉴明显缺乏，就事论事的研究比较普遍。截至目前，学术界还缺乏对旅游史理论研究的系统总结。正因为此，旅游史在历史学和旅游学中一直处于尴尬的、从属的、被冷落的地位。究其原因，除了学科研究历史短暂外，就是由于近二三十年来旅游经济的发达，让很多原来从事基础研究的学者纷纷涌向旅游策划与

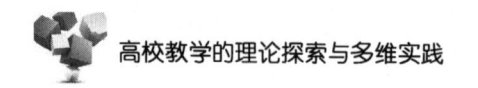

规划的热潮中，坐不住专心治史的冷板凳，如何能去理论创新？

四、结语

旅游史学是历史学与旅游学的交叉学科，对它的深入研究，对历史学和旅游学的发展都具有重要意义。理想的旅游史研究，要求作者须具有宏阔的学术视野、多学科的知识结构、丰富的史料支撑、高屋建瓴的理论剖析。从上面的评述可以看出，近三十年来中国旅游史的研究成果，从数量上看已经相当丰硕，并且在逐步走向深入，但在质量上却没有达到与我们悠久的旅游史相匹配的历史高度。在历史学科，与其他领域史学方面的研究相比；在旅游学科，和其他与现代旅游业相关的领域相比，都还有较大的差距。无论从研究的整体性、系统性，还是研究的细微性、科学性等方面均还有很大的需要努力的空间。总体上看，旅游史学的研究仍属于史学研究的一块贫瘠之地，尚属旅游学研究中有待强化的领域。今后如何能在保持学科本位的同时加强同其他学科间的对话，应是推动学科走向深入、扩大其学术影响力的关键。

【参考文献】

[1] 江绍原. 中国古代旅行之研究［M］. 上海：上海商务印书馆，1935.

[2] 章必功. 中国旅游史［M］. 昆明：云南人民出版社，1992.

[3] 王淑良. 中国旅游史［M］. 北京：旅游教育出版社，1999.

[4] 郑焱. 中国旅游发展史［M］. 长沙：湖南教育出版社，2000.

[5] 彭勇. 中国旅游史［M］. 郑州：郑州大学出版社，2006.

[6] 邹树梅. 旅游史话［M］. 天津：百花文艺出版社，2005.

[7] 黄家城. 桂林旅游史略［M］. 桂林：漓江出版社，1998.

[8] 向玉成. 乐山旅游史［M］. 成都：巴蜀书社，2005.

[9] 蔡家成. 中国全史·旅游史［M］. 北京：经济日报出版社，1999.

[10] 胡世健，张效仁. 华夏旅游史话［M］. 北京：旅游教育出版社，1989.

[11] 王仁兴. 中国旅游史话［M］. 北京：中国旅游出版社，1984.

[12] 尉文澍. 旅馆概论［M］. 上海：上海科技教育出版社，1991.

[13] 郑向敏. 中国古代旅馆流变［M］. 北京：旅游教育出版社，2000.

[14] 沈祖祥. 旅游史学科建设的若干问题构想［J］. 社会科学，1990（7）：76-79.

[15] 王德刚. 中国旅游学研究的起源——简述中国古代旅行之研究［J］. 桂林旅游高等专科学校学报，1999（旅游学科建设与旅游教育增刊）：78-81.

[16] 陈国生，罗文. 旅游史学论略［J］. 桂林旅游高等专科学校学报，1999（旅游学科建设与旅游教育增刊）：74-77.

[17] 方百寿. 中国旅游史研究之我见［J］. 旅游学刊，2002（7）：70-73.

[18] 郑焱. 中国旅游史若干问题的思考［J］. 湖南师范大学学报（社会科学版），2000（7）：60-66.

[19] 许春晓. 中国旅游史的研究成就及其学术意义［J］. 湖南师范大学学报（社会科学版），2003（6）：69-74.

[20] 邱扶东. 反思中国旅游史研究的几个问题［J］. 历史教学问题，2007（6）：60-67.

[21] 郑焱，杨庆武. 30年来中国近代旅游史研究述评［J］. 长沙大学学报，2011，25（1）：74-77.

[22] 张楠楠. 中国旅游史研究综述［J］. 天中学刊，2010，25（4）：105-107.

[23] 沈祖祥. 旅游与中国文化［M］. 北京：旅游教育出版社，1996.

[24] 梅毅. 试析中国旅游的历时性特征［J］. 江西社会科学，2006（11）：246-251.

[25] 刘德谦. 群书中先秦旅游活动绎释［J］. 北京联合大学学报，1995（3）：1-23.

[26] 滕新才. 对明朝中后期旅游热初探［J］. 北方论丛，1997（3）：17-21.

[27] 滕新才. 明朝中后期旅游文化论［J］. 旅游学刊，2001（6）：64-69.

[28] 梁中效. 明代旅游的近代化趋势［J］. 汉中师范学院学报，1997（2）：

18-20.

[29] 魏向东. 晚明文人旅游行为特征之文献研究 [J]. 桂林旅游高等专科学校学报, 2007 (6): 912-915.

[30] 魏向东. 晚明求适思潮与士绅休闲旅游 [J]. 江苏社会科学, 2009 (1): 199-203.

[31] 魏向东. 晚明时期我国历史旅游客流空间集聚与扩散研究 [J]. 人文地理, 2008 (6): 118-123.

[32] 魏向东. 晚明旅游活动的经济渗透——关于晚明旅游近代化的商榷 [J]. 社会科学, 2009 (3): 148-154.

[33] 魏向东. 时间禁忌与旅游空间——晚明旅游时间分析与研究 [J]. 江苏社会科学, 2007 (3): 174-179.

[34] 周思琴. 魏晋旅游文化的繁荣之二重因素 [J]. 宁夏大学学报（哲学社会科学版）, 1998 (3): 124-126.

[35] 谌世龙. 桂林宋代山水游览活动略论 [J]. 桂林旅游高等专科学校学报, 2002, 12 (4): 69-72.

[36] 王晓如. 试析宋代两京的旅游特点 [J]. 唐都学刊, 2003, 19 (4): 99-102.

[37] 张杰. 临安佛寺与旅游文化研究 [D]. 上海师范大学硕士学位论文, 中国优秀硕士论文全文数据库, 2005.

[38] 陈素平. 北宋东京都市旅游研究 [D]. 湘潭大学硕士学位论文, 中国优秀硕士论文全文数据库, 2004.

[39] 刘慧. 宋代两浙地区景观资源与旅游活动研究 [D]. 河南大学硕士学位论文, 中国优秀硕士论文全文数据库, 2004.

[40] 王福鑫. 宋代旅游研究 [D]. 河北大学博士学位论文, 中国博士学位论文全文数据库, 2006.

[41] 王晓如. 唐代长安的旅游 [J]. 唐都学刊, 2002 (2): 58-61.

[42] 胡柏翠. 兴盛的唐朝旅游活动及其历史影响 [J]. 学术界, 2008 (3): 253-257.

[43] 贾鸿雁. 民国时期旅游研究之进展 [J]. 旅游学刊, 2002 (4):

74-77.

[44] 刘菊湘. 唐代旅游研究［J］. 宁夏社会科学 2005（6）：106-108.

[45] 李松. 唐代知识分子的旅游生活［J］. 安徽广播电视大学学报，2004（2）：112-114.

[46] 文岚. 试论近代中国旅游的产生发展及其影响［J］. 湘潭大学硕士学位论文，中国优秀硕士论文全文数据库，2002.

[47] 王恺瑞. 唐代的文学作品与曲江风景区的旅游活动［J］. 沧桑，2007（2）：172-173.

[48] 黄斌、黄铮. 唐代桂林山水诗与桂林旅游审美的自觉［J］. 桂海论坛，2006（2）：92-94.

[49] 郑亮、王开元. 唐、清边塞诗对西域旅游文化贡献之比较［J］. 昌吉学院学报，2003（4）：19-22.

[50] 拜根兴. 魏晋南北朝时期陕西旅游简论［J］. 渭南师专学报（社会科学版），1994（3）：54-60.

[51] 戴晴晴，黄子燕. 江西旅游发展研究［J］. 江西财经大学学报，2002（2）：51-59.

[52] 陈建勤. 明清长江三角洲地区旅游活动及其社会意义［J］. 扬州大学学报（人文社会科学版），1995（5）：22-28.

[53] 林聿. 杭州古代旅游业发展历程探索［J］. 商业经济与管理，1998（2）：25-29.

[54] 向玉成. 旅游史与区域旅游史相关问题的思考［J］. 桂林旅游高等专科学校学报，2007，18（1）：136-139.

[55] 何学欢. 当代南岳衡山旅游发展史［D］. 湖南师范大学硕士学位论文，中国优秀硕士论文全文数据库，2008.

[56] 于求根. 长沙市现代旅游业发展史研究［D］. 湖南师范大学硕士学位论文，中国优秀硕士论文全文数据库，2009.

[57] 吴必虎. 徐霞客的生命路径及其区域景观多样性背景的研究［J］. 北京大学学报（哲学社会科学版），1998（3）：151-156.

[58] 郑祖安. 徐霞客行游人生中的最高境界［J］. 史林，2010（2）：

118-129.

[59] 赵炜. 单士厘：中国近代妇女旅游第一人[J]. 浙江旅游职业学院学报，2006（2）：51-54.

[60] 许宗元. 孔子思想与旅游文化[J]. 山东大学学报（哲学社会科学版），1995（4）：59-61.

[61] 樊友猛，张小妮，王曰美. 孔子旅游思想——研究述评与审视[J]. 旅游学刊，2008（12）：77-81.

[62] 沈瑞英. 道家旅游思想刍议[J]. 东南文化，1991（6）：300-301.

[63] 李小波，赵夏. 比德之旅与比心之旅——孔子庄子的旅游思想比较[J]. 旅游学刊，2001（1）：70-73.

[64] 敖红艳. 王士性旅游思想初步研究[D]. 内蒙古大学硕士学位论文，中国优秀硕士论文全文数据库，2005.

[65] 曾金秋. 论柳宗元的旅游思想[J]. 湖南社会科学，2003（3）：139-140.

[66] 贾鸿雁. 柳宗元的旅游思想与实践[J]. 东南大学学报（哲学社会科学版），2005（1）：85-87.

[67] 蔡隆汉. 毛泽东早期旅游思想初探[J]. 毛泽东思想论坛，1994（2）：74-76.

[68] 许宗元. 论陶行知的旅游观念[J]. 江淮论坛，2001（2）：83-87.

[69] 吕伟俊，宋振春. 陈光甫的旅游管理思想与实践[J]. 东岳论坛，2002（3）：76-79.

[70] 郑焱. 中国近代第一家旅行社——中国旅行社述论[J]. 史学月刊，1996（4）：54-60.

[71] 张俐俐. 近代中国第一家旅行社述论[J]. 中国经济史研究，1998（1）：123-134.

[72] 易伟新. 近代中国第一家旅行社——中国旅行社述论[D]. 湖南师范大学博士学位论文，中国博士学位论文全文数据库，2003.

[73] 卢世菊. 中国第一家旅行社在抗战中的经营方式初探[J]. 中南民族学院学报（哲学社会科学版），1999（增刊）：130-133.

[74] 张俐俐. 近代中国旅游发展的经济透视 [M]. 天津：天津大学出版社，1998.

[75] 郑向敏. 中国古代旅馆名称流变——"店"之流变 [J]. 桂林旅游高等专科学校学报，2001，12（3）：76-78.

[76] 郑向敏. 中国古代旅馆名称流变——"馆"之流变 [J]. 桂林旅游高等专科学校学报，2001，11（3）：7-9.

[77] 张楠楠. 中国旅游史研究综述 [J]. 天中学刊，2010（4）：105-107.

[78] 李娜. 唐代旅游研究综述 [J]. 重庆工商大学学报，2008（5）：85-87.

高校旅游管理课程考评存在的问题及解决对策

张 屏

摘要：当前旅游管理专业本科毕业生就业难，流失率高的现状，一定程度上是由当前高校旅游管理专业在考评方式上存在的问题所导致的，它使得本科生无法真正形成符合市场需求的社会竞争力。本文依据当前专业培养目标的要求，并结合当前高校普遍采用的笔试、实际操作、计算机考试、短文写作、课程作业、课程论文或设计、口试、实际应用、自我评价和学生互评 10 种考评方式，针对不同科目构思了考评方式的优化策略，从而促进旅游管理专业人才考评体系的优化和提升。

2012 年 10 月，教育部颁布了最新的《普通高等学校本科专业目录（2012 年）》。新目录中，旅游管理不再是工商管理类下的二级学科，而是和工商管理类平级成为管理学下的一级学科［招生工作自 2013 年起按新目录执行，在校生的培养工作仍按原版本（1998 年）执行］。这预示着旅游管理专业的发展将进入一个新的阶段，任何高校都必须要以新的眼光和思路来谋求新时期下旅游管理专业的改革和发展之路。

众所周知，旅游行业是个应用型行业，企业迫切需要既通晓服务知识技能，又能解决工作中所发生实际问题的复合型人才，然而，目前国内众多高等院校现行课程教学评价方法，大多采用统一内容、统一形式和统一标准答案的固定化形式进行，而忽略了应试者个体在禀赋、兴趣爱好、接受能力和学习要求上的差异，难以满足学生自身发展和市场职业竞争的需求。从旅游管理专业考试改革调查问卷反馈信息看，在问题"请问你认为现在的考试模式是否能够体现出你的知识掌握情况和能力水平"问题的反馈中，只有 3.5% 的学生认为"能"，而"一般"为 36.8%，认为"不能反映出自身知识水平和能力"的占 59.7%[1]，在一定程度上反映了学生对于现在考试模式的态度，说明现行考试模式不能充分反映学生的全面水平。从学生全面发展的需要来看，考试改革势在必行。

一、当前旅游管理本科生培养过程中的错位状况

中国在向世界旅游强国转变的过程中，需要大量既懂实践又懂管理的高水平旅游管理人才。然而作为中坚力量的旅游管理本科教育在迅速扩张的同时暴露出种种问题，其中最为突出的问题是人才供需错位现象严重。一面是旅游从业者整体文化层次、综合素质偏低，旅游企业的中高级管理人才非常短缺，一面是本科院校培养的旅游管理毕业生不能满足旅游业的需求，缺乏竞争优势，行业内就业率低，人才流失严重。根据实业界用人单位的研究调查，旅游企业对于旅游管理专业毕业生的反映突出体现在这几个方面：一是充分肯定了专业教育的作用，专业人才的综合素质比较高，可以满足行业要求，职业发展潜力很大；二是学生实际动手能力普遍较差；三是学生所学理论与实际需求之间存在着较大差距；四是学生对实际情况了解太少，进入社会后心理调适时间太长[2]。此外，技能型、实践型的旅游专业职高生、大专生在旅游企业实际的用人过程中反而比本科生更受青睐。因此这也使得当前高校本科阶段旅游管理专业教育方式的改革和提升变得迫在眉睫。

产生这种错位的原因是多方面的，学校、企业、社会以及学生自身都值得深刻反思。在此，笔者想要从当前高校旅游管理专业教育模式下的学生考评体系角度出发，结合实际情况，分析造成这种错位现象的原因，并深入探讨和分析，运用创新性思维，找出解决方案，构建更有针对性、符合教育发展趋势、符合学生以及市场双方需求的评价体系，提升当前旅游管理专业本科生的自身竞争力，使他们真正做到学有所得，学有所用！

二、国内知名高校旅游管理本科专业的培养目标

要想实现一门学科考评体系的优化提升，首先就要明确该学科的培养目标和培养要求，依据具体的目标和要求做出相应的调整和规划，最后构建新的有针对性的体系或方案，决不能抛开具体实际的标准和要求大谈空谈，否则这样的构建必将以失败而告终。中山大学要求学生初步具备酒店经营管理、旅游目的地开发、营销与管理、休闲活动策划和管理、会展经营管理的基本能力，并且要能够熟练地运用一门外语[3]，对学生的综合能

力和口语表达能力要求突出；东北财经大学将本科生需掌握的基本理论和基本知识又做了补充阐述：学生需具有一定的人文社会科学和自然科学基本理论，具有较扎实的经济管理、汉语写作、计算机和外语等方面的基础知识；知识面较宽，具有较强的分析问题和解决问题的能力及创新精神，同时注重培养学生的科研能力[4]；浙江大学在此基础上又增加了"掌握创业的基本理论与方法，具有较强的创新意识与能力，具备较强的专业创业能力[5]"一项，可见学生创业能力的培养也渐趋重要。

综合上述内容不难发现，各高校在对旅游管理专业本科生的培养要求上都存在着相似或相通的地方，都不约而同地出现了比如"复合型人才""创新能力""团队意识""外语能力""操作技能""科技运用"等关键词，都主张实现学生在德育、智育、体育以及行业实践等方面的全面发展，体现了从培养"专才"向"通才"的转变。由此可以意识到，当前旅游管理专业本科阶段学生培养的重点应该分为三个方面：一是专业基本技能，包括自主学习的能力、语言沟通能力、外语口语交流能力、计算机应用能力等；二是专业综合技能，包括掌握饭店、餐饮、旅行社以及旅游规划与开发等操作技能，具备较强的管理、服务和就业能力；三是综合素质，包括职业道德素质、心理素质、职业礼仪、创新精神等。了解了当前学生培养目标的重点，自然而然也就可以明确当前高校在对本科生考核考评体系中应有的重点部分，换句话说，我们所要去考核或考评的内容，应该是现阶段学生真正需要形成或具备的能力和素养，而不是简单的例行考试，这样的例行考试毫无意义。知道了培养的重点，明确了旅游管理本科生两大竞争力的内涵和要求，为笔者探究当前高校考评考核体系的优化升级指明了方向，奠定了基础。

三、当前高校在专业课程考核体系方面存在的问题

（一）专业课程理论知识考核存在的问题

1. 考试内容过于书本化

笔试是最直接最简便的可以考查学生知识储备水平的手段，可是当前很多大学生应对考试时，只需要掌握好自己手中固有的教材就行了，有时这种课程的教材也只有区区一本书而已。考试书本化的原因就在于当前许

多专业课教师在编制试卷的过程中，试题内容的设置绝大部分甚至是全部的内容均来自手上的这一两本教材，没有学科延伸或知识扩散，形成了笔试内容过于书本化的现状。这种现象普遍存在于《饭店管理》《旅游学概论》《旅游法规》《管理学概论》等理论性较强的科目考试中。这种现状直接形成了许多本科生平时不用功，考前熬夜突击复习的错误学习习惯。也遏制了教师在教学和学生在学习过程中的创新能力，无法培养和提升学生的创新思维。

2. 笔试题型过分结构化

在当前高校的试题命制过程中，许多学校都会规定教师出题的题型，甚至还规定各种题型出现的数量以及所占的分值，这就直接导致了当前众多专业课考试试卷千篇一律的现状，不论是实践性强的课程，比如《导游业务》《前厅与客房管理》《餐饮服务管理》等，还是理论性强的课程，比如《旅游学概论》《旅游法规》《旅游资源学》等，试卷均由相同类型的填空题、判断题、选择题、简答题、论述题、案例分析题等题型构成，更有甚者，有的高校还会制定"填空题 1～2 分一题，简答题 4～5 分一题，论述题 8～9 分一题"等诸如此类的规定，而没有很好地结合各种专业自身的能力要求和技能特点做出相应的具有差异化的调整，毫无专业特点和创新特色。这种过分结构化的出题方式使得教师根本无法利用有限的卷面空间实现对学生知识水平的最优考查。千篇一律的卷面结构也会在一定程度上影响学生的答题热情，引发厌烦心理。

3. 考评方式过于单一化

考评方式单一化主要体现在大部分的专业课考评上，无论是偏理论性还是偏操作性的课程，许多高校都以笔试考试作为最主要的考评方式，学期中几乎都是笔试小测验，而学期末的卷面成绩则直接影响到学生本学期的最后总成绩，个别情况下甚至决定了期末总成绩的高低。此外，很多实践性强的课程，即使有除了笔试以外的其他考评方式，比如《餐饮服务与管理》课的中餐摆台的实际操作，《导游实训》课的导游讲解技巧培训，《前厅与客房管理》课中的前厅接待操作等，这些项目在教学的过程中就有着课时时间短、操作频率低等问题，使学生无法反复操作练习，不能熟练掌握，这也就导致了考评时老师一人考查多组、流于形式的局面，无法真实体现出学生的掌握情况和学习能力，最后还是参考期末笔试考试成绩决定学生最后的总成绩。考评方式单一化的弊端在于使学生对专业课操作性、实践性的重要性失去了足够的重视，只注重理论，不注重实践；只注重表达，不注重操作，无法实现理论与操作相结合的培养要求，也无法真正培养出符合社会需求的全面发展的学生。同时，也会使那些综合素质较强的学生失去展示自我的机会，埋没他们的学习和创造能力，打击他们的学习积极性。

（二）专业课程实践技能考核存在的问题

1. 只重视基本技能考核，忽视管理技能考核

目前，大多数高校在旅游管理专业的本科教学计划中，实践课程内容安排只注重基本技能考核，忽视管理技能考核，这种现象直接导致了本科教育与高职（专）教育趋同的趋势，抑制了本科生内在优势的体现。具体表现在两个方面：一是缺乏考核学生管理技能的项目。以《餐饮管理》为例，技能考核主要包括中西餐摆台、托盘竞走、红酒使用等，却几乎没有关于员工激励、文件处理、劳动调解等内容的管理技能考核项目。二是缺乏创新，考核内容更新不及时。如今的旅游行业新进从业者大多是第一批迈向社会的90后，90后作为一个新的从业群体有着他们特殊的心理特征和工作需求。故管理方式项目的考核绝不可照搬过去的教学经验，但很多老师并没有意识到这一点，在考核方式和内容上没有做到与时俱进。

2. 技能考核频率低，过程流于形式

当前旅游管理专业的本科教育大多仍以传统的"精英式"教育观念为主，在教学计划编制中，重理论教学、轻实践教学的现象仍然普遍存在。这种实践教学课程比例严重不合理的现状势必会导致技能考核频率过低的局面。以《前厅与客房管理》课程为例，某些学校一个学期的技能考试的项目也就只有中式做床、顾客投诉、前厅接待这三项，每项只考核一次，而且时间间隔很长。在考核中表现不佳的同学，老师大多也只会进行口头批评和指正，给了一个较低的分数后就不会再占用其他课时为他们进行重复培训和考查，以致他们的技能水平最终还是不能达到应有的要求。此外，有时为了赶教学进度，会经常出现一个老师同时对多人多组进行技能考核的情况，这就使得考核过程流于形式，实际效果大打折扣。

3. 技能考核标准不明确，学生缺乏积极性

有考核就会有标准，有标准才能有令人信服的分数。考核指标和标准是学生明确该完成什么、该完成到何种程度的重要依据，也是学生明确自己学习目标和行为规范的准则。合理的考核分数也该先依据不同指标的完成程度来分别给出，最后综合评出。但目前技能考核过程中，标准不明确，分数不透明的现象时常发生，大大削弱了学生的积极性。以"中式做床"的考核为例，其步骤包括：①开单、②甩单、③包角、④将床复位、⑤套枕芯、⑥放枕头、⑦套被套、⑧铺被子、⑨铺床尾巾。每个步骤应该对应一个分值，然而很多情况下老师并不会精心设置这些指标，只会依据学生完成的整体情况以及完成的时间进行"保密式"打分。这种方式带有较大的主观色彩，评分误差也较大，学生无法知道自己的分数是如何构成的，反而认为和老师"关系好"就能得高分，故学习和练习的积极性受到很大的影响。

四、旅游管理专业考评方式优化策略

（一）笔试方面

笔试可采用多种形式，现行的笔试形式主要包括：①预知考试。事先把考题交给学生，此方法可以减少学生的焦虑，提高学生对重点的把握程度。②开卷考试。在考试中学生可以查看具体指定的参考书和笔记，此方法可以减少学生对记忆事实的偏重，减少学生的焦虑并有可能出难度较高的问题。③闭卷考试。任何问题都可能出现在试卷上，能够使学生按照整个课程大纲复习[6]。目前最普遍的是在教师的监督下由学生在规定的比较短的时间内完成所有考题，此方法适用于各类专业考试。

笔试的优点是一次能够出大量试题，考试的取样较多，对本科生而言，专业笔试主要考查基础知识、基本技能，而不是很高深的学问。因此，对知识、技能和能力的考核的信度和效度都较高，时间少、效率高、学生压力较小，容易发挥其正常水平，成绩评定比较客观。缺点主要表现在不能全面考察学生的工作态度、品德修养以及组织管理能力、口头表达能力和操作技能等。因此，在有些科目的考评中还必须采取其他测评方式以补其短。

这种考评方式适用于各门课程的考试，但是在具体的操作中，还是要切忌"一刀切"，要结合具体的课程内容和培养要求，在题型、题目和题量等方面做出符合实际要求的安排和设计。

（二）实际操作方面

即安排学生在真实的工作环境中，以个人或小组的形式，通过使用符合规范的行为方式和操作程序来完成指定的操作任务。目前，这是测评学生实践操作能力和实际动手能力的最普遍、最有效的一种考核方式。

这种考核方式的关键在于必须为学生设置一个真实的工作环境，使学生能够身临其境。比如"西餐摆台"的操作考核，就必须首先为学生提供一个专业的环境，准备需要使用的一系列道具，如餐桌、餐刀叉、餐盘、花瓶、胡椒盐瓶、牙签筒、奶缸、警示牌等，在此基础上才能进行有效的考核。又如"导游实训"的考核，应该把学生带到某个具体的景区景点之内，按照事先告知的旅游线路及沿途景点，由被考核者模拟导游，老师和同学模拟游客，以此考核学生的导游带团实际操作水平。最后要按照事先设定好的评分标准打分。这种考核方式针对性强、实践性强，是克服当前旅游管理专业学生实践能力弱、实践经验不足等问题的重要方式。由于考核时对学生的理论知识和操作水平均有较高的要求，所以在考核前必须给予学生充分的准备和自我训练的时间。

这种考评方式适用于《导游实训》《餐饮管理与服务》《饭店管理》《前厅与客房管理》《旅行社管理》《旅游景区管理》等课程。

（三）计算机考试方面

目前许多国家的教育测试中，计算机自适应考试（计算机无纸化考试）已经得到了普遍应用。原因在于它所具有的自动生成试卷、自动测试、自动打分、自动成绩汇总等功能，能够有效应对传统的纸笔考试无法应对的学分制下高校课程考试出现的考试更注重学生的能力测试、对教学评价手段的要求增强等新问题[7]。

以《旅游英语》课程为例，要适应新形势下学生综合能力全面发展的要求，就必须改进以教师课堂内考核为主的单一考试环境，充分发挥计算机多媒体、网络技术等现代化手段的作用。通过加强网络化的语言实验室和多媒体计算机教室的建设，创造条件，营造符合现实环境的虚拟旅游英语教学环境。充分利用校园网建立虚拟的英语训练和考试环境，比如利用当前的 3D 技术，可以使学生置身于世界上任何一个旅游景点，再融合人机对话或计算机答题的考试方式，从而打破旅游管理专业考核中时间和空间上的限制。这种考试方式具有很强的实用性、文化性和趣味性，但成本较高。

这种考评方式适用于《导游英语》《饭店英语》《旅游规划与开发》等课程。

（四）短文写作方面

即以连续、连贯的文章形式对问题做出阐释，此方式主要适用于文科类专业和某些选修课。短文写作的目的主要是检测学生讨论、评价、概括和批判地分析问题的能力，以综合考查学生对所学知识的掌握和运用，并提高汉语写作和逻辑思维的能力。这种考评方式难度较小，时间较短，操作简单，适用于偏理论性专业科目的期中考评环节，比如《旅游学概论》《旅游法规》《导游基础知识》等课程。

以《旅游学概论》为例，该课程内容包括：旅游学的基本学科问题、旅游的本质与特征、旅游活动的构成要素、旅游需要与旅游需求、旅游体验、旅游效应和旅游容量等，旨在通过对旅游现象的系统研究，使学生熟悉旅游研究和旅游实践领域的一些基本知识。故可在期中测试阶段采用短文写作的方式，选取有针对性的题目，如"试分析影响个人出游的因素及其认识意义"或"谈谈你对当前国家积极支持发展旅游业作为国家支柱产业的认识"等，字数要求 500 字左右，老师便可依据学生答题内容的关键知识点部分来分析判断该生对该阶段该门课程理论知识的掌握水平。最后按照事先设定好的评分标准进行打分。

这种考评方式适用于《旅游学概论》《饭店管理》《旅游经济学》《旅游心理学》《休闲与旅游》等课程。

（五）课程作业方面

一种由学生承担的自测任务，可以按照不同专业的性质以不同的方式提交结果，如调查报告、绘制图纸、项目策划方案、书评、辩论稿，等等。作业可分为个人作业和小组作业，成果可通过文字、图像、音视频等形式展现。这种考评方式难度较大，操作较复杂，要求学生具备较强的综合素质，可以在一定程度上检测出学生定性和定量分析旅游管理问题的实际水平。适用于理论性与操作性兼具的专业科目的平时和期中阶段测试，比如《前厅与客房管理》《旅游景区规划》等课程。

以《旅游景区规划》为例，这是一门关于对旅游目的地进行设计的学问，以其规划地旅游资源为凭借，结合市场需求，通过规划人员的创意而获得目的地旅游形象、空间布局、项目构成、主打旅游产品及其系列规划的顺利实施，旨在使学生具有积极的思考意识，具有较强的空间想象能力和项目策划能力。故在平时测试中可采用课程作业的方式，形成若干分组，每组约4～5人，安排各小组完成一份《现有景区的市场营销策划书》或一份《旅游目的地新建景区的可行性调查报告》等，时间约3～4周，最终成果可以以策划书、演示文稿、绘制图、视频图像等形式展示出来。老师可以事先设置若干评分等级，如"很好（90～100分）、好（75～90分）、一般（60～75分）、不好（45～60分）、差（30～45分）"五个等级，然后依据每一组成果展示的内容和形式的完整性、科学性、创新程度以及其他同学的认同程度纳入等级，最后给予一个合理的分数。这种方式可以很大程度上增强学生收集和分析资料的能力，能够激发学生运用各种如Google Earth、CAD制图软件、SPSS等专业软件的兴趣和热情，以及提升学生对于Word、Excel、PowerPoint等办公自动化软件的实际操作能力，强化学生的团队意识和创新意识，提升他们的实践能力。

这种考评方式适用于《导游实训》《餐饮服务与管理》《饭店管理》《旅行社管理》《旅游经济学》《旅游景区管理》《旅游资源学》等课程。

（六）课程论文或设计方面

文科类的学生可以书面方式提交调查或研究成果，可采用扩展的短文形式，调查研究报告与学位论文相比在风格和结构上要求不太严格，在内容和方法上最好涉及课程的主要内容及其综合运用。这种考评方式时间长、内容广泛、主体多样，适用于选修课以及部分理论性较强的专业课的期末考评阶段。比如《休闲与旅游》《旅游心理学》等课程。这种方式在考查学生旅游业信息获取、文献检索和期刊科技信息获取水平，以及科学研究和实际工作能力等方面具有突出效果。

以《休闲与旅游》为例，旨在研究人们休闲行为和休闲现象，剖析休闲经济的发展趋势，揭示休闲行为的一般规律，使学生能够掌握休闲研究的基本理论和分析方法，了解休闲活动和休闲产业的基本情况，引发提高居民休闲满意度的思考。故可在期末测试阶段采用课程论文的方式，安排学生完成一份课程论文，题目可以由老师选定或由学生自主命题，以课程教学纲目为主线，结合课程重点内容。比如《徐州休闲旅游发展道路的构想》或《城乡发展休闲旅游的差异化研究》等，字数要求 3500 字左右，时间 3~4 周。这些题目都可以激发学生去研究课程内容的重点，并且提升他们收集、筛选和分析专业信息资料的能力，培养学生在休闲研究方面的理论素养和分析能力，为理解旅游管理专业各门学科知识、实践活动等夯实基础。老师可事先设定好若干等级以及每个等级对应的指标标准和每个指标对应的权数大小，然后根据学生论文在内容完整性、内容关联度、结构逻辑性、题目创新程度等方面的实际情况归纳入等级，最后给出一个合理的分数。

这种考评方式适用于《旅游经济学》《旅游心理学》《旅游资源学》《休闲学》《旅游规划与开发》《旅游文献检索与学术论文写作》等课程。

（七）口试方面

口试考核可与上述方法一起使用，也适用于各类专业考试，尤其是语言类科目的考试。在这种形式下，学生必须以口头的方式回答问题。该类考试能够在一个比较短的时间内确定学生掌握了什么知识以及理解的深度，还可以测试学生的反应能力，培养学生的交流沟通能力，提高学生的心理素质[6]。这种考试针对性强、效果明显，可以用于平时、期中、期末各个阶段，尤其是如《旅游英语》《饭店英语》等此类语言类科目，这些课程对学生口语的表达能力有很高的要求，而在旅游行业，本科生的外语交流和沟通能力又是一种重要的现实职业能力，所以口语测试在这些科目中就显得尤为重要。

以《饭店英语》为例，老师可以在前厅、客房、餐厅、商务中心等各种情境下选择一个情境，构思一种情节，然后与学生展开对话，也可安排学生与学生来完成这种情节的对话。再以《旅游英语》为例，老师可以开展诸如"英文模拟导游""英文导游词比赛"或情景剧等活动作为口试的形式，以此来考查学生的外语知识积累程度和外语表达能力。其他文科类科目也可采用，比如《旅游学论文写作》一课，老师可以要求学生以演示文稿的形式完成一份论文的开题报告，再由学生本人在规定的时间内向老师或同学阐述自己的研究过程与心得体会，并且回答来自各方的提问。不可否认，强化口语测试是增强旅游管理专业本科生核心竞争力的一项重要举措，但是这种考评方式对学生语言和表达基础要求较高，学生准备的时间又较短，因此心理压力较大。

这种考评方式适用于《导游英语》《饭店英语》《旅游文献检索与学术论文写作》等课程。

（八）实际应用方面

在许多情况下，考核学生是否学有所成的合理方法之一就是通过观察学生实际应用所学知识的情况。这种考试方法要求学生必须针对社会实际中的某些具体问题提出自己的解决方案，甚至采取必要的行动[6]。基于实际应用考核的特点，目前最常用的是案例分析法和角色扮演法。案例分析法侧重针对具体问题提出解决方案，而角色扮演法更侧重在提出方法的同时采取必要的行动。

案例分析考试的主要环节是，由老师根据教学内容给出一个具有争议性的案例，启发学生针对案例进行讨论，最后完成一份解决问题的方案。用于考评的典型案例应该包括以下几个内容：①说明。包括目的、对象、使用建议、作者等。②正文。一般按照事件发展的顺序展开，一些复杂的案例通常先介绍事件发生的背景。③附件。如数据、图表、有关规章制度、有关背景知识。④思考题。思考题是案例中的关键，许多案例的思考题不止一个。思考题的提问方式多种多样，如"你认为案例中的游客和导游的行为是否合理"或"针对A景区的客源困境你有什么对策"[7]。案例分析法可以单独使用，也可以与笔试、短文写作等其他方式一起使用，适用于平时和期中考评阶段。

角色扮演（俗称情景剧）考试方式的主要环节是，由老师事先将班级成员分为若干小组，然后设置一个能力考核的大致范围。比如"饭店业的顾客投诉"或"导游带团突发事件的处理"等，要求学生模拟真实的工作情境，由各成员扮演不同角色，并且要求学生的行为和态度必须要符合他的职业角色，然后去提出或处理各种问题。角色扮演的形式还可以分为现场扮演和实景录像两种形式。比如有关"饭店业顾客投诉"的情景剧可以在教室里展示，而"导游带团突发事件处理"就可以在当地某景区内拍摄完成，最后制作成录像。现场扮演布置简单，易于操作，而实景录像情景真实，贴近实际，两者各有所长，可以以具体条件、要求选择使用。成绩的评定可以由老师和现场同学依据情景剧的实际内容和展示效果共同打分，再根据不同的权重系数获得总分。

这两种方式都可以很大程度上检测学生在掌握基本理论知识的基础上进行分析问题和解决问题的能力，有时解决方案并没有固定的答案，必须具体问题具体分析，因此还能培养学生的联想和创新能力，一定程度上可以弥补由于缺少实践而造成的经验不足的问题。

这种考评方式适用于《导游实训》《旅游景区管理》《饭店管理》《前厅与客房管理》《旅行社管理》等课程。

（九）自我评价和学生互评

比较具体的技能容易通过实际操作进行测试，但是很多技能，尤其是像管理技术和能力，很难用上述方法进行客观评价，这里可以采用一种主观评价的方式，由学员自我打分和学生互评。自我评价的成败在于需要设计具有针对性和易于感知的自我评价量表。

评估时间：学生在课程开始前和结束前各填一份调查问卷，针对自己当时的技能水平进行评价，通过两份问卷打分的差异，可以了解学生的技能是否得到提高[7]。

俗话说"群众的眼睛是雪亮的"，学生互评可以一定程度上降低老师主观评价时存在的个人色彩的不利影响，这也是一种适合各类专业并可与多种考试方式结合起来运用的形式。重要的是这种形式能够让学生参与尝试把考试标准应用于自身。适用于口试、角色扮演法、实际操作法等。

这种考评方式可以用于《导游英语》等适用口语考试的科目，以及《餐饮服务与管理》《导游实训》《旅游文献检索与学术论文写作》等有关实际应用或实际操作的相关课程。

五、可借鉴的国外知名高校相关经验

1. 多种考核方式相结合

美国以考查学生能力为纬度，建立了科学的、综合的学生学业评价体系，根据不同专业、不同课程的特点，采用闭卷、开卷、口试、答辩及实际操作能力测试等多种形式。在英国，为使学生全面掌握学科内容，大学的大部分考核采用论文和笔试形式，有些还要经过口试。英国佩斯利大学商学院理论课程的考试主要有六种形式：常规考试、写作、演讲、口试、课堂测验和实践性考试，每门课程都包含两种或者两种以上的考试形式[8]。

2. 成绩构成的系统性

在美国高校，决定学生某门课程成绩的除了期中、期末成绩之外，还包括论文成绩、平时作业成绩、平时小测验成绩、讨论活跃程度、上课出勤情况，等等。澳大利亚许多高校也采用分次累积的计分方法，避免单一指标的评定方法，一般成绩构成是由期中考试、课堂表现、期末考试和事例分析等几个部分组成。英国佩斯利大学的"市场营销实践"课程把学习目标细分为 L1、L2、L3 三类，每类都有相应的分阶段的考试形式，最后的成绩构成包括三个阶段的常规考试、三个阶段的写作和一个阶段的演讲[9]。

3. 注重能力考核

自从英国开放大学教育学院的学者在 20 世纪 80 年代提出发展性教育评价制度以来，各国高校在课程考试中越来越注重能力考核。他们强调测评的真实性和情境性，重在形成学生对现实生活的领悟能力、解释能力和创造能力，在考试和评价中重视考查学生综合运用所学知识解决实际问题的能力[10]。

4. 重平时考核，轻期末考核

加拿大里墨斯基大学非常重视平时成绩，包括作业、测验、阶段考试等，平时成绩占总成绩的 50%～70%，而期终考试则不占太大的比例。最后成绩是该学生参加该门课程考试成绩的平均值，如果某学生重修 N 次，最后成绩将是 N+1 次（1 为最初的成绩）成绩的平均值[9]。

教学内容和教学方法改革了，考核及成绩评定方法也必须做出相应的改革。国外的先进经验告诉我们，传统的考核存在的弊端在于形式死板，多数情况下是期末一次性闭卷考试，迫使学生对教科书内容死记硬背，未必有真正的理解，考核成绩也难以反映学生对所学内容运用的能力。改革后的考核方法应从内容和形式上都采取新的标准。考试不仅涉及知识本身，例如某些概念、定义、原理和理论，更重要的是对它们的理解和应用。对成绩的评定也应包括知识和能力两方面的指标。从形式上应采用结构成绩制，平时作业、测验、实践训练和期末考试各占一定合理的比例。同时还可以将笔试和口试相结合，开卷和闭卷相结合，根据不同的考核内容灵活选用适当的考核方式。考评方式的多元化注定将会是未来教学方式改革的重要方面和实现目标。

六、结语

旅游管理专业是一门理论与实际结合程度高、对管理能力与技能水平都有着较高要求的新兴专业，可是，许多高校的专业任课教师大多是从其他学科教学一线调任的，如历史学、地理学等，对于旅游管理专业的学科内涵和教学方式的认识存在着明显的不足，这也就导致了在学生考评方式上沿用旧时模式或直接照搬其他学科方式所带来的不适应，没有考虑到不同课程在培养目标上的差异，没有认识到不同方式在考评学生能力上所具备的特殊功能，无法真正做到考评的针对性和科学性，故也就无法真正了解学生专业知识和技能的实际掌握情况。笔者认为，以单一手段考评学生的时代已经过去，多元化的考评方式才符合时代的发展潮流。旅游行业属于应用型行业，高校所培养的学生如果希望符合市场需求，受到用人单位欢迎，就必须要结合行业标准需求来进行考核。只有通过广泛的市场调研，并且根据旅游行业的反馈和教学一线的实践经验不断优化考核方式，才能实现符合毕业生综合素质和各项能力要求的专业培养目标，才能通过四年的学习和实践，使学生具有旅游从业人员的综合素质，掌握必备的基本知识、服务技能，成为适应新时代下旅游行业所需要的品德高尚、沟通流畅、技能精湛、优雅大方、富有协作能力和创新精神的应用型、复合型人才。故以市场为导向，遵循理论与实际相结合的原则，严格依照培养目标，设计出一套相对完整、切实可行、能使学生形成核心竞争力的考评体系迫在眉睫，而考评方式的系统优化则更是重中之重！

【参考文献】

[1] 刘艳. 旅游管理专业考试模式改革实践研究［J］. 辽宁经济管理干部

学院学报，2009，(3)：74.

［2］杜江等.面向21世纪旅游管理专业（本科）培养目标的调整与课程体系的变革［J］.桂林旅游高等专科学校学报·旅游学科建设与旅游教育增刊［J］.1999，(10)：132，139.

［3］中山大学本科招生网［EB/OL］.［2012 10 10］.http：//admission.sysu.edu.cn/zs03/zs0315/.

［4］高考网［EB/OL］.［2012 10 10］.http：//www.gaokao.com/e/20090518/4b8bca445c61a.shtml.

［5］浙江大学管理学院［EB/OL］.［2012-10-10］.http：//www.som.zju.edu.cn/cn/.

［6］姜秀全.借鉴国外高校考试模式实施创新课程考试改革［J］.临沂师范学院学报，2009，10 (5)：45-46.

［7］郭京生，潘立.人员培训实务［M］.北京：机械工业出版社，2011.99，180.

［8］黄应绘.高校课程考试的国际经验及对我国的启示［J］.中国电力教育，2010，(1)：41-42.

［9］刘淑英.国外高校考试"以人为本"的体现及启示［J］.科技信息，2008，(33)：549，555.

［10］蒋太岩.中美高校学分制下的人才培养［M］.沈阳：辽宁大学出版社，2006.235-236.

以职业经理人为目标导向的旅游人才培养模式创新探索

——以江苏师范大学旅游管理专业为例

王 欣

知识经济时代综合国力的竞争实质上是人才的竞争,人才既是推动经济发展的根本,同时也是社会发展与科技进步的迫切需求。而旅游业作为国民经济的战略性支柱产业,近年来的发展势头可谓一日千里,这对旅游管理专业人才的培养质量提出了更高更新的要求。作为旅游人才培养的重要环节,旅游高等教育在旅游管理专业人才培养模式的创新方面肩负着诸多使命。

本文以江苏师范大学旅游管理专业为例,在分析旅游行业对职业经理人的需求和高校人才培养情况的基础上,认为旅游管理本科人才培养目标应当锁定为旅游职业经理人,并探索出了以职业经理人为目标导向的旅游人才培养模式的内容和支撑体系,以为优化地方高校旅游管理专业人才培养模式做出一点应有的贡献。

一、旅游职业经理人供需脱节现象严重

(一)旅游职业经理人的内涵

职业经理人作为企业人力资源的重要组成部分,是企业的核心竞争力。而旅游职业经理人是以自己的管理专长从事旅游行业经营管理的人员[1]。笔者认为,旅游职业经理人是以旅游企业经营管理为职业,在旅游企业担任一定的管理职务,能够综合运用人力资源和其他资源,为实现旅游企业经营目标而工作的受薪人员。

按照旅游企业的不同,旅游职业经理人队伍大致可分为三个方向:旅游饭店、旅行社和旅游景区;按其在旅游企业所处的地位,可将旅游职业经理人分为三个层次:高层(如总经理)、中层(如部门经理)和基层(如主管、领班)。

一名成功的旅游职业经理人要具备包括品德、知识和能力等方面的较高素养。品德是推动一个人行为的主观力量，体现了一个人的世界观、人生观、价值观、道德观和法制观念，持续有力地指导着他对现实的态度和他的行为方式，决定着一个人工作的愿望和干劲，良好的思想道德修养是旅游职业经理人最基本的素质要求。知识和能力代表了一个人的智能水平，决定着一个人实际的工作能力和发展潜力。作为职业经理人，要对其所从事的专业领域里的知识在广度上有足够的理解，深度上也有足够的认识，因此旅游管理专业知识是作为一名旅游职业经理人应具备的首要知识素养，除此之外，还要具备诸如管理学、心理学、社会学、经济学等多方面的知识结构。旅游职业经理人在旅游企业中扮演管理者的角色，所以管理能力是一名职业经理人最根本的素养，需要具备决策、计划、组织、领导、控制等管理能力，此外还需要具备较强的沟通、组织和协调能力。

（二）行业发展对旅游职业经理人的需求巨大

随着旅游业在全球经济地位的逐步提高，大众化的旅游时代已经到来，中国旅游业进入了一个新的历史发展时期。国务院 2009 年 11 月 3 日发布的《关于加快发展旅游业的意见》中明确了新时期我国旅游业发展的战略定位，即"把旅游业培育成为国民经济的战略性支柱产业和人民群众更加满意的现代服务业"。截至 2011 年年底，全国共有 30 个省区市将旅游业定位为支柱产业、主导产业、先导产业或龙头产业，有 339 座城市已经建成为"中国优秀旅游城市"[2]，一个规模较大、基础坚实的现代旅游产业体系已初步建成。旅游产业的高速发展，对旅游企事业单位的经营管理提出了更高的要求，使培养、造就高水平的旅游职业经理人队伍成为中国旅游业发展的要务之一。

从 20 世纪 80 年代后期开始，旅游职业经理人的角色便正式出现在中国旅游产业中，但至今尚未形成真正意义上的职业经理人队伍。我国旅游职业经理人建设难以适应旅游业日新月异的快速发展。

一是数量严重不足。以江苏省为例，每年新增的旅游企业中，中高级旅游管理岗位的人才缺口就有 1500 多人。我院对徐州市十多家旅游企业的调查结果表明：在旅游企业各类岗位人才需求中，中高级管理类的人才需求占到了 30%。总的来说，管理型和高级技能型人才的需求量越来越大。

二是质量明显不高。目前我国多数职业经理人学历层次普遍比较低，从我们对徐州市酒店业的调查统计数据来看，目前酒店业高层管理者中，本科占27%，大专占54%，高中占16%，初中占3%，多数是靠经验和资历在行业中长期摸爬滚打成长起来的。尽管旅游业不是唯学历是尊，但经理人的基础素养会影响其职业思维的形成，知识体系的不完整又会限制他们在新的市场背景下对经营管理的探索，难以突破固有的经营管理模式。因此在现实的管理中，经验型管理多于知识型管理，传统型管理多于创新型管理，多数职业经理人还不能用科学的方法来管理现代旅游企业。

这些问题造成旅游业人才供求矛盾突出，特别是对旅游职业经理人的需求，已经到了"如饥似渴"的地步，成为旅游行业面临的重要问题。

二、旅游管理专业本科人才教育的缺位

出现旅游职业经理人目前这种供需脱节的主要原因，在于本科层次旅游专业人才教育的缺陷。

（一）旅游管理本科专业人才培养目标定位不清

在旅游职业经理人的培养过程中，旅游教育扮演着重要的角色。传承知识、积淀文化、培养学生的职业素养、教授学生科学思维方式、探讨旅游职业人成长规律、塑造旅游人才是旅游院校的使命。而旅游专业教育对于旅游行业亟须的职业经理人，至今仍没有一个成熟的培养模式。

在全国旅游专业的人才培养中，高职高专强调技能型定位，毕业生主要充实到旅游企业一线基层员工队伍中；旅游硕博士强调研究型定位，毕业生主要从事旅游研究工作。而高等院校对于旅游管理本科专业人才培养的目标定位很不清晰，没有明确指出人才培养规格，只是笼统地提出"宽口径、厚基础、强技能"的培养要求。在这一目标指引下，传统的人才培养模式，80%的时间局限于课堂教学，20%的时间进行基本技能训练，严重缺乏对学生职业素质和管理能力的培养，因此培养的学生缺乏明显的就业竞争力，操作技能不如高职生，研究能力不及硕士生，造成高不成、低不就的尴尬局面。

从理论上来讲，旅游管理专业本科毕业生有四个就业方向：一是到各级旅游行政管理部门从事管理工作；二是到旅游事业单位从事管理工作；

三是到旅游企业从事管理工作；四是到院校或科研机构从事教学、科研工作。近年来，前两种就业岗位基本被公务员序列的"逢进必考"制度垄断，第四个方向对于旅游管理本科生来说在十年前是现实的，但近年来该就业通道基本上被硕士、博士占领。由于旅游企业对管理人才的需求量远远大于旅游行政管理部门和旅游事业单位，所以，对于旅游管理专业本科毕业生来说，到旅游企业从事管理工作是最为可行的重要选择[3]。

因此，旅游本科教育需要清晰定位，应在旅游职业经理人的培养过程中承担起重要的使命。

（二）我校旅游管理本科生就业状况不理想，人才流失严重

江苏师范大学旅游管理本科专业创办于 2002 年，至今已有 12 年的办学历史。是苏北乃至淮海经济区第一个具有旅游管理本科专业学士学位授予权的单位。

在旅游管理专业建设、改革和发展的过程中，学院对旅游管理专业人才培养的目标定位为：以"培养具有现代管理理论和旅游管理专业知识，具备创新意识、过硬的专业技能和综合素质，能在政府各级旅游行政管理部门、旅游企业、旅游科研、教学部门从事旅游管理、旅游规划、科研、教学工作的应用型和复合型的高级专业人才为目标"。从这一培养目标来看，相当宽泛笼统，并没有锁定旅游企业管理人才的目标诉求，所以在这一模糊目标的定位下，其教学设计大多都按照常规的模式进行，课程设置比较单一，理论灌输色彩突出，这就使得培养出的旅游人才缺乏特色，竞争能力不够。

与全国高校旅游管理本科专业一样，由于人才培养目标的错位和培养模式存在问题，导致学生就业竞争力不足，传统的旅游行业能够提供的大量的低端就业岗位难以吸引本科人才驻足。在就业博弈的大军中，本科生认为自己起点高，既不愿意长期从事基层服务工作，但又不具备管理型人才的能力水平，因而在旅游行业就业率较低，行业内流失率较高。从我校旅游管理本科毕业生就业去向来看，毕业当年真正从事旅游管理有关工作的还不到 30%，三年内仍留在旅游企业从业的学生尚不足 20%。

现实迫切要求我们探索旅游管理专业本科教育人才培养模式的新途径。将培养掌握现代管理理论、技术与方法等方面知识，具有扎实的理论

基础、较强的旅游管理素养和技能的宽口径、厚基础、高素质、强技能的旅游职业经理人作为人才培养目标，在教学环节中，加强对学生的素质教育提升教育，强化管理能力和创新能力培养，力求使人才培养模式更贴近市场需要，使旅游管理专业的本科毕业生成为基础厚、知识新、竞争力强的职业经理人才成为旅游本科教育的重要使命。旅游本科院校应积极探索出以培养旅游职业经理人为目标导向的本科人才培养新模式，将专业素养和综合素质培养与技能训练和管理能力培养有效结合起来，缩短本科生进入管理岗位的时间，满足旅游行业对职业经理人的现实需求。

三、以职业经理人为目标导向的旅游管理人才培养模式的创新内容

人才培养模式是指为了实现特定的人才培养目标，在一定的教育理念指导和一定的培养制度保障下设计的有关人才培养过程的理论模型与操作样式[4]。人才培养模式由人才培养目标、课程设置方式等多个要素构成，人才培养模式合理与否直接关系到人才培养的水平和质量。

（一）目标定位清晰化

旅游产业的人才培养目标有别于其他产业，需要在创新性和应用性上做文章，对旅游本科院校来说，其核心任务是把学生培养成为创新能力突出、应用技能较强的"复合型、应用型"人才。

遵循教育部对高等教育人才"基础扎实、知识面宽、能力强、素质高"的培养总体要求，拟对旅游管理本科生培养目标定位为："以职业经理人为目标导向，培养符合旅游业需要的、能直接进入管理岗位的应用型、复合型旅游管理人才"。这既区别于高职高专的技能型定位，又区别于旅游硕士的研究型定位。

（二）课程体系模块化

旅游管理专业传统的课程设置包括公共课、专业基础课和实践课，传统课程设置缺乏专业技能指导和训练，顶岗实习与理论教学相脱节，造成理论、实践"两张皮"。为培养高起点的旅游管理专业人才，拟按照"宽基础、活板块"的思路重置课程体系，在夯实管理学科理论知识的基础上，重视板块知识构架的灵活弹性，保持教学内容与时俱进的开放更新，

突出教学过程中知识板块组合的开放互动，构建以基础素质知识板块为基底、以专业特色知识板块为主体、以专业拓展知识板块为延伸的新型课程体系。采用循序渐进的方式，理论学习与实践培训并举，知识培养与提升技能结合，培养学生从事管理岗位的能力，缩短学校与企业的距离。

（三）职业修炼具体化

职业经理人必须能够根据所从事的职业特性和职业化要求，对职业素养进行自我感悟、自我完善和提升，这种自我感悟、自我完善和提升就是修炼的过程。职业素养是一个人职业生涯成败的关键要素。职业素养主要体现在职业品行、职业意识、职业知识和技能、职业习惯等方面，并通过人的外在行为反映出来。为实现培养目标，拟将现场教育贯穿始终，辅助学生进行职业生涯规划，以职业养成教育为重点，逐步培养学生旅游管理从业素质。

（四）教育方式多样化

整合可用教学资源，系统设计教育各环节。实施"理论教学＋校内实训"体系，完成校内教学，以"实践教学＋校外实训＋国外训练"体系完成行业教育。充分体现能力培养为主和面向市场原则，落实质量优先战略。在具体的课程安排上，应重视打造学生复合型的知识结构，强化基础知识学习，把不同学科领域的知识有机地组合起来，交叉、融合、贯通成为综合知识。在旅游基础课的安排上加入经济学和管理学课程，使旅游专业与其他学科结合，在传统的旅游基础课的基础上，加入西方经济学、管理学原理、市场营销学和国际贸易等课程。

在教学过程中，创新教学方法，提升综合知识运用能力。如采用沙盘模拟教学，使学生参与旅游经营和营销，进行实践操作的模拟训练，将多学科知识有机融合；定期举办"中西餐摆台大赛""景点解说大赛"等专业技能竞赛，并开展导游员、调酒师、秘书资格证、会计资格证等的培训和获取工作，加强职业技能培养；鼓励学生参加各种社团和活动，如"旅游协会""主持人大赛"，培养社交能力和组织能力，形成良好心理素质，促进复合型能力的形成与提升。

（五）教学组织阶段化

为实现职业经理人的人才培养目标，拟采用"2＋0.5＋1＋0.5"的教学组织模式,即在校内结合所学课程,依托校内实训场所进行 2 年扎实的教学与技能实训,然后在校外实训基地进行为期半年的实践教学和岗位培训,再回到学校针对学生的知识和能力方面的"短板"进行 1 年的补充学习和综合训练(可在校内实习餐厅和酒吧内担任职务),并进行毕业论文的选题工作,最后半年由学生结合自己的职业生涯规划自主选择企业进行择业综合实习。

(六) 师资队伍多元化

为突出"应用型"和"经营管理能力"的目标定位,必须强调理论与实践相结合,干与学相结合,知识讲授与能力培养相结合。这种人才培养规格必须通过多元化的教师队伍来实现。

第一,专兼结合,从旅游企业聘请具有高深造诣和管理实践经验丰富的高级管理人员担任兼职教授。广泛开展校企、校政、校间合作,聘请旅游企业高管人员、邀请旅游教育专家,参与学校专业建设、课程设置和实习实训的开展,聘请旅游企业技能人员作为兼职职业指导师,使学生了解旅游企业发展的最新动态和企业管理制度,掌握专业的职业技能和正确的工作流程。总之,旅游人才的竞争将成为未来旅游市场竞争的内容之一,具备扎实的专业基础知识,掌握理论分析方法,具有解决实际问题能力,具有科学创新精神和良好的形象、沟通、协调能力的高素质复合型人才已成为旅游业发展的急需人才。

第二,专任教师双师化,逐步提升双师型教师比例。这就要求高校的传统师资需要转型。传统的师资表现出缺乏创新精神,新知识获取不足,各种原因导致的知识结构不合理、知识面狭窄现象,不适合复合型人才培养需要,因此必须实现传统师资的转型。培养他们的创新精神,树立终身学习的观念,获取最前沿的科学知识和技术;进行跨学科培训,加强国内国际的交流与合作,拓宽知识面,提高学科间的交叉程度,培养高层次复合型师资人才;到企业挂职锻炼,参与企业的服务管理,培养双师型教师。

四、以职业经理人为目标导向的旅游管理人才培养模式实施的支撑体系

为培育学生综合素质和创新意识,实现职业经理人的培养目标,还需

要过程创新和基础创新体系做支撑。

(一) 过程创新支撑体系

旅游管理专业本科教学过程创新包括：教学内容创新、教学方法创新和办学模式创新。

1. 教学内容创新

教学内容的创新体系主要体现在以下三个方面：（1）教材选用创新，坚持"选、编并重"原则，改变只使用一本教科书的习惯做法，以形成开放式的、更新更合理的知识体系。（2）实践性环节创新，不仅要求学生掌握基本理论，还要掌握一定的业务流程和具体操作。（3）主题教学活动创新，聘请知名企业总经理担任本科生指导老师，并改传统课堂讲授为由师生共同商讨的主题教学活动。

2. 教学方法创新

倡导采用多种教学方法，如案例教学、知识竞赛、创业大赛和角色扮演等，探索方向是摒弃传统教学中"以课堂为中心，以教师为中心，以知识为中心"的模式，形成学习型组织，发挥团队学习作用，并充分运用现代技术，提高教学效率。

3. 办学模式创新

订单式人才培养模式不仅成为本专业人才培养模式探索的新突破，也成为鉴别学生培养质量的重要形式之一，学校只有深入企业，才能准确地把握企业、行业的真正需求。旅游学院在与旅游企业开展广泛合作的基础上，树立"零距离培养"理念，建立校企合作、产学研结合的教学实践基地。

(二) 基础创新支撑体系

应该从学生组织与管理、教师组织与管理和教学评估与反馈三方面做好相应的基础管理创新工作。

学生组织与管理方面，鼓励"蚕蛹体验式"学习管理。将学生编成小组，以小组为基本单位开展竞赛式学习；模仿企业环境，将小组成员按其专长担任不同的角色，使学生既全面把握企业的运作流程，又深化专业知识与技能的学习；还可模仿市场环境，将每个小组命名为不同的公司，进行模拟市场学习，使学生们了解企业的生存环境，增强综合运用知识的能力与业务实操能力。

在教师组织与管理方面，加强教师与行业内外部的交流与合作，逐步建立起学科交叉互补、"老—中—青"结合的教师兴趣小组和专题（案）教学团队。

在教学评估与反馈方面，应规范教学管理，加强质量监控。应结合旅游管理专业的特点和本单位工作的实际需要，制定了教学管理部分更为细致的工作规程或实施细则，形成了校院两级教学管理规范体系，切实保障了各教学环节的良好秩序。在加强课堂教学质量监控方面，将学生全员评教、教学督导组和院系领导听课、期中教学检查、学生座谈会、教研办日常抽查等作为本专业教学质量监控的主要措施。

在就业指导方面，应对学生提供全方位服务。主要体现在以下两个方面：①全程指导。就业指导应贯穿大学生在校学习的整个过程。②一对一指导。实施"就业指导导师制"，为每个学生配备一位就业指导导师，有针对性地对每个学生进行职业生涯规划与指导。

五、结语

作为新兴产业的现代旅游业，由于它所具有的国际性、对科技成果应用的广泛性及其在国民经济中所占的重要地位等，对旅游经理人的需求更加迫切，特别是面临 21 世纪的挑战形势，可以说，是否拥有足够数量的高素质的旅游职业管理人才，将成为一个国家、一个地区社会发展成败的关键因素。而在长期的旅游管理本科人才的培养中，由于定位宽泛，针对性不强，在与高职高专旅游人才和旅游硕博士人才角逐的过程中，旅游本科毕业生难以凸显就业竞争力，现行的旅游本科专业人才培养模式目标定位不清晰是导致供需严重错位现象的本质原因。文章研究认为，在旅游管理专业本科教育中，应把职业经理人明确作为人才培养的目标。这就明确了旅游管理专业本科教育的人才培养规格，指明了旅游管理专业本科毕业生的职业生涯发展方向。

构建以职业经理人为目标导向的旅游管理人才培养模式成为旅游本科教育必须应对的问题，为此必须明确这一目标定位，并在这一目标的指引下，构建实现该目标方案的具体思路，可以从课程设置、职业修炼、教育方式、教学组织、师资队伍等方面入手，另外还必须建构实现这一模式的支撑体系。以此才能满足旅游行业对职业经理人的现实需求，缩短旅游管理本科毕业生进入管理岗位的时间，使其尽快成为政治素质好、知识结构合理、宏观视野广、对旅游业适应性强，并且具有开拓性、创造性和应变能力的旅游管理人才。

【参考文献】

［1］张青．中国旅游职业经理人现状分析及发展对策．中国石油大学胜利学院学报［J］．2008，（3）：61-66.

［2］全国有 30 个省区市将旅游业定为支柱产业．中国旅游新闻网 http：//www．cntour2．com/viewnews/2012/04/09/zpbBsVxFL2srQghTAff50．shtml.

［3］朱美光．旅游管理人才培养以职业经理人为导向．创新科技［J］．2010，(12)：28-29.

［4］董泽芳．高校人才培养模式的概念界定与要素解析．大学教育科学［J］．2012（3）：30-35.

旅游管理专业本科生酒店实习的优势及问题分析

颜丽丽

摘要：专业实习是教学实践的重要环节，旅游管理作为一门社会操作性、实践性很强的专业，更需要专业实习来培养社会需要的应用型人才。本文就以旅游管理本科生在酒店实习为例，分析本科实习生在酒店进行专业实习的必要性以及现状，并找出本科实习生在酒店实习中所存在的优势及问题，从而针对这些问题对学生自身、学校教育以及酒店管理提出相关建议。

一、引言

近些年，我国经济不断发展，人们生活水平普遍提高，酒店旅游等服务行业的发展速度远超其他传统型行业。与此同时，服务业对高素质高学历管理人才的需求也在猛增。这使得众多本科院校纷纷开设旅游管理专业来培养服务业所需要的高素质管理型人才，并且与相关企业合作，让大学生进行专业实习，将理论转化为实践。旅游管理专业实习是培养创新应用型人才的一个重要环节，是本科毕业生就业上岗前专业操作技能的综合训练阶段，在增强旅游专业学生对相关行业运作的了解，帮助他们提高专业技能以及参与竞争意识等方面有着非常重要的意义。

二、旅游管理本科生酒店实习的必要性

1. 有利于学生提高实践能力，为就业打基础

旅游管理专业的实践性和操作性强，需要学生们把理论知识运用到实践中。通过酒店实习可以使学生进一步了解酒店的基本运作及服务情况，认识到自身在实际应用操作中的不足之处，并在实习中对自身的基础理论知识不断完善。同时在实习过程中，可以培养学生的顾客服务意识和社会责任感。通过实习，学生还可以进一步了解社会，提高分析问题和解决问题的能力以及同人打交道的能力，为学生今后就业打好牢固的基础。

2. 有利于学校丰富教学方式，优化课程设置

对于本科院校来说，对学生开展酒店实习可以丰富教学方式，缓解某些院校存在的教学资源、经费、教师不足的难题，同时可以通过对学生在酒店实习过程中经常出现的问题进行分析与总结，归纳出实践教学环节中的不足之处。学校在学生们的实习反馈中熟悉行业需求，制定出更适合学生发展的教学方案。此外，学校安排学生们进行酒店实习也可以充分体现该学校的办学质量和特色，促进学校与相关旅游酒店企业的合作关系。

三、旅游管理专业本科生酒店实习现状

1. 学校实习组织方式

目前，大多数本科院校旅游管理专业实习会采取学校统一安排定点单位的方式进行，由学校出面和星级酒店合作，将学生分批送进实习基地。组织形式一般如下：学校寻找适合的酒店，对学生开展实习动员大会，向他们介绍相关的酒店单位的背景、发展情况，根据学生自己的意愿进行选择，然后将学生名单交由选择的单位进行面试、挑选，双方达成共识，签订正式的实习合同。这种组织方式便于学校对学生的统一管理，掌握学生的实习状况，并对学生进行相关的专业指导。但同时由于学校的人力、物力、财力等资源的限制，使得学校在对实习单位的地域、规模、数量以及种类等方面有所限制，不可能满足每位学生的要求，学生专业实习的范围较小。

2. 学校实习时间安排

不同院校旅游管理专业实习的学年安排都有所不同，大多数院校会把学生的实习课程安排在大四学期，在大一时学习公共课程和专业基础课，到大二、大三则开始安排学习专业课，这样学生们在学校掌握了基础的专业知识课程后再安排实习，有利于他们理论与实践的结合[1]。但也有少数院校认为，如果在学生们先实习，掌握一定的酒店实践操作技能和了解酒店实际运营情况后再回学校学习相关课程的话，会使学生对专业理论知识的学习和理解更加充分和深入。所以，也有少数学校会将实习安排在大三阶段。在实习时间分配上，一般实习3～6个月占的比例最多。

3. 学校实习管理形式

在学生实习过程中,学校也会密切关注学生实习进度。学校会将不同酒店实习的学生分组,每组指定一位指导老师与学生保持联系,关心学生实习心理变化过程、实习工作内容、实习表现等,并及时对学生进行心理辅导,鼓励学生。学校也会定期派老师代表去各个酒店考查学生实际实习状况,听取学生实习反馈意见,尽量与酒店方沟通,解决学生所遇到的困难。除此以外,学校还要求学生写酒店实习周记,将自己的工作内容和工作中所遇到的问题记录下来,并归纳总结实习中的心得体会。

四、旅游管理专业本科生酒店实习的优势

1. 本科生理论基础深厚,能较好地学以致用

本科院校教师在酒店管理基础理论和开发方面取得很大成果,又有比较系统和丰富的理论知识,而本科生学历高,有丰富的酒店管理的理论知识,可以在实习工作中加以创新,适应接受能力也比较强,受到酒店欢迎。

2. 本科生有较强的综合素质,能为酒店注入新的活力

旅游管理本科生业务综合素质比较强,有主动服务意识[2]。在本科教学中,老师们的课堂讲解会涉及很多酒店服务的具体案例分析,虽然学生们理解较浅,但也可以增强学生的服务意识。在实习中面对具体问题和情景时,会尽可能地运用自己的专业知识,分析客人的心理,满足客人的需求。可以说,本科实习生的加入让酒店活力倍增,为酒店赢得客源。

3. 本科生有一定组织管理能力,对酒店管理有独到见解

在酒店实习过程中,学生们不仅体现出具有扎实的专业理论知识,接受适应能力比较强,同时具有较强的组织管理能力[3]。很多酒店管理者在实际的工作中,也发现了本科实习生不少优势:英语口语水平相对比较好,能很好地协助外国客人解决问题,进行基本的外宾接待;而且文笔也比较好,能够为酒店撰写一些简单的文书;相比更注重实践课程的大专院校相比,本科实习生更善于思考,他们会在实习过程中对酒店的一些管理模式或者一些细微的小细节进行观察总结,能够切实指出部门甚至酒店的管理问题。

五、旅游管理专业本科生酒店实习存在的问题

1. 由于实习实践、培训成本等原因，使得合作基地稳定性较差

在学校课堂教学中，老师们普遍注重理论，再加上相关院校实验教室设备不完善，很少有实践操作的针对性训练，即使有，课时也较少，导致学生只能大概了解很多技能但并不熟练。所以本科院校的学生们对自己本专业的理解认识都停留在理论层面上，这就直接导致学生进入酒店后需要接受的培训时间长、内容多。而本科院校一般给学生安排的实习时间不超过半年，基本上学生刚刚熟练各项业务，就得被召回学校学习了，这使得酒店的培训成本增加、服务质量波动，因此大多数本科学校很难与酒店建立长期合作，这给旅游管理专业的实习造成了一定的困难[4]。

2. 对酒店工作认知偏差，给学生带来各种困扰

本科生眼高手低，觉得实习工资太低、工作太累，接受不了酒店的工作强度，甚至有学生认为毕业后不会从事相关工作，临阵退缩。部分学生进入酒店实习时，在一开始的新鲜感退却后，他们看到酒店的另一面：工作压力大、工作时间长、生活不规律、体力消耗大、加班加点是家常便饭，等等，很多学生难以接受。此外，学生们在酒店工作中随时得面对突发事件，面对复杂的人际关系，这给很多同学带来不小的困扰。更有一些同学对自己的专业缺乏认同感和自豪感，从实习之初就带着抵触情绪，觉得自己作为一名大学生却来做着酒店服务员这种谁都可以做的职业，工资还特别低，大材小用，自我价值得不到体现，会出现各种各样的负面情绪和心理问题。所以会有人在实习一段时间后在工作上显得马虎或者打不起精神，以至于找各种借口逃避实习，违背了学校安排学生去实习的初衷。

3. 酒店工作内容单一化，让学生难以产生价值感

在酒店提供的实习岗位中，多半是劳动密集性强、员工流动频繁的岗位，如礼宾员、餐厅服务员、客房服务员等，尤以餐厅服务员岗位最多。重复机械的纯体力性劳动，使学生们由开始的跃跃欲试到逐渐地失望，感受不到实习的意义，觉得与自己的人生目标相差甚远。自我实现感的缺失使他们觉得前途渺茫，甚至还有人会觉得大学这四年白学了，在学校里学的东西在酒店里根本用不到，还不如早踏上社会的那些人。长时期的情绪

压抑导致学生们产生压抑、疲劳、焦虑、烦躁等反应。同时，作为高星级酒店，对实习生的要求很高，但是给予的工资和福利并不令人满意，这使得大多数学生极易产生职业倦怠感。

4. 实习工资和待遇不高，让实习效果大打折扣

学生在实习期间待遇较低，多数学生感到不平衡。由于学生们都是处于实习阶段，实习期限短，经验不足，所以一般酒店给实习生开出的报酬很低。即使是相同的岗位，实习生的劳动强度和工作时间与酒店正式员工相同甚至更多，但是所获取的工资报酬却与老员工有很大的差别；更让实习生强烈地感觉到不满的是加班加点，但加班报酬却也是按照实习工资来计算，易让人产生不公平之感。在酒店的劳动保护方面，也没有相关的条例来维护实习生的权益，实习生获得不公时只能"哑巴吃黄连"，无处诉苦。这些酒店制度上的缺失造成了实习生在生理、心理的不适应，也间接影响了实习效果[5]。

六、旅游管理本科生的酒店实习对策

1. 学校调整教学模式，注重学生心理疏导

学校调整教学模式，加强与旅游管理相关企业的合作。首先，学校可以进行针对性的培训，提高本科生的酒店专业技能。如在理论教学中，通过模拟等方式，让学生进入角色，分别扮演客人或者酒店工作人员角色，设置各种情景，让学生在解决处理问题中随机应变，灵活处理，满足客人的不同需求。

其次，学校在日常的教学和生活中向学生灌输酒店从业者应有的基本素质。这种素质不仅包括技能熟练，还应心理成熟稳定。引导学生在面临高强度的工作条件时能够自主调节，缓解压力。在学生实习期间，应随时了解学生的心理状态和实习表现，并经常与学生谈话，对表现好的学生给予鼓励，对那些出现问题的学生给予更为细致和耐心的指导和帮助。在老师和酒店的共同努力下，帮助学生更好地完成实习任务，为以后的职业生涯打下良好的基础。

2. 酒店应采取激励措施，提高实习生待遇

酒店等相关单位应该多鼓励本科生，可以对个别优秀的实习生采取奖励机制，提升本科生对该行业的兴趣。首先，酒店管理者应该了解关心实习生的工作状态和表现，对表现优秀者给予表扬或奖励，以此来激发实习生的工作自豪感和成就感。从生理心理等方面体恤实习生，例如给实习生过生日、奖励优秀实习生，为实习生创造一个良好的外部环境氛围。其次，应适当提高实习生待遇。赫茨伯格的双因素理论表明，基本的薪酬与福利是确保员工满意的基本条件，合理的工资待遇能让学生们觉得"劳有所得"。如果在这方面酒店不能满足实习生的愿望，很大程度上会影响他们的工作情绪，促使学生们产生职业倦怠感。最后进行适当的激励。在工资福利等经济物质方面得到保障的前提下，酒店需要对学生们进行心理激励，使他们觉得酒店具有一个朝气蓬勃、奋发向上的工作环境，对自身的职业发展有长远的规划。

3. 学生应调整心态，以提高自己的综合素养为实习的最终目标

学生应该自己放低物质方面的要求，以积累经验为主，检验并提高自身技能。实习生在入职前应当充分了解酒店工作性质，做好吃苦耐劳的心理准备，调整心态，对所有可能遇到的问题不慌不忙，沉着应对。在工作中，实习生们应当为自己树立明确的目标，根据目标学习并补充自身所需的技能与能力，一味地发牢骚并不能解决问题。少一点抱怨，多一点努力，只有努力地使自己尽快地适应环境，而不是让环境来适应个人，才能为将来更好地适应社会打下基础。

综上，旅游管理专业的酒店实习工作，无论对实习生、学校或是酒店企业都有着极为重要的意义。只有不断加强学校的理论教育和对实习生实习期间的管理，密切学生、学校以及酒店三方联系，及时妥善处理实习期间所存在的问题，并在解决过程中不断完善专业实习的各个环节，才能促使学生实习工作顺利完成，才能提高本科旅游管理专业的实践水平，从而为酒店旅游等服务性企业输送合格的高技能的实践型、应用型人才，最终达到三方共赢的目的。

【参考文献】

[1] 苏小燕. 高校旅游管理专业实习的问题及对策［J］. 郑州航空工业管理学院学报（社会科学版），2009（5）：46-47.

［2］车慧，王潞. 旅游专业本科生酒店实习影响研究［J］. 四川烹饪高等专科学校学报，2009（4）：23-24.

［3］刘天曌，罗文. 基于 TOM 理念的高校旅游管理专业酒店实习管理探索［J］. 出国与就业：就业教育，2010（2）：68-70.

［4］杨娜. 高校酒店管理专业实习存在的问题及对策［J］. 商业文化（上半月），2011（8）：86-87.

［5］聂建波，钱学礼. 高职旅游管理专业学生酒店实习期间不稳定因素的分析及解决措施［J］. 消费导刊，2007（2）：48-49.

浅谈多媒体视频作业在高校旅游英语教学中的应用

焦海燕

摘要：多媒体视频作业考试，是关于旅游英语教学的特殊考试，它能充分调动学生学习的积极性、主动性，提升学生们在旅游业务中实际运用英语的能力，并从中发现日常教学中的一些问题，以备教师在日后教学中作针对性的传授。关于多媒体视频作业考试在旅游英语教学中的运用，现在学术界尚无人探讨。本文根据笔者自身多年的教学实践，试从多媒体视频作业考试的必要性、可能性展开论述，并以江苏师范大学2013级旅游班同学的多媒体视频作业考试为例，具体探讨视频作业考试的一些情况以及教师所充当的角色、学校相关的建议等。

《旅游英语》是高校旅游管理专业学生的必修课程，《旅游英语》学习效果的好坏也直接决定了高校学生能否顺利拿到导游资格证，以及他们毕业后能否更好地参与到旅游行业中去。特别是在当前我国涉外旅游高速发展、外国入境游客大量增加的情况下，如何更好地传授《旅游英语》这门课程以提供符合市场需求的高校旅游管理专业毕业生，成为今日高校旅游英语教学工作者时刻思索的问题。与此相关的教学论文很多，但大多针对教学过程而言，较少从《旅游英语》课程考试的角度加以分析。[①] 笔者根据自身多年的教学实践，以江苏师范大学旅游管理专业本科生的考试题材为例，试从多媒体视频作业的角度对此问题作一些探讨。

一、多媒体视频作业考试的必要性和可行性

在《旅游英语》的教学中，推行多媒体视频作业的考试方式，符合当前我

---

① 这方面论文参见王君：《旅游英语的特点及翻译的路径选择》，《外语学刊》2008年第5期；徐婷：《旅游英语教学改革初探》，《江苏经贸职业技术学院学报》2008年第1期；徐秋琴：《浅谈旅游英语教学的几点体会》，《太原大学学报》2007年第1期；李宁：《浅谈旅游英语教学的探索与思考》，《白城师范学院学报》2007年第1期；刘世文、蒋亚瑜：《现代电化教育技术下的旅游英语教学模式》，《龙岩学院学报》2006年第2期等。

国高校旅游管理专业的教学实际情况，其必要性体现在以下几个方面。

（一）《旅游英语》教学的本身特点

同《大学英语》等高校基础性英语课程不同，《旅游英语》不仅要求学生掌握常备的读写能力，还要求学生具备全面的听、说能力；不仅要求学生掌握正规的英语语法知识和交流技能，还要求学生了解英语国家的游客日常口语习惯和交流方式；不仅要求学生掌握英语语言知识，还要求学生掌握与旅游行业相对应的交流态度、表达方式、礼仪礼貌等。在日常的《旅游英语》教学中，相关教材已有相当篇幅教授这方面的内容，高校教师也能根据教材内容给予一定的教学训练，譬如在课堂中设置语境开展情境教学、加强对学生听读的互动式教学、展播英美经典电影等，但这些都需要有一个相对应的考试方式来配套。多媒体视频作业即是一种能够多方面展现《旅游英语》课程教学特点的考试手段，并且能够从视频作业中发现日常教学的问题以备相应改进。

（二）《旅游英语》考试手段单一的弊端

考试是我国高校教学中对学生进行考核、评价的重要参数，甚至在某些高校实际上充当着主要的评价尺标。与此相关的一个事实是：与日常的教学过程相比，考试方式及相关成绩更能影响学生的学习重心，如果没有考试，学生甚至没有多少上课和复习的动力。合理的考试方式，不仅是对学生某一阶段学业的总结，更是一种有效地督促学习的方式。然而，在当前高校《旅游英语》课程的考试方式中，书面闭卷考试占据着主导地位。这种考试方式，更加侧重学生的读写能力和英语语法的规范使用能力，不能体现《旅游英语》教学特点的全部。在这种较为单一的考试方式下，学生们为了最后的学习成绩、评优评奖以及在此基础上能够更好地找到工作，必然脱离《旅游英语》课程设置的独特要求，流于同《大学英语》等基础性英语课程相似的学习模式，重语法，重读写，轻视听说训练和在实际情境中尝试与外国游客正常英语交流的表达机会。考试方式的变通和多样化迫在眉睫，而多媒体视频作业方法的采用即是对当前《旅游英语》考试手段的一项重要改革。

（三）我国高校旅游管理专业学生的自身特点

在我国高校系统中，旅游管理专业多开设于一些普通的高等院校和高职院校中，而且，即使像江苏师范大学这样的综合性高校，旅游管理专业的招生对象也被定位为二本招生和三本招生（科文学院）。众多家长和考生在专业的选择上，往往也将旅游管理专业作为靠后的备选项。与此相对应，一方面，这些学生的英语基础、文化基础相对较差，学习的主动性和积极性不高，甚至在学习上有自暴自弃之感；另一方面，这些学生的动手能力、接受新事物的能力、社会交际能力很强。如何充分调动这批学生学习的积极性、拾起学习的乐趣和信心，并让他们的社交风采与语言文化的学习产生互动互助的作用，是每个高校教学工作者应该思考的问题。多媒体视频作业寓语言文化知识于社交、实践场合的具体运用，能够将部分学生课外特长融入正规考试中，将他们课外兴趣融入语言文化知识的学习上，是一种针对特定学生的有效考试方式。

另外，伴随我国社会经济的发展，一方面是多媒体视频工具诸如智能手机、数码相机等越来物美价廉，在开学之际还有很多针对学生的特惠活动，譬如充话费送手机等；另一方面是学生们日常消费能力明显提高。可以说，在今天的高校学生群中，多媒体视频工具的覆盖率接近100%，相当多的学生甚至拥有高端手机。这也是高校旅游管理专业可以实施多媒体视频考试的重要条件。

二、多媒体视频作业考试的个案分析

推行多媒体视频作业考试，最终目的是充分发挥学生学习知识的自主性和积极性，鼓励学生通过学习、探索自觉掌握旅游英语的相关知识，特别是提高他们在户外实践中运用旅游英语的能力和形体技巧等。在此考试过程中，教师需充当发起者、指导者、监督者、评判者等功能。下面以江苏师范大学2013级旅游班为例，具体分析一下教师的角色和考试作业的相关情况。

（一）视频作业考试中教师的参与情况

在《旅游英语》课程教学之初，我组织学生们观看了一部有关英美文化的电影，并在课后让学生拷贝复习，并问了几个问题：电影中相关口语对话是否完全符合语法规则？口语相对于书面用语有哪些不一样的地方？在口语词汇完全懂得的情况下，你能听懂多少？在既懂得相关词汇又能听懂的情况下，有哪些阻碍你理解相关演员语境、语意的地方？在此，我实际期望的是，学生不应该将旅游英语看成一种死记硬背的学习，而应看成一种内心情感和意见表达的途径，在表达中越简单越能让对方明白，而无须太过顾忌相关语法规则；在表达简单、明白的过程中，需重视合理的形体语言和仪态；为了更好地表达内心情感和意见，需要加强英美文化和其他相关知识的学习，以排除那些语言以外的理解上的隔阂。

在初步激发学生学习欲望的前提下，我在第二节课即向学生说明《旅游教学》课程的特点和多媒体视频作业考试的分值、时间、要求、评分标准等，并留下自己的电话号码，便于与学生就作业考试中出现的一些问题加以指导。

关于评分标准，我主要观察视频作业选题的新颖、语言的流畅、发音的标准程度、形态的自然大方、视频作业的外加工等方面。语言流畅、发音标准、形态大方是旅游英语实践运用的重要衡量，而我之所以看重选题的新颖和视频作业的外加工，一方面是要充分发挥旅游管理专业学生动手能力强、接受新事物能力强的优点，另一方面也是希望学生们在选题新颖的指挥棒下，能够多阅读、多发现、多思考、多搜索相关语言文化知识，调动他们学习的积极性。相对来说，我对视频的清晰程度要求不高，因为这更多地取决于学生们多媒体视频工具的质量而非学生本身的努力。

视频作业考试结束后，我及时给出考试成绩和相关说明，并反馈给学生。同时，我作了一份调查问卷，询问学生们对此种考试的观感和意见，以便日后在考试流程和评分标准上再作改进。

（二）2013级旅游管理专业学生视频作业考试的具体情况

2013级旅游管理专业共52名学生，在我布置视频作业以后，都非常主动、积极地搜索相关材料，学习氛围浓厚。历经2个月的准备，学生们如期交上视频作业。

从制作程序上看，这些视频作业，大多数学生是在朋友或室友的帮助下，用高像素的手机拍摄，少数学生也应用了高端数码相机，时间一般是在5分钟左右。拍摄的地点大约60%选择在学校的一些景点，比如牛山公寓后山、食堂、健身房、篮球场等，大约30%选择在校外的一些繁华地带，比如超市、商场等，另有10%左右的学生选择徐州的旅游景点，比如竹林寺、汉兵马俑、狮子山汉墓等。不少同学在拍完视频后，还利用掌握的电脑技术，作了精细的加工，譬如画面的动感、音乐的选择等。这些都反映了同学们对这种考试的重视程度和电脑技术的熟练程度，通过这样的视频作业，也利于加深同学们之间相互的感情。

从内容上来看，学生们的选择较为多样化，但仍以景点的介绍为主，譬如大约60%的同学选择导游的角色，介绍了学校食堂、道路和徐州市的景点，另有40%的同学介绍了球类运动、人物故事、个人喜好等。同学们都尽力地融入模拟场景中，大约90%的同学都需要同伴充当游客、助手，大约70%的同学都伴有非常得体的仪态、表情和肢体语言，甚至介绍球类的同学还会亲自上场做示范动作。不论是叙述还是场景对话都十分流畅，基本上达到了与外国游客自由交流的水平。

当然，从视频作业中也反映了一些旅游英语实际运用的问题。譬如：语言虽较为流畅，但50%的同学有较为明显的书面语痕迹，应该是先草拟好语句再强加背诵的结果；大约95%的同学在发音上不标准，相对而言，男同学在发音方面的问题更多；大约80%的同学存在语言词汇较为单一的现象；大约40%的同学在景点之外的文化知识方面需要加强。另外，在叙述和对话的设计中，几乎都存在助手或同伴语言设计过于简单的现象，这并不符合外国游客在华旅游的实际，须知，外国游客对中国文化充满好奇，心中的疑惑和口头上的发问、交流实不亚于导游员本身的叙述、介绍。

（三）我校加强视频作业考试的建议

针对我校旅游管理专业学生的特点和考试实际，《旅游英语》教师应当做相应的课堂教学，并加强自身学习，学校也应作相应的变通。

首先，要设置口语课程。因为种种原因，旅游管理本科学生普遍存在英语发音不准的问题，且这种现象在短时期内难以改变，这就需要高校加强学生的英语口语训练。常见的途径是在高校开设口语课程，聘请英美籍教师或者外国语学院的专业教师进行针对性训练。

其次，要加强户外教学的时间。视频作业考试，是一种模拟情境下的对学生旅游英语实际运用能力的全面衡量，这需要在日常教学中加强模拟情境的训练和语感。然而，户外教学在我校的实际教学时数中几乎为零。

学校在户外教学方面应该有一些硬性的规定，并为户外教学提供相应的便利条件，甚至可以组织学生前往一些相对廉价的景点进行模拟教学等。

再次，要加强视频作业考试的监管配套工作。因为视频作业是一种较为新颖的考试形式，我国高校基本上还没有相对应的监管考核措施，由此引发旧考试规章制度在新考试形式下必须变通。譬如一般考试存档只需交出试卷即可，而视频作业如何存档，似可以单独购置大容量的移动硬盘加以存放，并拷贝一份以防移动硬盘数据丢失等。

最后，要加强《旅游英语》教师的专业训练，譬如要定期安排相关老师进行口语培训，并在可能的条件下优先安排相关教师外出英美国家访学、交流；要加强《旅游英语》教师的文化基础培训；要适当减轻《旅游英语》教师的科研工作量，以适应《旅游英语》实践性课程和教学耗时巨大的特点等。

徐州市休闲观光创意农业发展研究

张红霞

摘要： 休闲观光创意农业是一种新型交叉产业，因其核心"创意休闲"给农业发展注入了新的活力而发展迅速，并成为现代农业新的经济增长点。本文在界定休闲观光创意农业概念和内涵的基础上，分析了徐州市休闲观光创意农业发展的优势和机遇、发展现状和存在问题。最后提出通过合力共谋发展、创新发展模式、强化从业人员培训、打造品牌、加强环保意识、完善基础设施等举措，推进徐州市休闲观光创意农业发展壮大。

随着社会经济的发展和我国城市化进程的不断深入，城乡居民生活水平不断提高，城市生活节奏进一步加快、工作压力加大，城市居民的休闲和旅游需求不断增长。而随着我国"小长假"制度的完善和私家车的普及，城郊乡村旅游与休闲活动受到城市居民空前的追捧。徐州市作为淮海经济区人口规模最大的城市，居民的休闲需求市场广阔，但近年来传统的乡村旅游如"农家乐"等模式经过几年的发展却受到了市场的严峻挑战，暴露出形式单一、活动参与性与体验性不强等问题，严重影响了游客旅游休闲体验的质量。在此背景下，将创意农业理念引入徐州市传统的休闲观光农业旅游，将为传统乡村旅游注入新的活力，为徐州市传统的乡村旅游开辟新的发展空间。

一、休闲观光创意农业的概念及内涵

（一）创意农业

创意农业起源于20世纪90年代后期，是指借助创意产业的思维逻辑和发展理念，人们有效地将科技和人文要素融入农业生产，进一步拓展农业功能、整合资源，把传统农业发展为融生产、生活、生态为一体的现代农业[1]。由于农业技术的创新发展，以及农业功能的拓展，观光农业、休闲农业、精致农业和生态农业相继发展起来；与此同时，创意产业的理念也在英国、澳大利亚等国家和地区形成并迅速在全球扩展。

在我国,"创意农业"这一概念最早由全国政协副主席厉无畏在 2008 年的两会上正式提出。他指出:创意农业的特色及其优势在于能够构筑多层次的全景产业链,通过创意把文化艺术活动、农业技术、农副产品和农耕活动,以及市场需求有机结合起来,形成彼此良性互动的产业价值体系,为农业和农村的发展开辟全新的空间,并实现产业价值的最大化[1]。自此全国各省市开始不同程度地开展创意农业的探索实践,创意农业也开始引起学界的关注。2009 年,章继刚博士的《中国创意农业发展报告(2007~2008)》和《创意农业学》(我国第一部创意农业学理论专著)相继问世。他认为创意农业以知识产权为先导,以农业生产为依托,以农业企业为主体,以创意生产为核心,以美学经济为基础,以市场需求为指引,以科技创新为手段,以质量效益为动力,以农产品附加值为目标,以持续利用为目的,以农业企业为主体,指导人们将农业的产前、产中和产后诸环节联结为完整的产业链条,将农产品与文化、艺术创意结合[2]。史亚军则提出创意农业是以现代农业为基础,以市场为导向,以文化为依托,农业生产和艺术创意相结合,生产创意农产品和设计创意农业活动,以提升产业附加值、实现资源优化配置的一种新型的农业发展模式,是现代农业功能拓展的表现形式[3]。总体而言,创意农业是农业现代化的必然发展过程。

(二)休闲观光创意农业

休闲观光创意农业是创意农业非常重要的发展形式之一。2008 年俞晓晶首次提出,要发展创意农业,必须以休闲农业为抓手,通过农业基础培育和政府的规划引导,带动民间投资,建设农业品牌,进一步实现农业的经济效应和社会效应[4]。2010 年,卢云亭提出"创意旅游农业"的概念,把创意旅游农业界定为以农村的生产、生活、生态"三生"资源为基础,通过创意理念、文化、技术的提升,创造出具有旅游吸引力、带来农业和旅游业双重收益的农业新业态,即有效地将科技、文化、社会、人文等方面的创意元素融入农村的各个方面,投入到农业产业链的各个环节,使农业与旅游市场消费需求衔接,创造出满足旅游和农业双重市场需求,第一产业、第二产业、第三产业融合发展的新型农业发展模式[5]。

总体而言,国内针对休闲观光创意农业的研究成果非常少,部分学者将休闲创意农业等同于观光休闲农业旅游或者创意农业进行研究,关于休闲观光创意农业旅游国内学界没有统一的界定。本文赋予"休闲观光创意农业"全新的、更加全面的内涵,认为休闲观光创意农业作为创意农业的一种形式,指将创意理念引入农业生产的各个环节、农村生活的方方面面,通过文化内涵的塑造和技术手段的运用,创造出具有休闲观光功能,能够满足城市居民休闲、放松、排解压力等需求,进而提升农业附加值的新型农业业态;这里既包括休闲观光农业旅游,如农业采摘、各种农业旅游节的举办等;也包括休闲创意农业,如真实版"QQ农场"的运营等。

二、徐州休闲观光创意农业发展的优势和机遇

(一)自然条件优越,农业资源丰富

徐州地处江苏省西北部,属暖温带季风气候区,区内地域广阔、光照充足、四季分明、降水较为丰沛、气候资源优越;同时境内地势平坦、河道纵横,有京杭运河和古黄河,水资源丰富。优越的自然条件是农业生产的保障,近年来徐州许多农副产品享誉国内外,有中国银杏之乡、苹果之乡的美誉,为休闲观光创意农业的大力发展提供了基础和保障。

(二)区位优势明显,交通发达

徐州地处淮海经济区中心,是江苏省重点规划建设的四个特大城市和三大都市圈核心城市之一,交通发达,素有"五省通衢"之称。京沪、陇海两大铁路干线在此交汇,5条国道、20条省道、5条高速公路穿境而过,京杭大运河绕城穿行,观音机场为国家民航干线机场,形成了水、陆、空完善的立体交通体系。良好的区位、发达的交通为徐州市休闲观光创意农业的发展提供了优越的条件。

(三)客源市场潜力大

相关资料显示,休闲观光创意农业的主要消费者为本地城市区民和周边城市居民。众所周知,徐州是苏北大市,地域辽阔、人口众多,据2010年第六次人口普查资料,截至2010年11月1日徐州市常住人口为858.05万,其中城镇人口425.85万[6],为徐州的休闲观光创意农业发展提供了充足的潜在客源。

另外,徐州作为淮海经济区的中心城市,其辐射与带动作用也逐步吸

引周边地区城市的民众到徐州观光休闲，因此周边城市也是徐州休闲观光农业重要的客源市场。同时徐州是全国重要的交通枢纽，公路、铁路四通八达，素有"徐州通，则全国通"的称誉，由此看来，徐州还具有庞大的流动性客源。

（四）政府的大力支持

政府的支持对休闲观光创意农业的发展和壮大有着很大的引导作用。2006年徐州市政府专门成立了休闲观光农业建设领导小组，并下发了《关于加快发展休闲观光农业的意见》（徐委办〔2008〕38号），大力推进全市休闲观光农业的发展，制定了一系列的便民政策，例如给开展"农家乐"的经营者提供了在水、电、路、资金等方面的便利。在房屋方面，政府帮助经营者改造旧屋、栽种绿树、清洁打扫等工程；在道路方面，政府进行柏油路的铺设，将道路的档次提升，从而扩大农业旅游的知名度等。不仅如此，政府还积极举办各类专项旅游节日，如丰县梨花节、汉王藤花节、草莓节、山楂节等，进行农业旅游宣传。一系列的举措使得徐州市休闲观光创意农业发展已初具规模。

三、徐州休闲观光创意农业发展的现状和问题

（一）发展现状

近几年，徐州大力发展休闲观光旅游，在徐州市区和郊县建立了多处休闲观光创意农业景点。截至2013年年底徐州市建设各类休闲观光农业旅游景点489个，其中农业观光采摘园157个、休闲生态农庄84个、现代农业科技园100个、农业主题公园23个、农家乐115个、民俗村10个[7]。基于调查和访谈，可将徐州现有休闲观光创意农业的发展模式划分为三大类。第一类为果蔬采摘型，主要是为旅游者提供农家的果蔬庄园，让旅游者通过自助的形式，体验采摘的乐趣，看一看原生态的农庄，品一品健康的绿色蔬果，从而感受一下回归自然的乐趣。徐州现在以这一模式为主的有十里葡萄长廊、台上草莓采摘园、千亩石榴园、马庄村高校农业采摘园等。第二类为农家生活体验型，它是以田园风光和农家生活为特色，集观光娱乐体验劳作为一体的一种新型休闲健身活动。正是这种独特又新奇的旅游方式，吸引着来自不同地方的城市居民来此游览，让游客们体验自己

栽种的乐趣。如到月亮湾认种土地、刨山芋等。第三类为欣赏民俗型，由于徐州是汉文化的聚集地，两汉文化作为旅游的一大亮点可以吸引众多游客，现以徐州的拔剑泉、马庄村民俗文化村为代表。以城郊果园、农庄、风景游览这三种模式为基础，凭借丰富的农副产品、汉文化等优势发展迅速。

徐州市休闲观光创意农业经过近几年的发展已经取得一定成果。2010年，铜山区被农业部认定为首批国家现代示范区；2011年沛县又被中国绿色食品协会授予"国家绿色农业示范区"；2012年在首届全国休闲农业创意精品（大赛）推介活动中，铜山区"远程视控与物联网融合技术的现实版开心农场"荣获园区创意金奖，睢宁儿童画"金穗起舞"、邳州黑大蒜加工产品获得产品创意优秀奖；同年，铜山区又荣获"全国休闲农业与乡村旅游示范县"称号。2012年，徐州市休闲观光创意农业景点建设投资总额达57.28亿元。已建成国家级（森林、湿地）公园4个、农业旅游示范点4个；省级观光农业园12和农家乐专业村6个，建设资产总额57.28亿元，固定资产投资24.07亿元，年接待游客203.8万人次，年营业收入29.96亿元[7]。

（二）存在问题

虽然徐州市休闲观光创意农业发展已经初具成果，但是存在的问题也较为突出，主要表现在以下四个方面：

第一，缺乏统一规划，发展不平衡。徐州现有休闲观光创意农业在数量上已经达到一定规模，但缺乏统一规划，发展零散，总体吸引力较弱。同时各景点发展水平参差不齐，有的景点已经引入现代创意农业理念，利用高效设施农业成果，进入科学快速发展阶段；有的还处于原始形成、传统自然阶段，缺少有效的开发利用缺乏。

第二，景点总体品位不高，缺乏创意和精品。现有景点多以传统"农家乐"为主要形式，缺乏创意和特色，文化内涵不够丰富，观赏和娱乐的层次比较低，旅游项目单一、重复，精品项目和龙头项目非常少；多数项目的管理和服务水平不高，配套服务跟不上，游客满意度不高。

第三，从业人员素质不高。通过对现有农业旅游景点的经营者进行调查，发现多数经营者的文化水平在高中及高中以下，并且在开展经营活动前没有参加过相关知识和技能的培训。现阶段，徐州农业旅游的经营方式主要是以农户自营或者朋友合伙的形式为主，经营人员都是从原先的农户转变过来的，存在着经营管理理念缺乏、小农经营思想浓厚以及服务意识差等问题。此外，经营者经营的时间都很短，雇工多为经营者的亲属，在此情况下，都难以往更高的层次发展。

第四，营销宣传力度不够，淡旺季接待量差异非常大。现有休闲观光创意农业景点的多数经营者的宣传意识薄弱，主要是通过电视、报纸等传统媒体进行广告宣传，营销效果差。这也造成现有休闲观光农业景点和项目在周边地区的知名度不高，除了本市居民比较了解之外，外地居民少有知悉，营销宣传力度明显不足。单一的营销方式阻碍了徐州休闲观光创意农业的发展。

四、推进徐州市休闲观光创意农业发展的对策建议

（一）提高认识水平，合力共谋发展

淮海经济区有1.5亿人口，每年都有上千万人次的城市旅游者会参与到农业旅游和乡村旅游中来。同时，对许多地区来讲，尤其是城郊地域，农业发展的转型升级迫在眉睫，其发展的方向和路径中，休闲观光创意农业是最有前途的一种。因此，政府应尽快制订农业旅游发展规划，统一认识，系统指导全市休闲观光创意农业的可持续发展。同时，县市区以及乡镇的领导干部，都应该提高对这一问题的认识水平，倾听来自旅游者和经营者的呼声，通过政策、资金、媒体等多种形式，扶持休闲观光创意农业。城市旅游消费者往往有各自的优势，政府可以用相关政策鼓励旅游者为徐州市的休闲观光创意农业出谋划策。对于相关的基层经营者，也应该去掉临时意识，树立长期经营和向高层次发展的观念，提高卫生意识，增强进取精神，使徐州的休闲观光创意农业形式向高水平、多形式、创品牌、可持续方向迈进。多方合力，共谋发展。

（二）创新发展模式，打造特色产业与产品

休闲观光创意农业作为一种新型的农业生产经营形式，其核心在于"休闲创意"。现阶段徐州市休闲创意农业发展处于起步阶段，发展基本以农户和工商业主自主开发为主，缺少整体规划和科学论证，导致项目设计

雷同、布局不合理、简单效仿、市场定位不明确。一种创意农业形式一旦发展成功，周边争相效仿，进而造成产品相对单一、创意不够等问题。比如"农家乐"旅游发展过程中的农户盲目效仿，致使徐州市周边"农家乐"旅游产品大同小异，休闲产品多停留在观光、采摘品尝等层面，没有特色。因此在以后的发展中，应注重整合资源、创新发展模式，特别是注重创意发展，丰富休闲观光创意农业的产品体系，增加产品附加值，进而提升产业效益。利用徐州市农业资源优势，结合农业产业发展要求，依托创意理念并利用科技、文化、生产、生活、经营、生态、服务品牌等多种创意手段与途径，贯穿产业发展的各个环节，突出传统创意休闲农业的主题和品牌效应，形成核心竞争力。比如针对徐州市周边的"农家乐"旅游发展，相关政府应统一规划，各村镇经营管理者要深入研究本地农业资源特点，挖掘其文化内涵，进而针对性开发特色的创意休闲农业旅游产品。这样既能整体发展体现出徐州休闲观光农业发展的规模效应，同时"一村一品、一村一景"的格局又展现出特色性，提高对游客的吸引力。

（三）强化培训，提高从业人员素质

休闲观光创意农业是农业与旅游业交叉发展的新兴产业，专业人员必不可少。一定意义上说，从业人员的素质和水平关乎休闲观光创意农业发展的兴亡。目前徐州市休闲观光创意农业从业人员素质普遍偏低。由此，加大对从业人员培训，提高从业人员的专业素养，培养高水平的人才，是保证休闲观光创意农业可持续发展的关键问题。休闲观光创意农业的经营者必须熟悉和掌握休闲农业和创意产业的相关知识，除了基本的理论培训外，更要注重从业理念、规划管理能力的培训。可以通过组织相关经营者到创意农业发达的国家和地区进行学习和参观，学习其他地区成功的发展理念和经营模式，进而为本地休闲观光创意农业发展定好方向与思路，引导其健康发展。针对普通从业人员比如旅游服务人员，可以开展相关的培训班，聘请旅游行业的专业人员，对从业者进行定期的礼仪、文化知识、操作技能、安全知识等的培训，从而提高从业者的服务水平，促进徐州市休闲观光创意农业的发展。

（四）打造品牌，以品牌推广经营

徐州市休闲观光创意农业发展起步后，已初具规模；现阶段要提高徐

州休闲观光创意农业的吸引力、打造特色，创立品牌是其发展之重。有资源特色和经济实力的休闲创意农业形式必须以品牌作为对外营销和对内管理的重点和核心。对内管理方面，挖掘产品特色，形成主题，塑造鲜明的品牌形象；对外做品牌、做知名度、做规模、以品牌推广其影响力。徐州应该利用优越的地理位置，举办各类主题休闲创意农业文化节，内容可以包含招商引资、传播文化等功能。这样不仅可以吸引投资人士的到来，为相关休闲观光创意农业项目注入资金，解决资金紧缺的难题；更可以吸引本地及周边城市居民慕名而来，提高知名度，增加收入；进而推进徐州市休闲观光创意农业发展更上一个台阶。

【参考文献】

[1] 厉无畏，王慧敏. 创意农业的发展理念与模式研究［J］. 农业经济问题，2009（2）：11-15.

[2] 章继刚. 中国创意农业发展报告［J］. 柴达木开发研究，2008（6）：47-51.

[3] 史亚军，等. 对北京创意农业的再认识［J］. 农产品加工（创新版），2010（1）：53-56.

[4] 俞晓晶. 打造以休闲农业为主的创意农业［J］. 科技和产业，2010，8（4）：28-30.

[5] 卢云亭. 创意旅游农业开发模式初探J］. 农产品加工（创新版），2010（1）：36-39.

[6] 徐州市2010年第六次全国人口普查主要数据公报［EB/OL］.（2011-7-1）. http：//www. xzrk. gov. cn/ks_chushi/ArticleRead. aspx?id=239.

[7] 徐州市召开休闲观光农业现场推进会［EB/OL］.（2014-4-16）. http：//www. jsagri. gov. cn/news/files/591852. asp.

从"跷二郎腿"透视大学生身体健康意识

——以江苏师范大学、陕西榆林学院为例

高 军

摘要：大学生健康意识是一个值得关注的重要问题。"跷二郎腿"在多个方面对身体健康存在潜在危害。本文以我国东、西部两所普通高校——江苏师范大学、陕西省榆林学院为例进行了相关研究。针对大学生"跷二郎腿"的情况进行的大样本随机抽样调查结果显示："跷二郎腿"在高校大学生中普遍存在。这反映出大学生的身体健康意识不足这一现实问题。为改良这一状况，文章提出了系列相关对策。

一、引言

毛主席深刻领会到身体健康的重要性，提出了"欲文明其精神，必先野蛮其体魄"的著名口号，用以提醒人们身体健康的重要性。根据2013年2月23日发布的《中华人民共和国2012年国民经济和社会发展统计公报》，我国2012年普通高等教育本专科招生688.8万人，在校生2391.3万人。我国高等教育已从精英化教育迈入大众化教育阶段，在校大学生已经成为一个特殊而庞大的群体[1][2][3]。大学生是经过应试选拔出来的同龄人中的佼佼者，是整个社会同龄人中的优秀分子，担当着建设祖国美好未来的历史重任。

相对于心理健康，身体健康更容易被人们所忽视。如果大学生出现心理问题，短期内就能突显出来而引发他人或社会的关注，从而得到有效的解决或及时的改善。而大学生身体健康方面（包括作息、举止、饮食等方面）的问题往往隐藏在长期的个人生活作风或习惯方面，其对外影响较小，短期效应不明显，因而更容易被人们所忽视。

大学生的体质整体上不断下降，健康意识需要强化，这应当引起社会的高度关注。1985年以来，我国每5年进行一次全国学生体质监测。2010年我国进行了"第六次全国学生体质健康调查"，结果显示：我国大学生

体质在持续下降。大学生年龄一般在 18～23 岁，大学时光是他们增长才识、丰富头脑的重要阶段，也是他们强身健体、养成良好习惯的关键时期。健康的体魄是他们学习知识、未来工作和家庭幸福的基础，也是社会持续进步、国家振兴发展的保障。身体健康意识对大学生这一群体以及他们将来走向社会具有深远的影响，对此我们应该给予足够的重视和关注。

二、二郎腿及其危害

诗人流沙河在其撰文《二郎腿的解释》中曾对二郎腿有过详细解释，不再赘述。简单地说，二郎腿指一条腿跷起来架在另一条腿上的坐姿。我们提倡的"标准坐姿"如图 1 所示。我们将二郎腿分为"低跷二郎腿""高跷二郎腿"两大类，而我们通常意义上所讲的"跷二郎腿"指"高跷二郎腿"。低跷二郎腿指一条腿脱离地面，放在另一条腿踝关节左右、脚面以上位置的坐姿（见图 2）。高跷二郎腿分为 4 种经典的坐姿：Ⅰ型高跷二郎腿指将一条腿放在另一条腿踝关节以上、膝关节以下部位，如图 3 所示；Ⅱ型高跷二郎腿指将一条腿膝关节及以上部位放在另一条腿膝关节及其以上部位，如图 4 所示；Ⅲ型高跷二郎腿指将一条腿膝关节以下平放在另一条腿膝关节及其以上部位，如图 5 所示；Ⅳ型高跷二郎腿指将一条腿踝关节左右部位立放在另一条腿膝关节及以上部位，如图 6 所示。

跷二郎腿的人常常是出于习惯，觉得交叉着双腿坐比较悠闲、舒适、自在。一些穿超短裙的女性以此避免"走光"；而一些上班族和爱美的人认为跷二郎腿显得更职业、性感、高雅。但是，跷二郎腿有很多潜在危害，可能引发多种病症，也有可能祸及下一代。为此，美国医学界还专门发起一项号召"停止交叉双腿一天"的运动。跷二郎腿的危害概括如下：

（1）影响社交。跷二郎腿在社交场合常被认为是一种不礼貌的坐姿，是轻浮与傲慢或矜持与戒备的表现。

（2）影响腿形。跷二郎腿导致血流不畅，大腿脂肪堆积，甚者形成"萝卜腿"；跷起的腿向腿骨内缩变弯，甚者变成"O 形腿"。坐公车时，如遇急刹车，交叉的腿来不及放平，易导致骨关节肌肉受损甚至脱臼。

（3）阻碍血液循环甚至引发系列并发症。美国纽约静脉治疗中心的创建人路易斯·纳瓦罗调查发现：美国 35 岁以上喜欢"跷二郎腿"的妇女中，一半左右患上不同程度的静脉曲张症。他认为：跷二郎腿双腿长相互挤压会妨碍腿部血液循环，久而久之，造成腿部静脉曲张，严重者常出现腿部静脉回流不畅、青筋暴突、溃疡、静脉炎、血栓塞、血压上升或其他疾病[4]。特别是患高血压、糖尿病、心脏病的老人，长时间跷二郎腿会使病情加重。由于大腿前侧的股神经常被压迫，容易知觉麻痹，甚者整条腿丧失感觉，这也就是医学上称的"神经压迫症候群"。

（4）影响生理生殖健康。跷二郎腿时，两腿通常夹得过紧，使生殖器周围温度升高。对男性来说，这样会损伤精子，长期如此，可能影响生育[5]；还会改变前列腺局部微循环，使前列腺腺管排泄不畅，可能加重慢性前列腺炎症；前列腺肥大患者，长时间跷二郎腿将压迫盆底肌收缩，使增生的前列腺压迫尿道而造成排尿困难，甚者出现闭尿。对于女性来说，局部温度升高，容易出汗，从而形成利于细菌生长的潮湿环境，如果卫生清洁不到位，易导致病菌繁殖而引发妇科疾病；对痛经的女性，常跷二郎腿有可能加重症状。

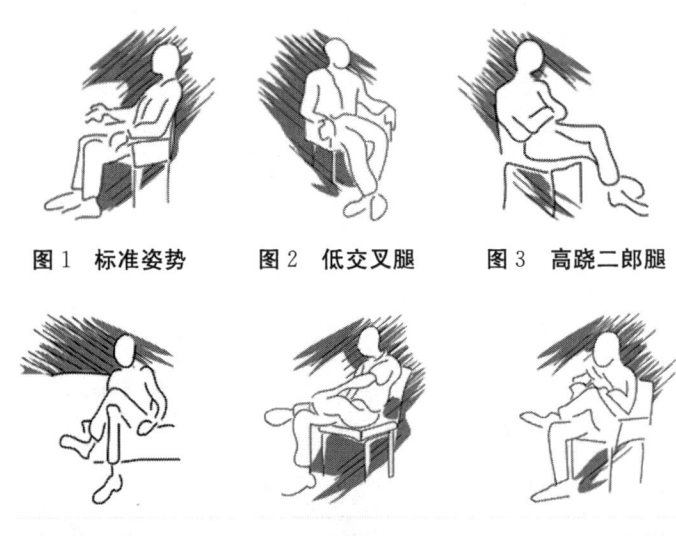

图1 标准姿势　　图2 低交叉腿　　图3 高跷二郎腿

图4 高跷二郎腿　　图5 高跷二郎腿　　图6 高跷二郎腿

（5）导致脊椎变形，甚至引发骨骼错位与相关炎症。跷二郎腿造成两侧髋关节（臀部和大腿间的关节）位置一高一低，连带使得骨盆位置偏离，腰椎和脊椎的角度改变，表现为脊椎的侧面外形由正常的"S"形变成"C"形。长期如此，可能导致腰椎和脊椎异常，包括脊椎侧变、椎间盘突出；造成骨盆、腰椎和脊椎偏位错位，从而引发腰肌劳损，让人感觉腰痛、下背痛；两侧膝盖受力不同，较常磨损的一侧膝关节可能会提早退化而出现退化性关节炎。

三、大学生"跷二郎腿"状况调研

"跷二郎腿"常常是一种无意识的习惯性动作，但正是这种行为表现，它体现了对大学生的身体健康教育是否到位，他们是否拥有着足够的身体健康意识。

为获取相关一手数据，笔者选取我国东、西部两所普通高等院校——江苏师范大学、陕西省榆林学院的在校大学生为调查对象。江苏师范大学地处经济发达的江苏省的北部，是典型的东部高校，现有 25 个院系，在校大学生近 25000 人。榆林学院位处较为偏远的陕甘宁地区（在陕北），是典型的西部高校，现有 15 个院系，在校大学生近 12000 人。调查时间为 2012 年 11 月，调查地点为两所高校的图书馆阅览室、图书馆自习室、学校公共自习室。关于学生是否"跷二郎腿"是在学生不知情的情况下，观察统计其自然坐姿。两所高校观察调查人数各 1200 人次（具体详见表1）。

表 1 随机抽样调查概况

统计指标	榆林学院		江苏师范大学	
样本量	1200 人		1200 人	
跷二郎腿人数（所占比例）	325（27%）		581（48%）	
性别分类	男生	女生	男生	女生
分类样本数	635 人	565 人	361 人	839 人
占本校比例	53%	47%	30%	70%
高跷二郎腿人数（所占比例）	65 人（10%）	170 人（30%）	29 人（8%）	281 人（34%）
低跷二郎腿人数（所占比例）	163 人（26%）	124 人（22%）	105 人（29%）	168 人（20%）
跷二郎腿人数（所占比例）	228 人（36%）	97 人（52%）	132 人（37%）	449 人（54%）

四、调查结果与反映问题

随即抽样调查样本结构为：江苏师范大学男生占 30%，女生占 70%；

榆林学院男生占53%，女生占47%。样本结构基本符合"江苏师范大学男同学数量是女同学的2倍多，榆林学院男同学略多于女同学"的实际情况。如表1所示，江苏师范大学与榆林学院大学生跷二郎腿者所占比例存在显著差异。究其原因，发现这种差异是由男女学生比例引起的结构性差异。男女学生比例的不同是由学校专业设置引起的。众所周知，全国师范类高校普遍存在女同学比例占多数的现象。相比之下，榆林学院地处能源富集的陕西榆林市，专业上学习能源化工类的理工科学生众多，这些专业的男同学占90%左右甚至更多，从而使得榆林学院整体上男生所占比例略高于女生。

东西两所高校的调查结果在总体上具有高度的一致性。两校调查结果共同表明：一半左右的女同学跷二郎腿，三分之一左右的男同学跷二郎腿；男生中低跷二郎腿者明显多于高跷二郎腿者，约有十分之一的男同学高跷二郎腿，约有四分之一到三分之一的男同学低跷二郎腿；女生中高跷二郎腿者显著多于低跷二郎腿者，约有三分之一的女同学高跷二郎腿，约有五分之一的女同学低跷二郎腿。

对男、女两类大学生的调查结果进行比较，发现：女生中跷二郎腿者所占比例明显高于男生（女生是男生的1.5倍），特别是高跷二郎腿（女生是男生的三、四倍）；而男生中低跷二郎腿者所占比例略高于女生。

美国发起的相关调查显示，美国近一半妇女基本上只要坐着就跷二郎腿，男性则有五分之一左右的人经常跷起二郎腿。而我们的调查显示，我国大学生跷二郎腿的情况与美国整个社会的状况几乎相当。大学生"跷二郎腿"现象如此普遍，这表明："跷二郎腿"的危害并未引起高校健康教育的高度重视，同时也反映出高校大学生的身体健康意识薄弱这一现实问题。

五、普通高校大学生身体健康意识提升策略

美国研究证明：70%的疾病可以通过有效的方式来预防，因此，大学生应提高健康意识，保持身体健康。跷二郎腿现状表明大学生健康意识现状迫切需要改善，提高其健康意识是创建"和谐校园"的必然要求。鉴于此，笔者从以下5个方面提出对策和建议，以期对我们的大学生健康教育

有所帮助或启发。

1. 强化健康教育，增强健康理念

丰富健康教育课堂内容，增加身体健康方面的专业知识和内容，包括人身安全与自我保护教育、身体检查与自身了解、起居环境卫生、体育健康卫生[6]、性生理健康与婚恋教育、营养健康知识（包括科学用脑、合理膳食和食品安全与卫生知识）等，切实增加大学生健康知识，培养终身健康习惯。举办系列健康宣传活动，改变大学生"体质上没有疾病就是健康的""年轻力壮、不需专门锻炼就能保持身体健康"等错误看法，倡导保持适度运动和合理休息，以强化大学生的健康维护意识、保持身体健康。重视大学体育课的健康知识的传授和健康教育效果；聘请保健专家定时开设健康讲座，特别针对突发疾病与意外伤害的现场急救、传染病和多发病的预防进行专题讲座。

2. 完善高校相关制度，构建健康屏障

建立和完善医（校医院）、体（校体育部）结合制度体系，努力打造大学生体检与体测相结合、疾病治疗与保健相结合、健身与养生相结合的大学生健康屏障。设立定期体检制度，每一学期对大学生进行一次健康状况测试，用制度进行督促和提醒，让大学生及时了解自己的体能状况与动态变化并提高健康意识。组建体能测试志愿服务协会，随时为有意愿测试体能的学生提供服务。将健康状况作为一项指标，纳入奖学金考评、优秀学生考评等相关"评奖评优"活动之中。开通校园健康热线电话，受理大学生健康咨询。

3. 加强高校校园物质环境建设

物质环境是大学生身体健康的重要条件。办学思想不端正、教育投资有限、经费困难以及管理不完善等诸多原因造成目前健康教育还不够重视或学校某些物质环境比较差，包括校园环境（校园绿化、体育条件、医疗保健条件、住宿条件、教学与学习设施条件、后勤服务设施、食堂菜品种类与卫生条件等）和校园周边健康环境（包括绿化环境、餐饮环境、治安环境、娱乐环境等）两大方面还不够好。学校决策者应当转变教育观念，在学校经费的分配使用上，切实加大对与学生身体健康密切关系的物质环境建设的投资力度，同时，调动社会各方面积极因素，广开思路，为学生安全、健康的成长发展创造一个良好的物质环境。

4. 构建"健康校园"养生文化

大学生群体是社会的重要群体，是和谐社会的重要构成部分，"和谐校园"建设是构建和谐社会的必然要求。校园文化是一种软实力，高等院校应积极构建"健康校园"文化，促进"和谐校园"建设。养生文化作为"健康校园"文化的重要组成部分，在校园里应该积极弘扬。具体措施可以采取：设立大学生健康日；设立校园警示格言标牌进行温馨提示；积极建设大学生健康文化社团和发动其他大学生社团宣传养生文化；策划举办校园大众体育活动竞赛；利用黑板报、宣传栏、电视台、广播台、校报、校刊等开设固定栏目进行健康教育宣传；不定期地举办健康讲座，针对不同的要求，还可以张贴宣传画、制作影视动画片等，通过形式上的更新变化，以提高学生的学习兴趣。

5. 加强大学生身体健康监督和管理

战斗在高校学生工作第一线的班主任、辅导员在大学生身体健康教育工作方面有不可推卸的责任。班主任、辅导员应经常进驻或深入考察学生公寓，经常与学生沟通和交流，以加强对学生健康行为的了解、监督和指导。学校应该将早操、课外体育锻炼、作息等影响大学生身体健康的内容纳入到学校的专项管理，以保证大学生健康成长。组建校园健康观察研究小组，通过观察、调查、访谈、意见征集等方式，及时发现大学生的健康问题并拟订有效地解决方案。

【参考文献】

[1] 张利君，李瑛玫. 论我国高等教育大众化阶段的精英教育模式 [J]. 黑龙江高教研究，2007（11）：22-24.

[2] 陈代波. 我国高等教育大众化阶段的本科人才培养模式 [J]. 黑龙江高教研究，2009（3）：146-148.

[3] 袁兴国. 高等教育大众化时期精英教育辨析 [J]. 江苏高教，2008（3）：54-56.

［4］燕客卿. 莫让二郎腿跷走你的健康［J］. 保健医生，2008（10）：22-23.

［5］薛成贵. 常跷二郎腿影响身体健康［J］. 家庭科技，2008（2）：35.

［6］陈翠苹，戴宁翔. 论高校开展健康教育的必要性［J］. 南京林业大学学报（人文社会科学版），2003（3）：88-92.

旅游管理本科毕业生旅游行业就业认知探析

——以江苏师范大学为例

李海建　孙思瑜

摘要：在旅游业快速发展的背景下，旅游管理本科毕业生选择旅游行业就业的比率却持续下滑，成为困扰高校旅游管理专业发展的重要问题之一。本文以江苏师范大学旅游管理专业毕业生为研究对象，通过问卷调查方法，分析旅游管理本科毕业生旅游行业就业认知。研究发现，旅游行业工作本身趣味性较低，工作具有一定技能与挑战；虽然具有一定的社会价值，但家庭支持度与社会认可度较低，员工自豪感一般；旅游行业薪酬期望较高，但与现实存在一定差距，岗位晋升空间期望较大，学历要求较低，旅游行业就业处于消极状态。鉴于上述分析，从社会、学校、学生三个层面探索提高旅游行业就业认知的途径。

引言

随着人均可自由支配收入与休闲时间的不断增加，依托现代化快捷的交通工具，旅游时空逐渐扩大，旅游市场需求不断增加，旅游产业成为经济结构调整与经济增长的重要组成部分。快速发展的旅游产业提供了大量的就业岗位，国内外高等学府开设旅游管理专业，为旅游业培养高层次、高质量的人才。但是，由于较低的旅游从业门槛与薪酬，导致旅游管理本科毕业生选择旅游行业就业的意愿较低，成为高等学校旅游管理专业发展面临的重要问题之一。

国外学者对旅游管理专业毕业生就业的研究主要集中于就业意向与流动研究。Andrew Kevin Jenkins（2001）通过对英国和荷兰两所大学旅游管理专业学生的就业地区、部门和行业选择进行调查，发现大部分学生希望毕业十年后能够成为总经理，但是年级越高的学生对旅游行业的信心越低[1]。Sinéad O'Leary 和 Jim Deegan（2005）通过对爱尔兰旅游专业毕业生职业发展过程的跟踪调查，发现毕业生行业流动率较高，尤其是女性的行业流动率更高，根源在于旅游业薪酬水平低、工作不稳定等因素[2]。国内学者对旅游管理学生就业进行了大量的研究。万绪才（2011）研究发现大部分旅游管理专业的学生对于旅游行业就业意愿很低，旅游行业吸引力不大，外流现象严重[3]。邰学敏、严艳（2012）调查发现旅游管理本科学生专业认知较为分明，工作动向明确，但就业方向与实际差距较大，专业忠诚度低[4]。肖华等（2013）、陈水映（2013）对旅游管理毕业生的专业认知、就业意向进行了调查，指出大部分旅游管理专业学生对未来就业前景比较乐观，但是选择在旅游行业工作的比例偏低[5][6]。伍鹏（2010）分析旅游专业毕业生行业内就业率低的原因，提出调整培养目标、优化专业方向、创新实践教学模式、开展旅游国际交流与合作、加强就业指导、消除认识偏差等对策[7]。

国内外学者主要集中于旅游管理毕业生就业意向、流动率等方面的研究，而从工作认知、社会认知等角度需要进一步研究。本文以江苏师范大学旅游管理毕业生为研究对象，通过问卷调查方法，分析旅游管理本科毕业生对旅游行业本身认知、社会地位认知、发展前景认知等，为引导旅游管理毕业生旅游行业就业认知提供借鉴。

一、旅游行业工作认知

课题组以江苏师范大学旅游管理专业毕业生为调查对象，于2013年10月至11月开展为期2个月的问卷调查与访谈，发放问卷调查100份，收回96份，其中有效问卷86份。样本中男同学16名，占样本总量的18.6%，女同学70名，比例为81.4%；生源地来自农村的同学占58.1%，来自城市的同学占41.9%。其中，65.1%的同学具有旅游行业实习经历，主要集中于旅游酒店（44.6%）、旅行社（17.9%）、旅游景区（12.5%）和相关行业（25%）；60.7%的同学拥有8~11个月的实习经历，32.1%的同学拥有5~8个月的实习经历，7.1%的同学拥有11~14个月的实习经历。即使没有实习经历的同学，因为接受过旅游管理专业的教育和旅游的企业宣传，对旅游行业比较熟悉。因此，调查结果能够反映旅游管理本科毕业生旅游行业就业认知的基本特征。

（一）工作趣味性较低

图1显示，62.8%的同学认为旅游行业的工作趣味性一般，22.1%认

为旅游行业工作没有趣味性，仅15.1%认为旅游行业工作具有趣味性，表明旅游管理专业毕业生对旅游行业的工作趣味性认可度较低。对于初次进入旅游企业的实习生来说，无论在哪个部门工作，对即将承担的新任务都充满好奇。随着工作期限的增加，各项业务熟练度不断提高，则发现从事的工作与自己的期望存在很大差距，进行着周而复始的重复工作，对旅游行业工作的兴趣消耗殆尽，最终选择离开旅游行业。

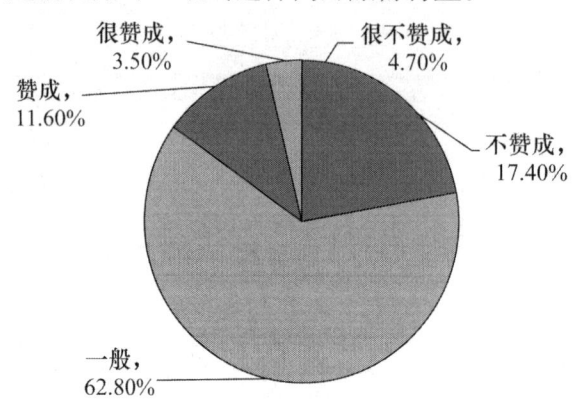

图1　旅游行业工作趣味性认可度

（二）工作要求具备一定技能

调查显示，34.8%的被调查者不赞成旅游行业工作属于低技能行业，34.9%持一般态度，30.3%认为旅游行业工作不需要技能，属于低技能行业（见表1）。由此可见，旅游管理毕业生对旅游行业技能认可度非常低。旅游行业属于典型的服务型行业，主要包括酒店服务、景区服务、旅行社服务、旅游交通服务、旅游信息服务等常规服务，不同的行业、不同部门对从业人员的技能要求存在较大差别。在旅行社行业中，导游、领队、计调等需要参加培训和考试，才能获得职业资格证书，从事相关的工作，对技能要求较高。但是在我国大众旅游迅速发展的时期，为解决导游从业人员短缺的问题，导游资格考试门槛较低，导游队伍鱼龙混杂，出现初级导游供大于求，而中、高级导游与外语导游短缺的现象，难免造成旅行社从业人员低技能要求的假象。在酒店行业中，基层员工的就业门槛较低，对技能要求不高，依靠短期培训则能满足技能要求，但如果希望获得晋升，则需要较高的学历和综合技能。调查发现，旅游景区（点）从业人员是酒店、旅行社、景区三大行业中技能要求最低的，具有景区实习经历的同学表示对旅游景区服务工作缺乏兴趣，日复一日重复着枯燥无味的工作，难免产生大材小用的感觉。同时，53.5%的同学认为旅游行业工作压力大，58%的同学认为需要轮班令他们很苦恼。

表1　旅游行业工作认知调查

	很不赞成	不赞成	一般	赞成	很赞成
工作技能低	5.8%	29.0%	34.9%	25.6%	4.7%
工作压力大	2.3%	15.1%	29.1%	41.9%	11.6%
工作时间太长	0.0%	4.7%	34.9%	44.1%	16.3%
工作需要轮班	4.7%	4.7%	32.6%	46.5%	11.5%
每天需要学很多新东西	2.3%	11.6%	44.2%	37.2%	4.7%
工作有挑战性	4.7%	10.5%	34.8%	34.9%	15.1%

（三）工作具有一定挑战性

调查显示，41.9%的同学认为旅游行业工作每天都需要学习很多新东西，仅13.9%不赞成；50%的同学认为旅游行业工作具有挑战性，仅15.2%认为没有挑战性，表明旅游行业工作具有一定的挑战性。在旅游服务行业，每天都必须面对不同的顾客，如何提供满意的服务，获得顾客的认可，对旅游从业人员是一个巨大的挑战。在服务行业，顾客被称为"不定时炸弹"，因此要求旅游从业人员不断提高应急处理能力，时刻准备应对一切可能情况。在工作时间方面，60.4%的同学认为旅游行业的工作时间较长且不固定，白班夜班不固定，生物钟被打乱，对自身生活规律产生巨大挑战，成为旅游管理毕业生不选择旅游行业就业的原因之一。

二、旅游行业社会地位认知

（一）家庭支持度偏低

"父母对我的工作感到自豪"一项调查显示，52.2%的同学表示持中立态度，赞成的同学为8.2%，而39.6%的同学表示不赞成，表明父母不支持子女从事旅游行业。调查样本中58.1%的同学来自农村，父母们认为提供服务的行业是"下等人"的行业，再加上酒店、旅行社等行业的负面影响，导致父母对旅游行业尤其是酒店工作的认知误区，从而不支持子女在旅游行业就业。

（二）旅游行业社会认可度较低

表2显示，38.3%的同学认为旅游行业不是受人尊重的职业，只有4.7%的同学认为在旅游行业工作受人尊重。在现实社会中，人们受传统观念的影响，认为在旅游行业工作是低人一等的。

（三）旅游行业员工具有一定社会价值

38.3%的同学认为从事旅游行业的员工对社会是有价值的（见表2）。优秀的员工队伍对旅游企业的发展起到至关重要的作用。旅游者参加旅游团到异地去旅游，释放身心，感受自然与文化，导游在整个行程中起到重要作用。导游的素养与言行，直接影响到旅游者对整个行程与目的地游览的感知与评价。旅游行业主要提供导游服务、餐饮服务、住宿服务、交通服务、娱乐服务等服务，服务质量的好坏与服务提供者的素养与技能紧密相关，旅游行业服务质量的提升主要依靠高素质的旅游从业人员，因此，旅游行业员工对社会发展具有价值。

表2　旅游行业社会地位认知调查

	很不赞成	不赞成	一般	赞成	很赞成
父母对我的工作感到自豪	10.5%	29.1%	52.2%	7.0%	1.2%
旅游行业是受人尊重的职业	4.7%	38.3%	52.3%	4.7%	0.0%
旅游行业员工对社会没有价值	16.3%	38.3%	44.2%	1.2%	0.0%
为在旅游行业工作而自豪	0.0%	18.6%	64.0%	17.4%	0.0%

（四）旅游行业员工对本行业自豪感一般

表2显示，64%的同学选择中立态度，表明在旅游行业工作和在其他行业工作是一样的，17.4%的同学认为在旅游行业工作自豪，而18.6%的同学认为在旅游行业就业没有自豪感。在旅游行业中，新员工在进入岗位的初期处于最佳培养和塑造阶段，需要通过自己不断努力才能实现人生的追求与目标。旅游管理毕业生经过大学四年的系统性教育，具备较高的素质与技能，期待在旅游行业中大显身手，但期望值与现实相差甚远，导致旅游行业工作自豪感明显降低。

三、旅游行业就业前景认知

(一) 旅游行业薪酬期望较高,与现实存在一定差距

调查显示,32.6%学生希望能拿到3000~4000元的工资(见图2),有34.9%的学生希望拿到4000元以上,毕业生就业薪酬期望偏高。在旅游行业实际岗位薪酬中,毕业生一般从事对客服务的一线岗位,岗位薪酬一般都比较低(1500~2500元),远低于期望薪酬。仅有10.5%的同学认为旅游行业比其他行业赚钱多,51.2%的同学持一般态度,38.3%的同学不认为旅游行业能赚到钱;同时,34.9%的同学认为旅游行业就业不能确保将来的生活,44.2%的同学持一般态度,仅有20.9%的同学认为旅游行业工作能够维持将来的生活。偏低的岗位薪酬成为旅游管理毕业生不愿意选择旅游行业就业的主要原因之一。

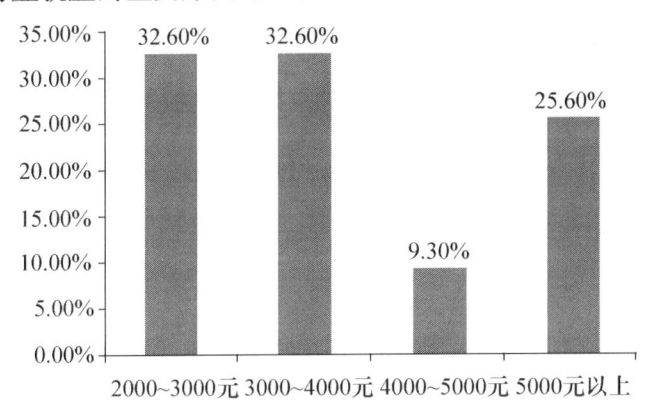

图2 旅游行业就业期望薪酬水平

(二) 旅游行业晋升空间期望较大

随着收入水平的不断提高和休闲时间的增加,国内外旅游市场需求不断扩大,休闲经济日益成为现代经济发展的亮点。调查显示,44.2%的旅游管理毕业生选择管理岗位,32.6%选择经理岗位。在旅游行业从业人员流动率较高,尤其是基层与中层管理人员;同时旅游企业逐渐重视企业文化建设,不断挖掘和培养内部优秀管理人员,给旅游管理毕业生提供了较大的晋升空间(见图3)。

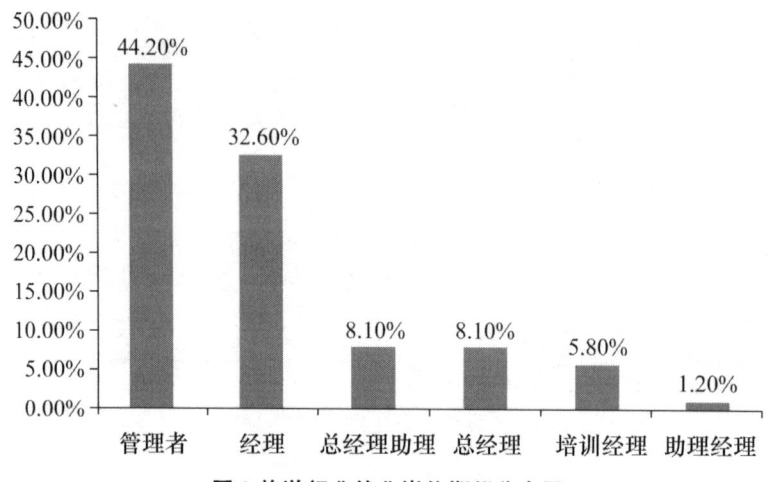

图3 旅游行业就业岗位期望分布图

（三）旅游行业就业学历要求较低

调查显示，31.4%的同学认为旅游行业就业不需要大学文凭，39.5%持中立态度，29.1认为需要大学文凭，支持与反对大体相当，从侧面反映出当前旅游行业就业门槛较低；同时，39.5%的同学认为旅游管理就业需要人脉和社会网络。因此，29%的同学认为学习旅游管理专业对自身发展不是一个好的投资，仅16.3%的同学支持学习旅游管理有利于事业发展。由此可见，旅游行业就业的学历要求较低（见表3）。本科文凭或专业对于旅游行业就业不是硬性要求，尤其是目前许多酒店和旅行社的基层员工、管理人员较少拥有本科学历，且多为其他相关专业，一般从基层做起，逐渐积累经验而后晋升到管理岗位，是否具有实际经验成为就业与晋升的主要条件。旅游管理本科毕业生进入旅游行业就业，发现管理者学历层次较低，产生学历认知误区，不利于旅游行业管理水平的提高。

表3 旅游行业就业学历要求认知

	很不赞成	不赞成	一般	赞成	很赞成
在旅游行业不需要有大学文凭	5.8%	23.3%	39.5%	24.4%	7.0%
在旅游行业找工作需要有人脉和社会网络	0.0%	18.6%	41.9%	32.5%	7.0%
在大学学习旅游管理是对以后事业发展的一个很好的投资	4.7%	24.3%	54.7%	16.3%	0.0%

（四）旅游行业就业处于消极状态

调查显示，19.8%的毕业生认为旅游行业发展前景较好，64%的同学持一般态度，16.2%的同学持悲观态度；17.95%的同学选择旅游行业就业，57.1%处于不确定状态，25%表示不会选择旅游行业就业；24.5%的毕业生认为在旅游行业就业的弊大于利，61.6%的毕业生持中立态度，仅有13.9%的毕业生认为利大于弊，充分表明同学们对旅游行业就业处于消极状态。

四、结语与启示

（一）结语

通过对江苏师范大学旅游管理本科毕业生旅游行业就业认知调查，结果显示旅游行业工作趣味性较低，要求具备一定技能且具有一定挑战性；虽然旅游行业员工具有一定社会价值，但旅游就业家庭支持度与社会认可度较低，旅游行业员工对工作自豪感一般；旅游行业就业薪酬期望较高，与现实存在一定差距，对岗位晋升空间期望较大，但对学历要求较低，旅游行业就业处于消极状态。同时，调查发现处于中立态度的旅游管理毕业生具有相当高的比例。

（二）启示

1. 旅游管理教育应注重提高就业核心竞争力

为拓展就业渠道、提高就业率，高校鼓励学生辅修第二专业，加之各种职业证书的考试冲击，导致学生对本专业知识的学习投入大大下降，不利于旅游管理就业核心竞争力的塑造与提高。学校和院系应在确保旅游管理基础知识传授的前提下，逐步提高实践教学的比重，注重对基本技能的训练，培养独立工作能力和人际交往的能力，组织开展导游大赛、演讲比赛、酒店技能、辩论赛等具有旅游管理特色的学生活动，促进理论教学与实践教学相结合。采取教师到旅游企业挂职锻炼、旅游企业高层管理人员进课堂、学生顶岗实习、旅游研究专家互动讲学等活动，促进双师型人才发展，实现高校教育与旅游管理实践、科研教学紧密结合，提高旅游管理学生就业核心竞争力。同时，应加强旅游管理学生对本专业的认同感，从培养旅游管理专业学习兴趣入手，激发对旅游管理的归属感，引导学生入门与入行。

2. 社会应转变对旅游行业的认知误区

社会媒体应宣传旅游行业的良好形象，尽量避免负面报道，引导社会大众对旅游行业的良好认知；同时，旅游企业应加强自律，建立良好的企业文化，为旅游者和从业人员提供优质服务，增强旅游行业就业吸引力。父母态度成为旅游行业就业的一大障碍，高校教育系统应主动与学生家长沟通，通过优秀毕业生风采展示、旅游行业发展趋势等宣传，逐渐改变家长传统就业观念，支持子女在旅游行业就业。

3. 旅游管理毕业生应努力提高自身素养

在学习旅游管理基础理论知识与基本技能的同时，注重从旅游管理者的高度培养自己的能力，在实践活动中不断积累与提升各种管理能力，为今后晋升奠定坚实基础。同时，注意修身养性，培养良好的言行举止、礼貌礼仪与生活习惯，以便在未来的职场竞争中更快、更好地发展，实现人生目标与价值。

【参考文献】

[1] Andrew Kevin Jenkins. Making a career of it? Hospitality students' future perspectives: an Anglo-Dutch study [J]. International Journal of ContemporaryHospitality Management，2001，13（1）：13-20.

[2] Sinéad O'Leary and Jim Deegan. Career-progression of Irish tourism and hospitality management graduates [J]. International Journal of Contemporary Hospitality Management，2005，17（5）：421-432.

[3] 万绪才. 高校旅游管理专业本科生就业问题研究 [J]. 产业与科技论坛，2011，10（7）：131-132.

[4] 郜学敏、严艳. 旅游管理本科生专业认知、就业意向及专业忠诚度研究 [J]. 宁夏大学学报（人文社会科学版），2012，34（1）：175-179.

[5] 肖华、申凯利. 大学生就业期望调查研究——以旅游管理专业为例

[J]. 现代商贸工业, 2013 (11): 98-99.

[6] 陈水映. 旅游管理学生专业认知、专业情感和就业意向的调查分析——以南阳师范学院为例 [J]. 南阳师范学院学报, 2013, 12 (3): 74-78.

[7] 伍鹏. 地方高校旅游管理专业本科毕业生就业问题探讨-以宁波市高校为例 [J]. 出国与就业, 2010 (22): 44-47.

《旅行社管理》本科课堂教学方法改进策略研究

殷英梅

摘要：《旅行社管理》是旅游管理专业的必修课程，是学生走向旅游业必须修学的知识体系之一。然而，这门课程却存在教材理论与行业实践不同步、课程实习开展困难等问题。引进多样化、灵活度高、趣味性强的教学模式，对于改善毕业生培养质量具有一定的作用。文章提出利用分组讨论教学法、案例与情境教学法、新闻播报、名师进课堂等方法，可以进一步改进教学质量。

引言

《旅行社管理》是为旅游管理专业本科生开设的必修课，是教育部高教司规定的全国普通高校旅游管理专业七门主干课程之一。在旅游管理专业本科四年的学习中，起着引导学生进入旅游行业及培养学生初步形成旅游管理基本理念的作用。旅游管理专业具有很强的实践性，课堂教学应突出反映这一特点，在传统教学方法基础上进行改进，以期更加适应专业特点，培养适合市场需要的专业人才。

关于旅游管理专业教学方法的探讨，学界历来有之。董观志（2003）结合暨南大学的教学实践，创造性地提出了3M教学法，即实现旅游教育的模块化（Module）、活动化（Movement）和互动化（Mutualism）[1]。颜文华（2011）提出三轮驱动式教学法，主张学生通过理论争鸣、理论运用实践以及在实践中进行理论的创新[2]。王妙（2004）试图引进欧美MBA的案例教学方法，但同时指出目前我国旅游管理专业存在案例不足、质量不高、教学效果不佳等问题[3]。杨学燕（2006）倡导任务型教学方法，致力于实现"以学生为中心"的教学模式的转变，实现教育的双赢[4]。此外，还有众多针对旅游管理专业开展案例教学、项目教学、情景教学、行动导向教学等方面的研究。总体来看，对于旅游专业教学方法的文献呈现以下特点：第一，数量虽多，但整体层次不高。以旅游和教学法为关键词进行搜索，共有 480 篇相关论文，然而，仅有 40 篇来源于核心期刊或 CSSCI 期刊，且多数研究内容与观点重合度高，论述欠严谨。第二，研究多偏向于理论探讨，提出具体解决方案者少。第三，目前的研究多以某种教学方法为对象，有的辅以某门课程为例，或者研究某门课程中某一种教学方法的使用，缺少以某门课程为中心，对其所适用的方法进行全面探讨的成果。第四，研究中高职旅游管理教学方法讨论的文章居多，针对本科教学的相关成果较少。中高职教育更加突出实践性，本科教学则是实践与理论并重，多数本科院校旅游专业缺少双师型师资，教学中理论与实践脱钩现象更为明显。本文针对《旅行社管理》课程的特征，提出应对传统教学方法进行改革，突出教学中理论与实践的结合，强调学习的趣味性以及学生的主动性，从课堂学习到考试考核，深入改革，了解学生与行业所需，培养"适销对路"的毕业生。

一、《旅行社管理》的课程特点及教学现状

（一）教材理论与行业实践难以同步

《旅行社管理》作为旅游专业本科生的必修课程，是一门理论与实践密切结合的课程。然而，我国旅游业市场化起步晚，至今只有三十多年的发展历史。在这三十多年中，中国的旅行社行业经历了巨大的发展变化，以旅行社的分类来说，就经历了 1985 年确定的三类社分法、1996 年确定的国际旅行社和国内旅行社分法，到 2009 年又取消了这种分类，规定所有旅行社在获得资质之初就可以经营国内和入境两种业务，一时间，大街小巷的旅行社纷纷改名为"某某国际旅行社"。行业在日新月异地变化，但是教材的更新换代却比较缓慢。新形势、新问题层出不穷，某些理论一旦写进教材，往往很快就与现实情况脱节。以杜江等人编写的高教版《旅行社管理》为例，目前广泛使用的第三版是 2009 年出版，对于现在的行业发展尤其是《旅游法》颁布后所出现的新问题显然不能涉及。从根本上说，我国的旅游管理专业教育的根本目的在于为我国旅游行业培养合格的职业经理人，尤其是高校本科教育，致力于管理人才的培养。因此，在课堂教学中引导学生关注现实发展的问题十分关键。仅仅依靠某一门教材显然不能适应人才培养的要求。且目前的旅行社管理教材多数为高校教师编

写，虽然有一定理论深度，但是行业经验相对欠缺，案例设置不足且针对性不强。

（二）更加注重学生综合能力的培养

旅游管理专业致力于培养综合性的管理人才，通过对《旅行社管理》课程的学习，学生应能掌握现代旅行社运营的基本常识，并能灵活的运用于实践。成功的旅行社管理者需要过硬的综合素质。既需要能掌握现代化的管理知识，精通旅行社的基本业务、熟悉现代化的操作模式、旅游电子商务运作，还需要有良好的人际交往能力、公共关系能力等。旅行社管理课程应能突出行业需要，引导学生培养良好的职业素质。在课堂讲解时，教师应将基本理论以及欧美等国旅游发展的先进经验讲解清楚，同时引导学生关注我国的现实情况，并根据现实情况提出解决对策，培养学生的综合能力和素质。

（三）旅行社多为中小企业，课程内实习存在难度

《旅行社管理》这门课程具有很强的实践性，需要在理论学习的同时走进企业，关注实际运作。然而课程实习的开展则存在一定困难。我国旅行社的主体是中小型企业，规模小、实力弱，尤其是在旅游业欠发达的地区，较难找到能供整个班级开展实践教学活动的旅行社。如果分散实习，又很难保证实训效果。且多数中小型旅行社管理者缺乏远见，不愿意接收学生进行课外实习，认为可能会扰乱其工作秩序。同时，中小型旅行社多数在运作上不够规范，不足以成为学习的对象。目前，我国绝大多数旅游管理的专业设置中，酒店方面的课程实习安排十分到位，甚至很多学校拥有自己的实习餐厅，而旅行社则不论在师资配置还是实习安排上，都处于十分弱势的地位。

（四）多数本科专业《旅行社管理》教学方法死板、老套，不受欢迎

《旅行社管理》课程实践性强以及旅游专业学生较为活泼的特点，要求教师在教学过程中应能将理论性和趣味性相结合，采取灵活的教学方式，积极引导学生参与课堂，成为课堂主体。多数职业类学校的课程安排较为灵活，与行业密切结合，而很多本科院校的旅游专业，尤其是旅游管理专业处于弱势地位的综合性院校，在专业教学上则多存在理论性过强，学生动手与动口能力不足的问题。双师型的师资队伍缺乏，教学风格古

板、课堂气氛沉闷、考试考核方式生硬等，使得培养的学生既不能在理论上有很深的认知，在实践上又缺乏锻炼，在就业时显得无所适从，绝大多数旅游管理专业本科毕业生毕业后并不从事本专业，是与本科教学存在的问题密切相关的。

二、《旅行社管理》课堂的教学改革研究

旅行社管理应本着理论与实践并举、生动性与趣味性结合、以学生为主体的原则开展。灵活运用多种教学方法，促进教学效果的提高。

（一）采用分组讨论式教学法，提高学生思辨能力与团队合作意识

分组教学是通过学生团队合作和组间竞争有效提高课堂活力的一种教学形式。它可以引导学生关注行业实践，形成行业敏感度。这一方法的有效实施有两个注意事项，一是有效分组。分组是否合理是问题讨论能否顺利进行的保障，其衡量标准是是否可以同时实现组内团结与组间竞争。根据班级规模适当分组，应本着学生自愿组合、教师适当干预的原则，避免出现性别过度集中或者组别间实力差距过大等问题。二是合理选题。好的论题应与实践密切结合，如对2012年中日钓鱼岛矛盾爆发初期康辉旅行社取消赴日旅游团的事件来讨论旅行社的社会责任与危机处理、在出境旅游发展迅猛之际讨论旅行社在提高旅游者旅游文明时的责任问题、在《旅游法》颁布前后讨论旅行社的未来发展问题等。同时，讨论课程的开展应以学生为中心，从论题选择、提纲拟订、讨论形式确定、讨论过程策划等都可交由学生自主设计和完成。教师可以作为智囊，为其提供建议，并在讨论时进行点评，并引导学生深入思考。而且讨论应有后续支撑，可要求学生在讨论后重新整理对这一问题的看法，形成书面作业，作为平时成绩评价的支撑材料。这样不仅可以使学生更加深入认识此问题，还能引导学生在吸纳别人观点的基础上更加全面地看待问题。

（二）案例与情景模拟教学法，贴近行业

案例教学是在学生掌握了基本的理论知识的基础上，运用典型案例，引导学生进行分析，通过独立思考或者集体协作，通过解决问题而提高对知识的认知和理解的教学方法。在旅行社管理课堂引入案例教学应做到：第一，案例的选择遵循就近原则，借鉴和学习国外案例教学模式，把直接

"拿来"的案例变为本土化和国产化案例[5]。借用周围真实发生的案例进行教学,甚至可以同学们在实习实训中碰到的问题作为案例,增加案例的可感知性与学生讨论的积极性。第二,案例研讨的可操作性。案例选择应能符合学生的认知水平,拟解决问题的设计应突出所学理论知识。第三,案例与情景的有机融合。将案例教学与情景教学有机结合,让学生设身处地置于情境中解决案例提出的问题。如讲到旅行社电子商务发展时,由于目前中国旅游电子商务竞争激烈,新情况新问题层出不穷,可以引导学生拟作为某一电商负责人,设身处地地分析应该如何寻找到企业的生存空间;讲到旅行社人力资源管理问题时,可利用课堂微型招聘会的形式,由学生扮演求职者与招聘者,引导学生换位思考,从用人单位的角度来认识自身应如何强化素质,通过扮演招聘者引导学生换位思考,体会如何更好地做一个管理者;在讲授旅行社职能管理时,可以将班级分成四个大组,分别是外联组、计调组、接待组以及综合业务组,设置一个具体情境,由四组同学分别担任相应职能,并完成整个团队作业流程。通过各种形式的任务,使学生的专业能力得以充分发展的同时,思维能力、主体性、交际能力、团队合作精神等也得到有效培养[4]。

(三)创新型学习形式,增强课堂趣味性

传统课堂教学多采用教师讲授、学生记笔记的方式。这对于传统学科,如历史、中文、数学等较为适用,但对于旅游管理专业则有一定局限性。总的来说,旅游管理专业学生更为活泼好动,喜欢灵活多样的教学形式。教师应能针对学生特点,合理引导学生真正融入课堂,成为课堂上的主角,并能进行创新,而不是光记笔记,被动接受[2]。教师通过科学的课堂教学设计和教学活动组织,让学生学会这些理论知识如何用于实践活动中。如可采用旅行社新闻播报的形式,引导学生关注行业。新闻播报是由学生在每堂课开始之前五分钟,用播放新闻的形式向大家传达最近旅行社业的新现象,引导同学思考现象背后的问题。经过实践证明,这种方法可以调动学生积极性,增加课堂活力,凸显旅游管理专业与时俱进的特点。还可以延请业界资深人士进入课堂,如开展"名导进课堂""旅行社名人访谈"等多种方式,通过与业界人士的亲密接触,获得不一样的知识,同时,也为专业教师开启与业界紧密联系的大门。创新学习形式的又一表现是引导学生进行市场调研。根据理论内容安排相应的实践作业。如讲到旅

行社电子商务发展时，要求学生调查当地旅行社的电子商务应用问题。讲到旅行社的恶性竞争时，引导学生深入一线，收集相关案例并作评述。

（四）注重平时表现，弱化期末考试比重，灵活安排考试内容

传统的考试使得学生即使经常逃课，但只要考前突击死记硬背，就能通过考试，考完就全忘记，甚至让学生以为理论知识无用。如果采用灵活多样的教学形式，传统的期末闭卷考试地位应该弱化。即使仍旧采用闭卷考试的形式，在试题选择上应更加开放、灵活、多变，将行业发展的热点问题纳入考试中，引导学生关注问题并能进行简单分析。课程最终成绩应取决于平时表现与期末考试，且平时表现所占比重应逐步提高。杜绝学生考前"临时抱佛脚"就可以得高分的情况，这也有利于教学的公平性。

三、结语

《旅行社管理》作为旅游管理专业的核心课程，在教学方法的改革上应起到带头与示范作用。而又由于我国旅行社发展起步晚、速度快、行业发展不完善、理论建设不完备，因此，理论的学习应与正在发展变化的行业实际密切结合，创新教与学的形式，发挥学生的主体作用，增强课堂教学的灵活性与趣味性，弱化期末考试比重，更加注重学生的综合素质培养，为日新月异的中国旅游事业发展培养合格的人才。

【参考文献】

[1] 董观志. 旅游管理3M教学法的创新与实践[J]. 旅游学刊，2003（旅游教育专刊）：42-45.

[2] 颜文华. "三轮驱动教学法"及其在旅游专业课程教学中的应用[J]. 旅游论坛，2011，4（5）：113-115.

[3] 王妙，胡宇橙. 欧美MBA教学法对我国旅游管理教学的启示[J]. 旅游学刊，2004（S1）：37-42.

[4] 杨学燕. 任务型教学法在旅游管理专业教学中的应用探讨——以《旅游心理学》教学设计为例[J]. 旅游学刊，人力资源与教育教学特刊：2006（S1）：67-70.

[5] 张丽梅. 案例教学法在旅游管理专业的实践与应用[J]. 黑龙江高教研究，2007（1）：174-176.

参与性教学模式在《旅游学》课程中的应用研究

颜丽丽

摘要： 文章通过介绍参与性教学模式的定义和对于《旅游学》课程的意义，论述了旅游学课程教学中参与性教学模式的具体应用方式及其作用，从而增强了《旅游学》课堂教学的魅力和丰富性，对《旅游学》课程教学意义重大。

《旅游学》是旅游管理专业学生进入专业学习所接触的第一门专业课程，深刻地影响着学生对专业的理解和对未来的选择。所以《旅游学》课程的教学内容和方式对学生的影响重大，意义深远[1]。同时，《旅游学》课程由于知识点多、理论性强，课堂教学容易让学生感觉枯燥无聊，影响学生学习的积极性，进而影响学习和教学效果。为了扭转这一局面，就需要教师在《旅游学》课程教学中尽量唤起学生的参与性和学习热情，引导学生更好地融入课堂内容，用所学的理论知识去思考和解决旅游实践中的问题，为后续课程的学习打下坚实基础。因此，《旅游学》课堂教学模式需要不断变革，要走出完全以教师为主体和主导的"满堂灌"等传统模式，大胆进行新的尝试。在课堂教学中引入参与性教学模式是其中一种较好的改进措施。

一、参与性教学模式的含义

参与性教学模式，是指以活动为主导，以学生为中心，引导学生积极参与到教师所精心构建的课堂教学活动中的一种课堂教学方式。参与性教学模式强调在课堂教学活动中突出学生的主体地位，并实施有组织有计划的课堂教学活动。因而，可以将其理解为充分调动和发挥学生在教育教学过程中的积极性，营造良好的课堂教学氛围，激发学生的创造力和潜能的新型教学方式[2]。参与性教学模式所体现的是以人为本、师生互动相结合的双边型课堂教学思维。这种教学模式能够促进师生关系更加融洽、和谐，更好地实现既定的课堂教学目标。这种教学模式突出的是在民主、平等的教学氛围中，教师和学生充分发挥主体能动性，积极地交往和互动，达到认知共振、思维同步和情感共鸣，创造性地完成教学目标的教育实践活动。它强调教学过程中教师和学生主体的行为参与，注重教学过程中主体性的充分发挥。更充分地发挥教师和学生主体参与的积极性，使师生更深入地交往与合作，更顺利、更高效地完成教学目标和任务，力求逐步达到完善。这就需要教师和学生共同不断地付出努力[3]。

二、参与性教学模式对《旅游学》课程教学的意义

（一）可以提高课堂教学效率

在传统教学过程中，教师居于主导地位，教师教、学生学似乎是一种天经地义的传授方式。但这并不意味着，它就是一种最完美的方式或途径。事实上，传统教学方式在很大程度上是以泯灭学生的独立思维能力，扼杀其创造性为代价的。多年来，人们一直在呼唤用一种新的教学方式取而代之，真正促进学生的个性发展。参与性教学的提出，适应了这一需求。它不仅可以使教师充分享受教学的乐趣，而且从另一个侧面为教师改进教学，提高教学效率提供了参考依据。在参与性教学的实施过程中，要求教师放弃权威思想，创造一种民主、平等的课堂氛围。教师要更多地从学生角度出发来考虑问题，想学生之所想，准确把握学生的各种需求，为他们提供合适的学习资源和课程内容。通过教师的努力，引起学生的共鸣，学生有效地参与教学便成为可能。在参与性教学过程中，教师与学生通过不断地互动、交流与合作，使教师与学生双方在行动和精神上都可以达到和谐统一。这样的教学洋溢着愉悦活泼的气息，充满了科学理性的精神，富有活力和魅力。

（二）有利于提升教师的教学能力和教学效果

参与式教学和传统教学相比而言，需要教师储备更多的知识资源。在实施参与性教学法的过程中，教师不仅需要学习新的教学理论，研究旅游学的新发展，更需要不断培养将各种学生能参与的活动素材与旅游课程相融合的能力。同时，参与性教学是用鲜活生动的例子和旅游业发展实践让学生掌握教学的内容和重点，与纯理论型的讲授教学对比来看，无疑可以大大地提升教学的效果。

(三) 有利于增强学生的实践能力

通过吸引学生的参与，不断提高学生解决问题的技巧和方法，这样能使学生在以后的实践活动中，将所学化为所用。单纯的理论教学如果不和现实生活接轨，就无法保证知识的有效消化，这样很容易让学生产生盲目学习或学无所用的心理。

(四) 有利于提升学生的成就感

在参与性教学的过程中，让学生尽可能地表达自己真实的情绪，充分地利用已经学过的知识来分析和解决问题，并且在解决问题的过程中发现自己在知识上的不足或者错误，加深对该课程的认识。在这个过程中，学生每参与一次活动，在增加知识的同时，都会有一种成就感。因此，参与性教学在提高学生分析问题和解决问题能力的同时，也能够提高学生学习的积极性。

三、《旅游学》课程传统教学模式中的问题

(一) 教学内容简单，照搬教材为主

传统的教学往往将《旅游学》作为旅游管理专业后续专业课程的简介集合，由此必然出现知识缺乏和与后续课程简单重复的问题，最终使得该课程在专业人才培养中的重要作用不能体现出来。旅游学科是一门综合性的边缘学科，其知识体系的构建包括经济学、管理学、市场学、心理学、文化学、历史学、法学、地理学、环境学、美学、社会学等多学科知识，其知识框架是诸多学科理论在旅游活动这一特有主题下辐射和积淀的结果。作为本专业的基础性课程，《旅游学》一方面要体现基础性，为后续课程学习奠定理论基础；另一方面要体现综合性，尽可能地展示旅游世界的全貌。引入参与式教学模式之后，教学内容必须跳出教材的局限，根据旅游学发展，与时俱进地分析和思考旅游行业发展中的问题，并把旅游业和旅游活动的发展与学生的发展紧密结合。

(二) 教学方式单一，学生被动学习，学习效果不佳

由于传统的旅游学课程内容理论性较强，教师多采用课堂讲授的方式，使学生在学习过程中非常被动，忽视了对学生能力的培养，学生也对

课程学习比较厌倦。改革教学方式，丰富教学手段就成为必然选择。

（三）教学局限于课堂，无法帮助学生实现从感性认识到理性认识的提升

传统的教学局限在课堂之上，没有体现大学生自主学习的能力，也不能给学生一定的感性认识，学生学习空洞的理论知识比较枯燥。因此，用一定的方式如图片、视频、补充材料、实地考察等作为补充，并与认知实习相结合才能突破传统教学模式。

（四）作业方式死板，只强调综合分析，没有有效提高学生的综合能力

传统的作业以课后习题为主，偏重于结合教材内容的综合分析。这种作业方式缺乏挑战性，无法使学生产生学习兴趣，也不能锻炼学生的综合能力。通过参与性教学模式改革，让学生的作业形式多样，有演讲、有课件展示、有情境表演，在准备这些作业的过程中，能扩大学生的信息量和知识面，提高学生的综合能力。

四、参与性教学模式在《旅游学》课程教学中的应用

（一）分组学习方式

分组学习是合作学习的主要形式，同时也是参与性教学实施的主要形式。合作学习于20世纪70年代兴起于美国。由于合作学习在教学中兼顾教学的个别性与集体性特征，把个体的独立学习与群体间的有效互动结合起来，大面积提高了学生的学业成绩，很快便引起世界各国的关注[4]。分组学习方式主要以学生分组活动为主，教师在学生分组过程中要巡视、指导，对学生的进步给予肯定和鼓励；学生群体之间要形成积极的互动氛围，这不仅包括同伴之间的互动，更包括学生群体与教师群体之间的互动。分组学习过程中，由于有学习者的积极参与以及学生之间、师生之间的互动，使得教学过程不仅仅是一个知识的接受与传递过程，更是一个交往与审美的过程。

（二）自主学习方式

自主学习是参与性教学的一种重要形式，学生以听讲、阅读、演示、

操作等方式进行学习。在整个教学活动过程中，由于学生具有很大的个体差异，教师不可能照顾到每个学生的特点，从而有针对性地进行教学，这便需要教师从学生角度作一定的调整。解决这一问题的途径之一就是自主学习或称个别化学习。自主学习强调学生自我意识的发展，注重学生根据自己的特点，尤其是自身的学习能力、学习风格和学习策略，根据旅游学的特点来进行学习[5]。但需要注意的是，这种学习方式要求学生要有一定的知识储备，才能具有自主学习的能力。因此，这一方法实施前需要学生做一些基础训练和资料准备。通过学生的自主学习，有利于培养其独立学习的能力，让学生独立发现问题、解决问题，进而不断获取新的知识。

（三）演讲教学方式

演讲教学方式能够很好地训练学生的思辨能力及口才。它对学生表达能力的提升有比较大的直接效果。演讲所选择的主题应该是与学生学习和生活相关的话题，这样学生在准备过程中比较有兴趣和乐趣，在演讲过程中也能更好地发挥积极性和主观能动性，才能结合自己的知识和体验，把很多问题分析透彻，给出自己的观点。例如，"旅游活动是一种什么样的活动，给你留下了什么""你喜欢什么样的旅游，选择你感兴趣的旅游资源进行再开发创意""文化如何和旅游产品更好地结合才能更吸引目前的中国大众旅游者"等话题，由于和学生的生活、思考比较贴合，学生一般都比较感兴趣。

在学生演讲以后，教师要适时点评，并结合大家的演讲和研究，作进一步的引导，达到让学生开阔思路、举一反三的效果。

（四）情境教学方式

情境教学模式与传统的教学模式最为重要的区别，就是真实场景的模拟训练，这样的训练能够很好地实现课堂教学的高效化目的。与传统的教学模式相比，情境教学法是教师先进行示范，然后学生实践[6]。教师给学生充分的引导和信任，为他们设计适当的练习任务，开发他们的演练积极性，鼓励他们在演练的过程中，尽量展现真实的想法和做法，不要怕暴露缺点。然后教师再根据具体的问题和不足，有针对性地进行个别指导。在这个过程中，引导学生进行深度交流和讨论，充分表达各自的观点，然后在一定程度上达成共识，从而对所学内容留下深刻的印象。

例如，在讲解第五章第六节旅游服务质量内容时，可以结合旅游业具体部门的服务方式和内容，设计几个情境任务，引导学生进行演练。可以设计的情境任务有：一次具体的导游服务场景，旅行社前台接待服务，酒店服务人员的基本礼仪（包括微笑服务、前台服务、餐饮服务等）。再如在第七章旅游市场中，结合营销4PS，设计具体的旅游产品推销场景和危机公关背景，让同学们在表演和演练的过程中，发现问题，拓宽自己的知识面和视野、克服自己的服务缺陷，从而对所学内容印象深刻。并会以此为引子，对很多问题深入研究下去。实现了教学的目的和效果。

（五）展示教学方式

旅游学概论的学习的过程中，学生们会遇到许多需要记忆的文物、景观、古迹以及与之有关的地点、年代、名称、任务、特征等。这些细碎的知识构成了对旅游活动和旅游学科的最基础的印象和学科基石。但是面对这些，学生们总感到很枯燥和乏味。为了更生动地表达这些基础知识，让大家既感兴趣又能牢牢记住，可以借助一些现代教学手段来展示。可以用幻灯片为学生展示图片、照片、记录等，让学生在欣赏的过程中生发出审美的强烈意愿和求知的渴望。然后教师再以导游方式上台，将图片和照片中的基本信息介绍给学生。这样，学生不仅会从感性认识上升到理性认识，而且对景点和知识有深刻的印象，为其今后的学习打下良好基础。

如在第一章介绍近代交通工具发展对旅游的影响及近代旅游业创始人托马斯·库克的活动时，可以展示最早的火车模型图、库克的画像、同时期人们集体外出的场景等，让学生了解当时受条件所限，人们出游的巨大阻碍因素。从而对库克的开拓精神致以崇高敬意的同时，把他的代表性工作也牢记在心。

（六）讨论教学方式

在进行课堂教学过程中，要积极展开讨论。讨论要分小组进行，小组人数不宜过多或过少。过多会导致大家不能充分发表意见、互相推诿、糊弄了事；过少则会引起小组内气氛冷淡、观点单一。这两种情况都会影响学生讨论积极性和效果。讨论任务的设置也要合理，任务太难会引起大家的畏难情绪，找不到合适的论据而无法展开；任务过于简单则容易偏离主题，信马由缰。讨论的时间也要控制，不宜过长，否则会影响整节课的节奏和安排，完不成既定的教学任务。在各小组讨论之后，需要各组派代表总结发言，进而全班要有一定交流时间。

例如，在讲授旅游学概论第三章"旅游者实现个人旅游需求的条件"时，针对重要的客观条件——闲暇时间和收入进行探讨，可以设计"我国带薪休假制度的改革及收入分配制度改革"等话题。第五章旅游业的教学过程中，针对"我国现阶段旅行社行业的改革、导游职业发展的现状和问题"等都可以设计一系列的讨论课题。当然进行讨论之前需要学生提前准备，查找资料，梳理观点。课上的讨论时间虽然有限，但是在课前准备过程中，学生会带着问题查阅大量资料，在这个过程中也会不断发现新的问题，往往会为他们的学习打开一扇新的大门。

其他的参与性教学模式还有很多，如案例教学方式、比赛教学方式等。只要结合教学和课程要求，适当、灵活地运用，让学生积极投身其中，就能起到较好的效果。

【参考文献】

[1] 郑宇飞. 基于"六维目标导向"的《旅游学》教学改革研究 [J]. 四川烹饪高等专科学校学报，2010（1）：53-55.

[2] 史丹丹. 旅游课程教学中"参与性"教学模式的应用 [J]. 长春教育学院学报，2013，29（22）：134-136.

[3] 李森，李霞. 论参与性教学的背景、内涵及实施 [J]. 西南师范大学学报（人文社会科学版），2005，31（1）：72-77.

[4] 许建领. 大学参与性教学的内涵及其基本特征 [J]. 江苏高教，2006（6）：33-35.

[5] 邹萍. 浅论参与式教学及其在旅游管理课中的运用 [J]. 世纪桥，2009（12）：56-58.

[6] 丘伟萍. 案例教学法在《旅游学概论》课程教学中的实践 [J]. 中国校外教育，2008（3）：72-73.

论高校旅游管理专业教学质量提升路径

高 军

摘要：本科教学是高校旅游管理专业的关键环节。对当前高校旅游管理专业本科教学的主要特征及其面临的突出问题进行了分析；在此基础上，针对如何提高高校旅游管理专业本科教学质量，提出了一些改善措施和应对策略。以期为解决该专业本科教学面临的问题，提供一些思路或有所启发。

旅游管理作为新兴专业，在过去的十余年里，其发展势头迅猛，师资队伍迅速壮大，学生就业与社会需求也一直呈现出相对较好的态势。出现这一现象，与该专业自身特点及旺盛的社会需求密不可分。正如恩格斯所说："社会一旦有技术上的需要，则这种需要就会比十所大学更能把科学推向前进"。正是在社会对旅游管理人才的强烈需求下，推动了旅游管理师资队伍的不断壮大、专业的蓬勃发展、学科理论的进展乃至学科地位的提升。

我国旅游管理专业起步于20世纪80年代的旅游高等教育专业。20世纪90年代中期，确立了旅游管理本科专业名称；90年代末，旅游管理专业硕士点及其二级学科地位确定；2012年，旅游管理专业升级为一级学科。至2012年年底，全国共有高等旅游院校及开设旅游系（专业）的普通高等院校1097所，在校学生人数高达57.62万[1]。整体而言，我国旅游管理专业已经取得了长足发展。

自身纵向比较，旅游管理专业建设确实取得了一定的成绩。但是，与其他传统学科进行横向比较，就会发现我们的旅游管理专业还存在一些明显的不足。这一问题突出表现在：众多高校的旅游管理本科专业起步较晚（仅为10余年或不足10年的时间），对于这些学校，目前较为突出且亟待解决的问题为该专业的教学质量整体偏低。笔者根据自己多年的高校旅游管理专业从业经验与亲身体会，围绕这一话题进行相关分析与理论探索。在此基础上，试图提出了一些建议，以期为解决或改善这些问题提供一些思路。

一、本科教学是高校旅游管理专业的关键环节

传统教育观认为：教学、科研、服务社会是现代高等院校的三大基本职能[2]，其中，教学是中心和高等院校的立校之本[3]。这一观点，同样适用于旅游管理专业，教学是高校旅游管理专业的中心环节。

目前，高校旅游管理专业涵盖了旅游管理专科、旅游管理本科、旅游管理硕博研究生教育三个等级。众多高等院校的旅游管理专科专业的办学时间较长，学科课程设置更成熟、教学环节更完善。而旅游管理硕博研究生教育在国家严格的硕士点审批手续控制下，教学质量也得到保证；并且教学环节在研究生教育阶段也有所弱化。相对而言，旅游管理本科教育承担着众多基层旅游从业青年骨干、中低层旅游管理者培养的责任和使命。其上联旅游管理研究生教育，为旅游科研人才奠定基础理论；其下接中等教育，承担着职业素质教育和高等人才培养的重担。并且，高等院校的旅游管理专业学生中，本科生人数明显多于专科生、研究生人数。因而旅游管理本科教育是高校旅游管理专业最为重要的部分，而本科教学也成为高校旅游管理专业极为重要的环节。

二、高校旅游管理本科教学中存在的问题

（一）师资力量偏弱，有待改善

旅游管理专业教师数量不足，人均教学工作量大，业务结构不合理。众多院校，特别是2000年以后新增旅游管理本科专业的高校，旅游管理本科专业师生比例不合理，专职教师数量明显不足。教师过少，造成每个老师的教学工作量过大，难以保障充分的备课时间，因而教学质量受到影响。一些年青的旅游管理专职教师的周课时量超过10节，甚至高达20节。这种课时数高于很多中学教师。中学的基本职能只有教学，而高校的基本职能除此之外还包括科研和服务社会。过多的教学工作量，挤压了教师的科研时间和自我提升的机会，因此难以形成科研带动教学的良性局面。当然，有些高校该专业的师资充足，如中山大学、陕西师范大学等，但是，对于很多其他高校，师资偏弱依然是常见现象。

旅游管理专业教师学历偏低，缺乏学术前沿视野。目前，众多高校旅

游管理本科专业专职教师的学历，相对于传统学科明显偏低。这往往造成旅游管理本科教学中，缺乏对学术前沿的讲解与传授，缺乏专业知识的系统梳理与理论提升，缺乏实践指导的国际化视野。目前，很多院校旅游管理本科专业教师以中、低职称为主，专业教师整体上职称偏低，教学经验不足。而专业教师里具有高级职称的人员，相当一部分出身于其他学科，专业知识又有所欠缺。

（二）基础理论相对薄弱，教学内容学术争议多

旅游管理专业基础理论薄弱，教学内容的专业性受到影响。相对于数学、物理、化学、地理等传统学科，旅游管理自身的理论基础薄弱。旅游管理本科专业中的一些主干课，如《旅游心理学》《旅游经济学》等，所应用到的理论绝大部分借鉴或引自于对应的《心理学》《经济学》等学科。有些理论被机械地引用而缺乏旅游学自身特点的考量，因而用以课堂教学，内容上尚显得有些不妥。

旅游管理专业在基本概念、学术观点等教学内容方面存在诸多争议，给专业教学带来不便。虽然历经多年的发展，该专业也形成了深厚的学术积累，但是一些基本的旅游概念，如"什么是旅游""什么是旅游产品"等多个重要概念和知识点的定义上，尚未达成学术共识，在"旅游地生命周期还是旅游产品生命周期""划分为几个阶段"等方面尚且存在争议。不同的教材对上述问题的解释并不统一，造成专业教师也难以搞清楚课堂教学中到底采用哪种观点最佳。

（三）专业教师缺乏专业训练

旅游管理本科专业教师队伍中，真正接受过旅游管理专业硕士或博士研究生教育的人员比例偏低。相当一部分专业教师的学科背景是地理学、历史学、文学等相关学科甚至关联性并不大的学科。也就是说，从事旅游管理本科专业教学的相当一部分老师，并没有进行过相应的严格的专业训练，因此也难以确保旅游管理本科教学的专业性。比如，一些旅游管理专业教师自己就不熟悉学术规范，而在本科毕业论文指导与教学中，就难以进行有效指导。因个人专业水平有限，在专业教学指导中，在本科毕业论文指导中，在专业优秀人才评选中，许多老师都难以从旅游管理专业的角度，给予高水平的专业指导或客观评价。

（四）专业教学内容涉猎面广，实践色彩强

旅游管理本科就业去向有景区、酒店、旅行社等单位。这些单位的职位对本科毕业生有严格的专业技能要求。特别是导游岗位，要求从业人员在专业讲解、语言表达、礼仪、社交、人文底蕴、应急救护等诸多领域和方面，不但要学习和了解相关的理论知识，还必须熟练掌握与应用相关的专业技能与技巧。针对这些需要，让每个专业教师都具备所有内容的讲授能力并不现实。现实当中，往往组建一个好的专业教师队伍，其人员结构、知识结构等方面具备较好的组合即可。但是，要形成一个较好的旅游管理本科专业师资队伍却并不容易，因为实践经验丰富、专业技能水平高的老师比较少甚至短缺。

（五）与旅游学界对话不足，教学内容缺乏前沿性

相对于其他学科，旅游界的学术交流会议本身就少。加之相当一部分旅游管理本科专业专职教师，又很少积极参加国际性或国家级的旅游会议，结果造成旅游管理本科专业教师与旅游学界的对话太少。这样，这些教师就错失了进行高端学术交流、了解学术前沿动态、学习专业理论最新进展的机会。这样，这些专业教师的教学内容，也就缺乏了前沿性，教授内容也显得陈旧，难以体现最近研究成果和理论进展。

三、高校旅游管理本科教学质量提升路径

（一）整合教学资源，联合打造精品"慕课"（MOOC）教程

针对目前许多高校旅游管理本科专业存在的师资不足、教师课时量过多、专业训练不足、学术争议多等问题，可以由国家教育部牵头或成立校方联盟旅游管理专业委员会来牵头，委托 Coursera 或 EDX 供应商，联合国内外旅游管理专业主干课程讲授水平高（如国家精品教程、省级精品课程）的院系、相关专业教师以及该研究领域的著名专家学者，进行资源整合与师资共享，共同打造精品旅游管理专业"慕课"（MOOC）课程体系；然后进行国内推广，对使用该"慕课"（MOOC）课程的高校单位进行规范化管理，使其有效组织学生开展计算机网络听课与专业训练活动；最后，由各个教学单位进行专业考核，并完成相应学分认定工作。

（二）强化师资建设，打造实力雄厚的教学队伍

大力引进本专业硕博高学历优秀人才。对于许多高等院校，现有的旅游管理本科专业师资队伍中，很多老师是原先设立本科专业的时候，因旅游管理专业高学历人才太少，而从其他专业仓促调集在一起的。目前，国内每年已经有大批的旅游管理专业的硕士毕业生，其中不乏优秀者，可以补充到我们的师资队伍中；也有一些旅游管理专业的博士毕业生可供选择。2007年全国第一批旅游管理专业博士毕业，至今也就是八届博士毕业生，而全国需求量又很大。因此，这部分人才属于稀缺人才，要给予一定政策倾斜的优惠待遇才能吸引过来。

注重引进或聘请复合型旅游企业人才。实践经验丰富的旅游企事业单位人员，在实践教学中具有一般高校教师难以企及的优势。可以放低一些学历要求，吸引这部分人员加入到师资队伍中来；或者聘请这些人员做一些专题讲座或利用工作空隙集中讲授一些课程。

（三）重视青年教师培养，提升其教学水平

注重培养现有师资队伍中的青年教师。可以鼓励他们去国内外高水平的旅游管理院系进行专业深造、访学或参观交流；采取一定激励措施，鼓励他们积极参加国内外大型旅游学术会议、论坛或职业技能大赛；青年教师实行"轮训制"，定期去旅游企业或政府旅游部门挂职锻炼、专业考察或技能培训；减轻青年教师过多的课时负荷，激发其科研积极性，形成科研与专业教学良性互动的局面。

（四）深化"校企合作"，提升教学成效

"校企合作"是旅游专业高等教育中可以使学校、企业、学生同时受益的重要模式与途径[4]。普通高校对本科生的培养应当侧重于理论知识和基本技能，也具有优势；而企业对学生职业能力的培养具有优势和不可推卸的责任[5]。多年来，旅游管理高等教育的实践证明：高等院校旅游管理人才培养必须充分利用学校与企业两类不同的教育资源与教育环境，才能培养出备受企业欢迎的高水平应用型人才[6]。通过深层次的"校企合作"办学，可以提升教学质量，使学生在企业得到最为贴近现实的锻炼，了解业界的最新动态与行业信息，丰富专业经验与基层管理的技巧，提高理论联系实际的能力。

（五）采用多样化的教学方式，打造多样化的实践教学平台

高校旅游管理专业在校本科生的主体为成长于网络快速发展时代的"90后"，传统"填鸭式"的教学效果往往并不理想[7]。时代特征要求我们的专业教师必须采用多样化的、面向新时代的教学方式。目前较为受欢迎的教学方式主要有案例教学法、分组讨论法、角色扮演法、知识竞赛法、专业技能比赛、实景模拟、网络在线交流等[8]。专业教师应当综合应用这些教学方式，以增强教学效果。

针对旅游管理本科专业的实践色彩强、技能要求严、知识涉猎广的专业特征与教学要求，除了强化理论知识的讲授和熟练掌握，还应积极深化实践教学，提高学生的实践能力和基本业务技能。高校应当积极构建由校内实训平台、校外实习平台、专业实战平台、素养拓展平台构成的实践教学体系，进行多角度、多方面、多途径的实践训练，培养旅游管理领域的高水平综合人才。

四、结语

本科专业是高校旅游管理专业的重要方面，而教学是旅游管理本科专业的核心。教学质量直接影响到旅游行业本科层次基层员工或基层管理者的专业理论知识、专业素养、职业技能，甚至影响到本科生继续深造的专业基础。文章就当前高校旅游管理专业本科教学的主要特征及其面临的突出问题进行了剖析。然后，在此基础上，为解决该专业面临的问题，提出了相关对策，以期为提升该专业本科教学质量提供一些基础的理论参考。

【参考文献】

[1] 中国国家旅游局. 2012年中国旅游业统计公报［EB/OL］.［2014-07-26］. http：//www. cnta. gov. cn/html/2013－9/2013-9-12-％7B@hur％7D-39-08306. html.

[2] 王洪才. 大学"新大三职能"说的源起与意蕴［J］. 厦门大学学报（哲学社会科学版），2010（4）：6-12.

[3] 闫学玲，赵恒章. 高校教学、科研和社会服务之间的关系及其协调［J］. 辽宁教育行政学院学报，2006，23（8）：9-10.

［4］郭一红. 旅游管理专业人才培养模式的有效途径［J］. 湖南师范大学社会科学学报，2010（4）：103-105.

［5］王健. 关于旅游学科发展与旅游管理专业课程体系建设的思考［J］. 旅游学刊，2008，23（3）：19-23.

［6］李力，杨莹，韩晶晶. 高校旅游管理专业国际化人才培养模式创新——华南理工大学香格里拉优才发展计划的案例分析［J］. 经济管理，2010，32（2）：182-185.

［7］邹统钎，黄琳琳. 网络时代"90后"特点及教学模式创新研究——从北京大学旅游管理专业教学实践谈起［J］. 中国大学教学，2014（1）：38-41.

［8］郑春奎. 旅游管理专业"一式三化"模式人才培养实践［J］. 华中师范大学学报（人文社会科学版），2011（2）：40-42.

旅游管理本科课程设置存在的问题及改进

——以江苏师范大学旅游管理为例

谢五届　林棉棉

摘要：随着旅游业的快速发展，旅游高等教育日趋完善，培养了一大批旅游人才，但办学定位与培养目标成为困扰高校教育的主要问题之一。以江苏师范大学旅游管理专业课程设置为案例，研究发现存在课程设置与培养目标不完全相符，专业课程部分内容重复，缺乏特色、前沿课程，理论与实践环节的衔接不够，课程体系、课时比例、课程时序安排不科学等问题。本文基于上述问题提出相应改进措施，以优化课程体系，提升旅游管理办学质量。

引言

随着社会经济发展，旅游作为一项高层次需求越来越被重视，中国已经进入大众旅游时代，旅游产业日趋完善，对高素质、高层次人才需求不断增加。20世纪80年代初浙江大学（原杭州大学）首次开设本科旅游管理专业后，各高等院校本科旅游专业如雨后春笋般涌现。本科旅游管理教育规模不断增大，为旅游市场提供了大量旅游人才。但在旅游行业人才流失现象十分严重，主要由旅游业自身特性和旅游管理专业培养计划缺陷所致，大体表现为本科旅游管理专业课程设置不足、开课时序不科学、课时比例不合理、课程体系不完善等问题。

国外旅游管理教育注重以能力为主的本位教育理念，侧重培养学生的管理能力和科研能力，Jafari对旅游教育体系作了现状分析以及展望[1]；史提芬等论述了澳大利亚旅游专业教育的发展过程，并提出了课程频率运用理论[2]；Yuka Inui 将视角聚焦于旅游教育本身的意义，以旅游就业前景为主要目标来研究旅游教育，为学生职业生涯提供相应的哲学和社交培养[3]。国内学者对于本科旅游管理专业课程研究多专注于课程设置。许春晓把本科旅游管理专业课程分为专业基础课、专业理论课、专业应用课、专业活动课程四个模块，把大学课程层次划分为服务基层管理的课程、服务中层管理的课程、服务高层管理的课程三个层次[4]。浙江大学"3＋1"教学模式即学生在大学前三学年将毕业前所需的学分修满，第四学年进行分流学习，并把学生分为研究型导向学生和就业型导向学生。邵小慧根据应用型本科人才市场需求，指出旅游人才培养战略的实现需要夯实专业理论基础，拓宽就业口径，加强实践教学，优化培养层次[5]。

旅游人才素质与能力决定一个学校的旅游教育质量乃至一个国家旅游业的竞争力。所以旅游管理专业培养计划中，课程设置成了旅游教育的重中之重。笔者以江苏师范大学旅游管理专业为例，分析课程设置中存在的问题与改进措施。

一、旅游管理本科课程设置现状与问题

课程设置是学校通过安排和整合已拟订的各种课程，规范课程类别、课程时序安排、课时比例分配的一项具有系统性、完整性的工程，其中包括课程内容安排与教授，教学计划与方案的设计，以及学校人才培养规格等[6]。课程设置是课程建设的中心环节，与课程目标、课程内容、课程实施、课程评价等紧密相关。课程设置影响着学科教育质量的同时，也映射出人才培养的质量。自2002年江苏师范大学开设旅游管理本科专业以来，随着教学计划不断更新，加上师资力量与生源等原因，旅游管理专业课程设置不断更改，仍然存在不少问题。根据旅游行业发展态势，本科旅游教育以及旅游管理专业课程设置将会朝着以下方面发展，第一，在"大旅游"教育体系下，优化多层次、宽口径、厚基础的人才培养模式，提升旅游就业水平；第二，更加注重实践教学，丰富教学内容，强化立体化教学模式；第三，要明确专业培养目标，凸显专业特色和地方特色；第四，与国际接轨，尽量缩小国内外旅游教育差距。据此，本文梳理江苏师范大学旅游管理专业课程设置的现状及存在问题。

（一）课程设置与培养目标不完全相符

旅游管理专业办学目标是培养能够汲取并灵活运用厚实的专业理论基础知识，同时能在高星级及涉外酒店、旅行社、旅游景区、旅游开发与规划公司以及旅游行政部门从事相关业务与管理工作的复合型人才。从这一

培养目标来看，在某种程度上决定了旅游管理专业课程是朝着"复合型、多层次、应用型"的旅游管理人才方向设计的。江苏师范大学旅游管理专业主要分为公共基础课、公共选修课、专业基础课、专业主干课、专业限选课等，基本符合1998年国家教育部对普通高等院校旅游管理专业课程体系设置的要求。但是在课程设置中，景区管理的课程涉及少之又少，与该专业培养目标存在出入。景区管理是旅游管理三大方向（酒店管理、旅行社管理、景区管理）之一，应受到课程体系的重视。实践类课程里也仅仅设置了酒店管理实习，实际操作中酒店管理实习比例占到60%，大大超越其他两个方向的实习人数比例（见表1）。

表1 江苏师范大学旅游管理专业课程结构表

公共基础课	大学英语、高等数学、计算机应用基础、军事理论、思想道德修养与法律基础、大学生职业生涯规划、大学语文、马克思主义基本原理概论、毛泽东思想和中国特色社会主义理论体系概论、大学体育、形势与政策
专业基础课	导游英语、旅游学概论、导游实训、管理学概论、饭店管理、旅行社管理、经济学原理、旅游心理学、人力资源管理、线性代数、概率论与数理统计
专业主干课	导游业务、饭店英语、旅游法规、旅游资源学、餐饮服务与管理、前厅与客房管理、旅游经济学、旅游市场营销
专业限选课	社会学概论、人际沟通艺术、旅游地理学、酒店康乐服务与管理、会展概论、汉代历史与文化、宗教与旅游、中国饮食文化、文物与考古、旅游行政管理、民俗学、毕业论文写作、旅游规划与开发、休闲与旅游、中华文明史、世界文化遗产、自然地理基础
实践类课程	饭店管理实习
公共选修课	任选四门

（二）课程划分方向不准确，专业课程部分内容重复

导游英语和导游实训是旅游专业方向性课程，却设为专业基础课。旅游管理是一个交叉型学科，属于管理学下的二级学科，涉及管理学、心理学、社会学、经济学、历史学、地理学等基础学科。因此，管理学、经济学、心理学等课程设置为专业基础课毋庸置疑，而导游英语和导游实训则是旅游三大方向（酒店、旅行社、景区）之一的导游类课程，作为专业基础课进行设置教学实在是有悖于课程分类设置的初衷。市场营销学和旅游

经济学均涉及旅游产品定价，而旅游地理学和旅游资源学对各种类型旅游资源均有详细论述，导游英语与饭店英语两门课程实际上都是以餐饮美食、住宿、交通、游览及景点、购物、娱乐六大模块进行教学，教学资源重复。西方经济学对经济弹性、需求供给理论论述详尽，而旅游经济学又重复讲述，世界文化遗产和旅游资源学教学内容亦存在重复，导致课程资源的严重浪费。

(三) 缺乏特色前沿课程，理论与实践环节的衔接不够

在国家发布的教育改革与发展相关文件中指出，至 2020 年各大高等院校教育结构将趋于合理化，同时凸显专业特色。此外，大学生是否具备特长和相应技能，能否满足旅游市场的特色需要，能否为旅游市场紧缺人才做出补充是学生质量高低的反映，这样各高等学府所培养的人才才能够在市场需求中找到自我"生态位"[7]。旅游管理课程设置基本按照传统课程目录进行课程安排，系统知识更新慢，对于新兴旅游专业课程，例如饮食营养与健康、酒店住宿信息系统管理、旅游交通、旅游工程、旅游会计、旅游电子商务等较少开设。

学院实践课程单一，仅限于第六学期六个月专业实习和毕业实习，短期实践课堂设置少，安排不合理，加上授课老师实操能力与专业度不够，大都流于形式，不利于学生的专业技能、实践创造能力、职业素质的培养。况且仅仅六个月的专业实习，只是学习一些简单的服务操作，对于课程理论教学与实践有机结合来讲是远远不够的，并不能很好地将所学的课程理论与实践相融。

(四) 课程体系、课时比例、课程时序安排不科学

课时比例、学分比重的不科学主要体现在专业限选课每门课课时安排较少（见表 2），但是总课程数（17）和总学时过多（648）而相应的学分（34）又比较少，导致学生对其不重视。课程时序混乱会造成知识链接不紧密，例如饭店管理被安排在第二学期，而后续课程餐饮服务与管理则被安排在第四学期，在开设旅游规划与开发前没有安排自然地理基础等相应基础学科。

表 2 旅游管理专业课程学分、课时比例、课程数构成表

课程类别	公共基础课	专业基础课	专业主干课	专业限选课
课程数	11	11	8	17
课程数所占比例（%）	23	23	17	37
课程时数	898	630	468	648
课程学分	59	26	21	34

课程体系设置不科学还体现在公共基础课偏多（课时比例、学分比重分别为23%、42%），专业基础课（课时比例、学分比重分别为23%）和专业主干课（课时比例、学分比重分别为17%）相对较少。本科旅游管理教育是一种宽口径、厚基础的素质教育，同时旅游管理又具有专业性特点，打牢专业基础知识与专业主干知识是旅游管理专业学生的立足之本，而课程设置中课程时数公共基础课排第一，体现不出对专业基础课和专业主干课程的重视。课程设置存在拼接痕迹，旅游心理学、旅游市场营销、旅游法规等课程理论在旅游行业并不成熟，都是以心理学、市场营销、经济学为本而扣上"旅游"的帽子。实践课程受重视程度变大，但是课程理论与实践环节的衔接仍然不够。

二、旅游管理本科课程设置遵循原则

（一）以市场为导向，提高学生就业水平

高素质专业人才培养是否满足市场需求，是否符合社会标准，不仅需要学校教育，还需要企业提供平台，所以学校课程设置要与市场接轨，与社会需要契合，校企互助，将课程理论与实践教学有机结合。同时，把握旅游市场最新动向，更新旅游行业相关知识，提高前瞻性意识。此外，对于专业课程的设置，尤其要强化酒店住宿信息系统管理、会展概论、旅游交通等与就业市场相接轨的课程。

旅游管理专业是跨学科、多层次、涉及多领域知识的综合性专业学科，不仅需要管理、经济、地理、心理等相关知识，还需要专业的服务技能、社交礼仪等基本素养，因此要强调学生的能力培养，厚知识储备，多领域参与。

（二）课程设置遵循科学程序，重视利益相关者的意见

国外高校的课程设置一般都有严格程序，如加拿大的课程开发一般分为市场分析、行业分析、教育分析三个阶段，市场分析阶段与行业分析沟通，建立 DACUM 委员会，确定调查内容清单，对劳动力市场和社会综合因素进行调查分析，然后在行业中进行可行性分析。一般的逻辑顺序是职业分析、工作分析与专项能力分析，最后该委员会请用人单位和专家顾问编制课程计划。这种课程开发模式正是我国高校所欠缺的，它保证了课程的实用性与有效性，避免了随意性[8]。

（三）体现专业特色化和地方化，并与地方发展水平相适应

不同院校、地区拥有的地区资源、师资力量不同，学生的学习发展水平也有所差异。根据地方特色进行办学，有益于关注当地及周边地区旅游焦点，课程设置能够有所侧重，并且能够为当地旅游发展输送合格的旅游人才，促进当地旅游业发展。例如华侨大学位于福建，与台湾隔海相望，地理位置优越，闽台资源丰厚，在课程设置上依托这一优势开设与此相关的课程如南音艺曲，并逐步强化海峡两岸旅游交流，增设闽台民俗比较等课程。

三、旅游管理本科课程设置改进

针对江苏师范大学旅游管理专业课程设置存在的问题，结合上述原则，为课程设置改进提出以下建议。

（一）课程体系设置力求规范化、合理化

首先，明确专业办学目标，优化旅游管理专业课程体系，适当开设景区管理与服务课程以及具有前瞻性且与当前旅游就业前景紧密联系的课程，例如旅游电子商务、酒店前台信息管理等课程；其次，删减课程内容重复的专业课，专业课按照内容重复的多少，或者合并课程，或者合并章节，如将导游英语和饭店英语整合为旅游英语，按"食、住、行、游、购、娱"六大板块进行板块教学，融合并规范导游和饭店英语用语；最后，强化专业基础课知识，弱化专业课程的拼接色彩。最终，缩小公共基础课课时和学分以及学时比例，相应增加专业基础课和专业方向课，加固专业知识。

（二）借鉴优秀课程设置案例，结合自身优势，打造专业课程特色

一个专业的课程必须具有自己的专业特点，全国各大高校如果都根据教育部对旅游管理专业目录指示设置完全一致的课程体系，那么可能会导致高校所培养的旅游管理人才不能完全适应当地旅游产业。江苏师范大学旅游管理专业设置在历史文化与旅游学院，依附于本校强势学科历史学。另外，该区域属于汉文化聚集地，可以借助这一优势资源，开设更多的历史文化课程，拓展学生当地人文风情知识，强化学生对区域的了解，这对于导游知识储备非常有益，从而使该专业形成自己的专业强势。此外，还可以根据生源地进行招生来突出地方特色。

（三）课程设置与师资力量，学生的学习水平和教材选择相匹配

由于本院旅游管理专业依托历史学，其师资力量比较单一，且大多为年轻教师，专业实操能力欠缺，专业理论知识不够深厚。据相关了解，绝大部分学生更加看重的是所授课老师的专业性与专业知识储备，专业性指教师的实际工作经验与专业操作技能，故应加强双师型教师的培养。不仅要派遣专业教师到国外一流旅游学校深造，同时也应该鼓励教师到旅游企业进行相关的技能培训与进修，或者实施旅游企业人才引进，开设教企人才交换学习模式，即通过招聘酒店主管级及以上工作人员、聘请市最佳导游员来校讲学，教授专业技能技巧，而学校派资深教师为企业员工讲授理论知识。此外，每所学校的学生学习水平都有所差异，根据当前学生的实际学习情况，实施课程更新，更改教学计划，完善课程体系，使学生学有所用，学有所得，适应未来就业。目前我国的教材良莠不齐，选择教材要遵循系统性、实用性、针对性三大原则，尽量选择贴近学生实际学习情况，旅游知识更新快、全、细、权威等特点。在强调理论教材精选的同时，要适当补充实训案例等实践教材。

（四）加强实践性教学，理论与实践同步，创新实践性教学模式

旅游管理专业实践教学强调培养学生的实践操作技能，即通过各种方式与途径培育学生的实践操作能力，包括分析问题与解决问题能力、独立思考与行动能力、专业实践操作能力，以及社会实践能力等[9]。因此，实践课程应设有专业导学、校内实训课、专业见习、专业实习、毕业实习、

第二课堂六大模块，其中专业导学包括专业的相关讲座、职业生涯规划与就业指导、专业毕业论文指导，其目的是介绍专业思想，提高学生专业认识，培养学生专业认同感，了解旅游行业及就业动态，例如邀请旅游企业相关人员开设人生规划讲堂，让学生从一开始就培养从基层做起的专业意识。据调查，旅游管理大部分的学生入学第一志愿并不是旅游管理，那么对于旅游管理专业导学是非常有必要的，可能影响着学生一生的择业就业。各类课程实现优化整合，增加校内实践课的比重，充分利用校内实训基地，避免流于形式。理论与教学同步，采取课程合并教学，循环教学即讲解理论部分之后，要立即进行与理论相关的技能演习与操作，另外在每学期期末，根据学期安排的专业课程方向安排一至两周的集中实训课程，带学生到当地景区进行导游实景模拟，到当地酒店熟悉酒店服务与管理相关流程，餐饮与客房服务技能的实际操作练习，在旅行社熟悉计调工作、前台接待等，所以应尽量按导游与旅行社、酒店、景区分学期集中安排课程，在第五学期分方向顶岗实习，在第六、第七学期有针对性地设置更有深度的专业理论课程，达到课程理论与实践的同步吸收与融合以及循环教学的效果。

四、结语

本文对江苏师范大学本科旅游管理专业课程设置现状进行分析，结合本科旅游管理专业课程设置原则，提出相应的改进措施。课程体系是旅游教育的基础，培养目标的实现、教学模式的创新、课程内容的更新、课程考核的优化、课程设置与师资力量的匹配度等对于多层次、宽口径、厚基础的本科旅游管理人才培养的实现将产生重要影响，因此要强化本科旅游课程设置的研究，优化本科旅游教育，以此提升旅游人才培养质量。

【参考文献】

[1] Jafari, Jafar J. R. Brent Ritchie, Toward a Framework for Tourism Education: Problems and Prospects. Annals of Tourism Research, 1981, 8 (1): 13-34.

[2] 斯提芬·史密思, 丁培义. 澳大利亚大学旅游教育起源, 发展, 困难与前景 [J]. 北京第二外国语学院学报, 2001 (1): 24-31.

Stephen J·Craig-smith, DING Pei-yi. University Tourism Education in Australia: Origin, Oerelopment, Difficulties and Prospects [J]. Journal of Beijing International Studies University, 2001, (1): 24-31.

[3] Yuka Inui, Daniel Wheeler Samuel Lankford. Rethink Tourism Education: What Should Schools Teach? [J]. Journal of Hospitality, Leisure, Sport and Tourism. 2006, 5 (2): 25-35.

[4] 许春晓. 本科旅游管理专业的课程体系探索 [J]. 桂林旅游高等专科学校学报, 1999, 10 (S2): 143-145.

[5] 邵小慧, 罗艳菊. 应用型本科旅游管理专业课程设置研究 [J]. 中国电力教育, 2009 (7): 130-131.

[6] 张建春, 张宏梅. 旅游管理本科专业人才培养模式与课程设置初探 [J]. 安徽师范大学学报: 自然科学版, 1999, 22 (3): 271-273.

[7] 王传武, 孙饶奎, 陈燕军等. 旅游管理专业课程设置研究——以济宁学院旅游管理专业为例 [J]. 济宁学院学报, 2011, 32 (6): 91-93.

[8] 李红, 高天好. 对旅游管理专业课程设置的若干思考 [J]. 辽宁教育研究, 2007 (9): 128.

[9] 刘建国. 创新型人才培养与高校考试改革 [J]. 现代大学教育, 2006 (2): 107-200.

追根溯源，挖掘特色

——谈自然地理学在高校旅游管理专业学科体系中的地位

李 秋

摘要：针对目前在一些高校旅游管理专业中自然地理学课程不受重视的情况，本文从自然地理环境与旅游活动和旅游开发的密切关系入手，深入分析自然地理环境对于旅游产业的重要性，进而详细阐述了自然地理学在高校旅游管理专业学科体系中的重要地位。

一、引言

自然地理学是研究自然地理环境的科学。自然地理环境是指地球表面具有一定厚度的圈层，即在岩石圈、水圈、大气圈、生物圈相互作用、相互渗透的区间内的一个特殊圈层。[1]这个自然地理环境，既包括只受到人类间接或轻微影响，而原有自然面貌未发生明显变化的天然环境，也包括长期受到人类直接影响而使原有自然面貌发生重大变化但依然遵循自然规律发展的人为自然环境。这个自然地理环境和旅游活动的发生和发展有着天然的密切联系，是旅游活动得以开展的基础，也是旅游业存在和发展的基础。因此，自然地理学也应该是改革开放后随着旅游产业的发育而建立的新型学科——旅游管理专业的重要专业基础课程之一。但长期以来，旅游管理专业作为"工商管理"下的二级学科而存在，因而课程体系突出了工商管理的基础理论而掩盖了旅游的特色，由此导致学生所学的旅游专业知识只能是泛泛而论而缺乏行业针对性。[2]能体现旅游特色的自然地理学课程在许多高校的旅游管理专业得不到重视，列为选修或干脆去掉，就是这一现象的突出表现，这说明该课程的重要性并未被充分认识并得到普遍认同，故而笔者深感有必要对此进行深入分析和阐述，并希望从中探索出旅游高等教育发展的特色之路。

二、自然地理学的研究对象——自然地理环境与旅游活动和旅游产业有着天然密切的联系

（一）由自然地理环境的差异性而形成的旅游资源的特色是旅游活动发生的根本原因

旅游活动的开展和旅游业的产生都要依托于旅游资源的特色，而旅游资源特色的形成和自然地理环境的差异性有密不可分的关系。首先，自然类旅游资源本身就是自然地理环境的组成部分，是由当地的自然地理环境直接塑造的；其次，人文类旅游资源有很多归根结底也是当地自然地理环境的产物，且不说各地的饮食习惯、传统民居等有形旅游资源显而易见地是特定自然地理环境的产物，即便是一些无形的民风民俗也是在当地自然地理环境中孕育出来的。如成都打出"休闲之都"的城市名片，吸引了很多游客，而成都休闲民风的形成确有着深刻的自然地理环境背景：肥沃的紫色土壤、四面环山的盆地地形、紧邻世界屋脊——青藏高原以东的地理位置、常年温暖湿润的气候条件、依凭天然的弯道水流修建的伟大水利工程——都江堰，这种种因素叠加，使成都平原常年自然条件稳定，"水旱从人，不知饥馑"，同时又避免了各种天灾、战乱的侵扰，人们几乎感觉不到时间的流逝，久而久之涵养出休闲之风。总之，自然地理环境差异越大，旅游资源的特色就越鲜明，旅游吸引力也就越强。

（二）自然地理环境本身对旅游活动和旅游业的影响无处不在

自然地理环境除了塑造各具特色的旅游吸引物外，其本身各个要素也会对旅游活动和旅游开发产生影响。如旅游活动是高层次的精神享受，需要旅游者良好的生理条件作保障，而大气中的太阳辐射、气温、湿度、风、大气酸碱度等各种气象要素会作用于人体的各个器官[3]，影响人的生理状况和人体舒适程度，从而影响游客的体验质量，而旅游业明显的淡旺季特点也与此有关；大风、暴雨、雷电、火山、地震等自然灾害及其带来次生灾害如滑坡、泥石流、风灾、洪灾等都会对旅游活动和旅游业造成严重威胁；一个地区要进行旅游开发，除了旅游资源本身的价值外，其地理位置、地形起伏、地质状况、植被覆盖、气候状况等自然地理环境条件也都要加以考虑评估，有些地区尽管资源本身价值很高，但由于自然地理环

境恶劣，不具备开发条件，也只能长时间"养在深闺人未识"。

（三）旅游活动和旅游开发会反作用于自然地理环境

合理的旅游开发有助于自然地理环境的改善，为了发展旅游业，人们会有意识地对旅游目的地的自然环境进行保护甚至修复，诸如生态环境修复技术的深入实践，使曾一度（20世纪七八十年代）停喷的趵突泉景观在2000年前复涌。[4]又如很多地方纷纷建立起自然保护区。旅游景区的配套绿化工程、基础设施建设和环境污染处理工程等能减轻整个地区的环境污染问题，提高地区环境质量。但开发规划和管理不当，也会给环境带来不容忽视的消极影响和负面效应。诸如游客对植被的采集引起物种组成的变化；在景区用火容易导致森林火灾的发生，且任意砍伐树木作柴烧，毁坏了大量幼木，改变了森林的树龄结构；在景区内开山炸石、砍树毁林，造成水土流失严重，生态系统失衡；景区游人超载带来大量生活废水、垃圾粪便、燃煤污染以及噪声污染等使自然地理环境质量下降等，这些应当引起旅游从业人员的足够重视。

三、自然地理学在高校旅游管理专业课程体系中的地位

（一）是旅游管理专业课程体系中的基础学科

旅游是一种复杂的活动，旅游业是综合性的行业，因此为旅游业培养人才的旅游管理专业也是一个综合性非常强的专业。经过30多年的发展，旅游管理专业已经形成了涵盖诸多分支的学科体系，自然地理学的研究内容与这一学科体系中的很多分支学科都有联系，对它们起到基础性的支撑作用。如在"旅游资源学"课程中，关于旅游资源的形成机制的研究在自然旅游资源部分虽然涉及其自然地理环境背景但比较浅近和片面，而在人文旅游资源部分则根本不能涉及其形成的自然地理环境背景。而只有对旅游资源形成机制的深入研究才能让人充分了解旅游资源的特征、演化规律及科学价值，进而使人们在进行旅游资源调查、评价、开发利用和保护时，做到既科学合理，又能最大限度地体现旅游资源的多种价值，获得最佳的综合效益。[5]这就需要自然地理学的知识基础来补充和支撑。而旅游管理专业的另外一些重要课程如：旅游规划与开发、旅游环境学、旅游景区管理、导游基础知识、生态旅游等都同样需要自然地理学的知识基础。

有了这个基础，学生才能对相关专业课的知识有深刻的理解和灵活的运用。

（二）是体现高校旅游管理专业教学层次的优势学科

目前，许多中等职业学校也设有旅游相关专业，或者干脆就是专门的旅游职业中专学校，其开设的很多专业课程和高校旅游管理专业的课程都一样，那么高校尤其是本科院校的旅游管理专业只有具有更高的教学层次才有生存空间。如何才能体现出较高的教学层次，培养出更具竞争优势的高能力高素质的专业人才，就成为旅游高等教育所面临的重大课题。重视基础学科的教学和研究是任何专业提档升级的重要体现，而自然地理学在旅游管理专业学科体系中正是这样的基础学科，因而只能加强，不可偏废。

另外，从可行性上来说，在旅游管理专业本科教育中开设自然地理学具有中等职业教育没有的优势和条件。通过全国统一高考选拔的本科学生接受过高中系统的中等教育，具备一定的物理和化学知识基础，这对于自然地理学的学习来说至关重要。而中等职业院校的学生大都是从初中毕业生中直接录取，不具备这样的知识基础，根本没有开设自然地理学的条件。高校旅游管理专业如果放弃自然地理学的教学就是对这种优势条件的浪费，而坚持开设才更能体现出其教学层次。

（三）是体现旅游高等教育专业水平的特色学科

中国旅游高等教育经过30多年的发展却面临萎缩的困境，原因之一便是缺乏特色。[2]自然地理学的研究对象——自然地理环境与旅游活动和旅游产业有着天然密切的联系，自然地理学的理论体系相较于工商管理的基础理论更能体现出旅游的特色。高校旅游管理专业开设自然地理学是其专业特色的重要体现，有利于培养出更具竞争优势的旅游专业人才。

1. 有利于培养更专业的导游人员

（1）导游讲解更具科学内涵，满足游客求知欲

在我国，很多游客参与旅游活动的主要动机之一就是为了获取知识，其原因有二：一是受传统文化价值观的影响。中国人的传统观念是把旅游看作追求享乐的奢侈行为而加以反对的。自给自足的农耕文明让中国人树立了"节制欲望""安土重迁""父母在，不远游"等不利于开展旅游活动

的观念。[6]在中国古代，对旅游持肯定态度的主要是文人阶层，他们主张的"读万卷书，行万里路"的观念伴随着中华民族重视教育的观念也日渐得到全社会的认同并深入人心，成为传统文化中对旅游支持的唯一理由。虽然现代人受到西方文化的影响，观念已发生了不少转变，但通过旅游来获取知识仍然是很多中国旅游者的最主要旅游动机之一；二是因为旅游活动本身是高层次的精神文化活动，参与者一般具有较高的文化水平，随着居民受教育程度的提高，这种趋势越来越明显。这些文化水平较高的游客常常怀着对知识的渴望，希望随时汲取更多的知识，旅游更被他们看作获取知识的大好时机。尤其像科考游、科普游、青少年夏令营等类似旅游活动的参与者这方面的动机就更为明显。因此游客在旅游过程中面对旅游地的新鲜事物，就不光想知其然更想知其所以然。其实对于景观特色，即使导游不讲解游客自己也能感知到，那么游客对导游的讲解就有了更高的要求，希望从导游那里了解这种景观形成的原因，获取更多知识。而景观成因追根溯源大多有自然地理环境的作用，从游客的角度来讲，深入了解这些自然地理成因除了能获取更多知识，也能对眼前的景观理解更多，印象更深刻，是他们喜闻乐见的观览形式。而对于导游人员来说，具备自然地理知识，才能对景观的成因、特色、功能、价值等有更深的领悟，讲解才能更为生动和深刻，也更便于随时解答游客的各种提问，提高服务水平。那种导游人员指着一块造型奇特的石头说像某种动物，或讲一个关于景点的神话传说，就能让游客兴致盎然的时代已成为历史，游客日渐提高的科学文化水平和求知欲呼唤更具专业水准和科学素养的导游出现。

（2）导游日常服务更为专业，保证游客体验质量

现代都市环境污染日益严重、生活节奏加快，迫使很多人想要逃离都市，亲近自然，一些远离都市的纯自然旅游地越来越受到游客青睐。野外科考探险游、科普夏令营、野外生存夏令营、休闲度假游等以自然旅游地（在我国主要是一些森林公园、野生动植物园、自然保护区、风景名胜区、湿地公园、地质公园甚至是荒郊野外、原始森林等）为基础的旅游产品吸引了很多游客。即便是传统的观光游览，奇绝的自然景观也常常深藏在原生态的自然环境中。能带领游客涉足这一类旅游地的导游需要具备一些野外知识和生存技能，这样才能为游客提供更专业的日常服务，满足游客基

本的生理和安全需要，从而保证游客的体验质量。而这些野外生存的知识和技能很多要以掌握一定的自然地理学知识为基础。例如：在户外实地预测天气、地图的使用和地形的判别、辨别方向应对迷失路径、宿营地的选择、寻找水源和野外取水、野外觅食和有毒食物的鉴别、各种自然灾害（海啸、台风、雷暴、洪水、泥石流、滑坡、地震、雪崩、火山喷发等）的预防和自救、不同自然环境（山地、海上、沙漠、热带丛林、高山高原、极地寒区）的生存方式等,[7]这些具体的知识和技能在自然地理学课程中虽然不能面面俱到地涉及，但都需要用自然地理学的知识来理解。导游员有了自然地理学的基础，这些知识和技能才更容易被理解、记忆和掌握。

（3）导游具有较强的环保意识，促进旅游业可持续发展

导游是往往团队关注的焦点，导游具有较强的环保意识，会体现在日常的言行中，必然对整个团队产生影响，从而起到保护旅游地自然生态环境的作用，促进旅游业的可持续发展。导游环保意的培养不是简单的几句话说教，而是一个长期潜移默化的过程，必须具备自然地理学的专业知识背景，才能对人地关系、自然界本身的能量流动和物质循环有科学认识，进而稳定形成，并体现在日常带团的言行中。[8]具有强烈环保意识的导游首先自己的言行中能不自觉地就体现出对自然生态环境的爱护，对游客起到示范作用；其次还会适当限制游客的行为，如为了防止踩踏植被和土壤强调游客按照设计的路线走，欣赏而不是骚扰各种动物，尊重各种生物的生命、各种植物群落的自然生态系统和生态过程，不乱丢垃圾，尽量减少污染物的排放，不吃用珍稀濒危动植物烹饪的食品等，时刻提醒游客把自己当作自然界的一部分，让游客明确自己对环保负有责任和义务。

2. 有利于培养能科学地进行旅游规划的专业人才

旅游规划是高校旅游管理专业的专业主干课程之一，由于其本身的基础性、综合性、战略性、地域性等特点，一般不在以培养旅游基层从业人员为目标的旅游中等职业学校中开设。因此，是否能培养从事旅游规划工作的高级专业人才也是高校旅游管理专业的教学层次和专业特色的重要体现。而要进行科学的旅游规划，自然地理学的知识是必不可少的。旅游规划中，旅游资源的分类与评价如前所述以自然地理学的知识为基础才能更

准确更科学；旅游环境调查与评价更是需要直接对旅游区的自然地理环境要素（包括当地的气候条件、地形地貌、地质条件、植被覆盖、大气质量、水体质量、土壤污染状况等）进行调查、分析与评价；旅游区的土地利用规划、功能分区要依据区内自然地理环境的差异性；而旅游地形象设计则要充分考虑当地自然地理环境的整体特色；旅游环境容量要根据自然地理环境各要素的运行机制决定的承载力来确定；旅游环境保护规划要在充分了解自然地理环境各要素的现实状况、运行规律和相互作用的机制的基础上制订具体的保护措施。因而旅游规划要做得科学，就需要规划人员具有自然地理学的知识背景。

（四）是旅游管理专业学生获得深造机会的支撑学科

高校旅游管理专业本科生毕业后一部分直接进入社会，还有一部分会选择继续深造。随着近些年就业压力增大，选择继续深造的毕业生比例在逐渐增加。自然地理学是研究生入学考试中的重要科目。据统计，[9] 2014年全国招收工商管理一级学科下的旅游管理专业硕士研究生的高校达138所，但这远不能满足需求。事实上每年有相当一部分旅游管理专业的本科毕业生会报考并被录取到地理学一级学科下的旅游规划等旅游相关研究方向，而这些研究生入学考试的科目中很多都涉及自然地理学的内容。据统计，[9] 2014年全国招收地理学专业硕士研究生的学校共102所，其中地理学专业开设有旅游相关方向的学校有41所（另有一些学校不设具体研究方向，也可进行旅游方向的研究，在此就无法统计在内了），共57个旅游相关研究方向。在这些设有旅游相关研究方向的地理专业中把自然地理学作为必考科目的有23个，作为选考科目的有3个，自然地理学的知识作为考试科目中必然包含的一部分（如地理综合、地理学基础、地理科学总论、现代地理学等）的有9个。由此可见，自然地理学已成为旅游管理专业本科生获取深造机会的重要支撑学科之一。此外，自然地理学的学科内容比较专业，有一定深度，单靠学生自学有很大难度，必须有老师的讲解来打下一定基础。故而高校旅游管理专业开设自然地理学课程非常必要，可以为学生拓宽发展的道路，增加他们的选择范围。

四、结语

自然地理环境的差异性是旅游活动发生的根本原因，故而以自然地理环境为研究对象的自然地理学理应是高校旅游管理专业的基础学科，也是能够凸显旅游专业特色的优势学科。作为为旅游产业培养高级专业人才的旅游高等教育如果放弃了对自然地理学的教学和研究，将会成为无源之水无本之木，失去发展的动力，失去自身的优势和特色，从而等同于中等职业教育而失去其存在的必要性。

【参考文献】

[1] 伍光和，王乃昂，胡双熙等. 自然地理学（第四版）［M］. 北京：高等教育出版社，2008. 1-7.

[2] 保继刚，朱峰. 中国旅游本科教育萎缩的问题及出路——对旅游高等教育30年发展现状的思考［J］. 旅游学刊，2008，23（5）：13-17.

[3] 王利溥. 旅游气象学［M］. 昆明：云南大学出版社，2001. 2-4.

[4] 杨世瑜，吴志亮. 旅游地质学［M］. 天津：南开大学出版社，2006. 295-301.

[5] 肖星，王景波，王计平等. 旅游资源学［M］. 天津：南开大学出版社，2013. 1-21.

[6] 张树夫. 旅游心理［M］. 北京：中国林业出版社，2000. 161-172.

[7] 崔铁成. 野外旅游探险考察教程［M］. 北京：中国林业出版社，北京大学出版社，2008.

[8] 张光生. 生态导游员基本教程［M］. 北京：科学普及出版社，2006. 303-318.

[9] 中国研究生招生信息网 http：//yz. chsi. com. cn/zsml/queryAction. do.

旅游管理本科专业课程双语实践教学模式探讨

陈 芸

摘要：高等教育国际化是当今世界的潮流，也是经济全球化的必然要求。旅游业是涉外性很强的行业，亟须培养既懂旅游专业知识又具英语能力的复合型国际职业经理人。本文以高校旅游管理本科《旅游景区管理》课程为例，结合"双语"和"实践"的旅游专业特色，对旅游管理专业课程双语实践教学模式从课程目标、资源平台、教学方法、考核形式和课程评估五个方面进行全面的探讨，为本科旅游专业教学寻求差异化和特色化探索新的路径，以期为培养复合型涉外高端旅游管理专业经理人提供思路和建议。

引言

高等教育国际化是当今世界的潮流，也是经济全球化的必然要求。双语教学是教育走向国际化和教育改革发展的必然趋势，是复合型人才培养的有效教学模式，同时也是强化人才国际适应性和竞争能力的有效途径（高玉清，2012）。为深化合作交流，江苏师范大学在本校"十二五"规划中明确把全面推进国际化作为建设高水平大学的一个重要发展思路，相继推出教师短期赴美双语教学培训、中青年骨干教师赴境外研修、"1+20"博士后国际合作项目计划、学生国际化培养计划等。同时，江苏师范大学历史文化与旅游学院也致力于培养具有出色外语能力和国际化视野的本科旅游人才，以区别同质性低端竞争。通过加大双语和全英文课程建设、加速推进一流国际旅游企业的实习计划、促进学生海外实习和境外交流，形成了学院旅游管理专业的国际化和特色化办学思路。

旅游业是涉外性很强的行业，亟须既懂旅游专业知识又具英语能力的复合型、国际型经理人。一方面要求学生具有较强的英语表达能力，另一方面要具备国际化的服务能力和服务理念。在专业课程中实施双语教学，有助于通过沉浸式的语言学习氛围，提升学生英语综合应用能力，并学习国际最先进的旅游运营及管理理念，从而培养全球化的视野和实用性的技能。高端的旅游职业经理人将是旅游行业人才需求和培养的重心，也是本科层次旅游管理教育寻求突破点和差异化发展的关键。基于国际化发展路径、旅游行业的开放性及对涉外旅游人才的紧缺需求，成功开设旅游管理专业双语课程将是一个至关重要的环节。

一、双语实践课程目标

《旅游景区管理》课程是一门综合性和实践性很强的旅游管理专业主干核心课程，涉及景区开发、人力资源管理、服务管理、财务管理、运营管理等多个方面。双语实践课程目标旨在基于情境式和体验式教学，全面培养学生的双语综合应用能力，掌握旅游景区管理专业术语和高频词汇，熟悉旅游景区管理基础知识，掌握服务流程和服务技能，培养良好服务精神、团队协作意识、语言表达能力、人际沟通能力和危机处理能力，以满足国际型旅游景区（如迪士尼等国际主题公园）的专业和管理岗位需求。奚红妹和宋彩萍（2011）认为高校双语教学存在两个问题：一是外语学习代替了学科知识的学习，学科知识含量低；二是双语教学中教师独白代替了教学对话，学生话语缺失。双语教学从共性来说需要兼顾语言和专业知识的学习，而对应用型旅游管理专业而言，双语实践环节目标主要可分为以下三个方面：

第一，语言目标。掌握旅游景区管理核心词汇和重点句型，具有良好的英语听说能力，能流利使用母语和英语开展旅游景区的协调管理工作，就不同的服务场景开展无障碍交流，能满足导游讲解、酒店服务、营销策划、培训教育等具体工作岗位的跨文化交流需要，语音清晰、语速适中、语法正确。第二，知识目标。熟悉旅游景区管理的标准服务要求和程序，熟悉及掌握涉外服务的政策和法律法规知识，熟悉客源国概况和全球旅游发展前言动态，了解与景区管理工作密切相关的时政、经济、文化、社会发展等热点专题知识和背景知识。第三，能力目标。具有良好的语言表达能力和沟通能力；高效的团队组织协调能力；分析问题和解决问题的能力；处理突发事件和特殊情况的危机处理能力。

二、双语资源平台搭建

(一) 建立旅游双语教学资料库

首先，进行旅游管理本科专科课程双语教学需要采用高质量的双语教学辅助资料，可通过自编教材、引进国外原版教材，结合旅游外文期刊如 Annals of Tourism Research、The International Journal of Tourism Research、Tourism Management 等组织授课，既保证课程内容的系统性，又有针对性地在部分专题上深入学习，满足双语课堂教学和学生课后查阅资料的需要。将相关专题文本、图片、动画、音频、视频等教学资源用天空教室进行展示，提供国外旅游网站链接作为扩展性学习资源，丰富学生学习研究内容，提高他们的学习兴趣。

(二) 建立旅游双语教学活动平台

探究式学习以建构主义为理论基础，其主要特征是双向延伸课堂教学，学生全员、全程参与教学（王俊，2013）。通过 Web2.0 网络平台可以有效实现教学互动，令课堂和复习活动更具生动性和趣味性，提供练习和考察性测评资料。例如通过网络虚拟商业运营和互动投票系统，让不同小组针对某一个具体类型的景区撰写商业策划书，进行模拟竞标和评价，其他小组通过投票并赋予具体的理由，不断滚动添加案例库，丰富案例教学资源。

(三) 建立旅游双语社交平台

通过组建微信群、微博圈、QQ 空间等，充分利用新媒体技术开展第二课堂学习，方便打破时空障碍，进行随时随地地学习和交流。鼓励学生突破旅游学科思维，利用云课堂和慕课广泛选修国内外知名大学的中英文教学课程，把学习活动空间加以延伸，同时构建平台方便网上的交流和答疑。通过建设移动双语课程微信群，通过交互或即时通讯等手段创建连接，寻求教师和同学的帮助。例如李甜（2012）针对 VB 双语课程的学生，提供了一个带论坛交流功能的 VB 教学辅助练习系统，较好地提高了学生课后练习的主动性和独立思考能力，具有很好的效果。

三、双语教学方法

由"应试型教学"转变到"体验式教学",实现"以学生为中心"的启发式教学模式,通过沉浸教学法、专题讲座法、角色扮演法、案例教学法、游戏模拟法和实地演练法等作为双语示范课的主体教学手段和方法,充分调动学生的积极性和创造力。可充分基于情景模拟和沉浸教学理念,以任务模块驱动实践教学,让学生充分在各类模拟情境中熟悉旅游景区管理工作流程,培养其发现问题、分析问题和解决问题的清晰思路。综合利用多媒体教学、小组讨论、个人展示、同伴对话、教师示范点评、角色扮演、情景模拟、景区实训等方式来建立课内课外、校内校外一体化实践空间,为学生提供用英语交流的平台。通过课堂角色扮演、实验室情景模拟和景区实训演练三大层层递进的板块来开展双语课程实践教学活动。

(一)沉浸教学法

刘春丽(2011)提出梯进式双语教学模式,即根据沉浸型双语教学理论,结合高校实际情况提出"渗透、整合、思维"分阶段、分层次、分目标实施双语教学的模式。因此,在旅游管理课程教学的初始阶段,可采用中文和英文相结合的方式,一些关键专业术语可辅助中文加以解释,为学生做好铺垫;到了课程的发展和成熟阶段,根据学生接受程度和水平,可尽量使用英语,通过板书、幻灯片、图片等进行解释,帮助学生理解教学内容,课堂使用英语提问、讨论、阐述观点和回答问题;播放英文原版视频和经典案例录像,让学生逐渐适应并接受双语甚至全英文授课模式。

(二)专题讲座法

结合旅游管理理论和实务专题,邀请国际著名学者和有丰富实践经验的业界人士为学生开设讲座。充实"双师型"教师队伍,邀请知名国际旅游集团职业经理人充当兼职讲师或教育顾问,针对工作真实场景进行面对面答疑,以实现教学环节和实践环节的无缝连接。邀请毕业的优秀校友回校开展经验交流和疑问解答,为学生职业生涯规划提供参考和建议。

(三)角色扮演法

在情景教学中开展体验式学习,通过场景模拟和角色扮演,对实际工作的流程进行演练,要求学生按照真实的岗位和标准进行训练。依托校内导游和酒店模拟实验室，在仿真场景内进行知识和技能的传授，通过角色的扮演和教师的亲身示范和点评，掌握旅游各岗位的基本操作流程。通过具体仿真场景设置，由学生分别扮演景区中利益相关者，如赴景区的领队、全陪、地接、司机、游客、酒店餐厅工作人员等，针对旅游活动各个环节，如旅游计划商谈、酒店服务、餐饮服务、购物服务、娱乐服务、交通服务、投诉服务等进行模块练习，通过沉浸教学强化语言交流能力和业务操作水平，掌握旅游各岗位的基本操作流程。

（四）案例教学法

更新完善教学案例库，将旅游行业最新热点引入课堂：如旅游法颁布对旅游业的影响、马航飞机"失联"对游客出境旅游的影响、食品安全卫生和美食旅游的关系等。采用双语新闻发布会的方式，请学生模拟新闻发言人进行危机公关新闻发布，例如酒店发现高危传染病人、景区发生遗产旅游资源严重破坏、旅行社发生重大交通事故等，由于接触的是行业的最新动态和具有争议性和话题性的问题，有利于学生培养批判性思维和创新性思维，用英文进行陈述和演讲亦有利于锻炼学生的英语表达能力。

（五）游戏模拟法

运用有关的管理理论对游戏中的种种障碍进行分析研究，提出解决方案。例如开展旅游景区模拟经营大赛，按照小组将学员分为几个公司，完全模拟实际运营，内部领导架构也仿照现有公司架构，如分别设置酒店的CEO、CIO、CMO等，每个实践项目由几个"公司"投标和运作，所有的标书用英语撰写，报告用英文陈述，锻炼学员的领导、沟通、组织、管理能力和团队协作能力。

（六）实地演练法

可借鉴哈佛商学院的产业问题学习法（PBL），由三个或以上的人组成团队，在教师指导下，通过与赞助机构的合作来解决现实产业问题。带领同学到旅游景区真实的旅游产业环境中去解决现实的产业问题，培养学生的问题处理和决策能力。现场课堂（field courses）、现场营地（field camps）、现场旅行（field trips）、现场实验室（field labs）和现场调查（field investigations）均可作为重要的教学方法。将课堂延伸到真实旅游环境，例如在徐州重要的旅游景点，如淮海战役烈士纪念塔园林、汉文化景区（楚王陵、汉兵马俑博物馆）、云龙山（云龙湖）、龟山汉墓、戏马台等景区开展旅游专业实训演练，由学生自主搜集相关资料，组织英语导游词、设计参观线路、开展讲解活动，以培养学生的资料搜集能力、讲解能力和决策能力。

四、双语考核形式

改革课程考核方式，运用结构化过程性考核方法，基于旅游专业特点将理论考试和实践考试相结合，全面检验学生掌握的知识和能力。考核可包括四部分：原版外文资料阅读、英文写作、经典案例分析、英文课堂演示。其中后两项要求学生基于PBL学习法，以团队形式来完成，学生们通过自由组合，四到六人一组，共同制订方案后分工协作，通过课内外的考察和学习，用英文进行选题报告、课堂讨论、重新编改、再次讨论，并于学期结束汇总各组作业录像，成绩由自评、互评、教师评定共同构成。例如以"Around China"为题，请学生组建几个模拟旅行社，编排国内外主题导游线路，如红色之旅、绿色之旅、蓝色之旅等，并综合采用音频、视频、道具、服装、情景剧、3D虚拟线路观光等辅助手段进行英文推介讲解，最终评选出最佳团队和个人。进行小组展示和练习，不仅有利于拓宽学生知识面，培养团队合作意识和自学能力，提高创新能力和交际能力。而且各个阶段的考核较为均衡地分布在整个学期，从而将学期末的考试压力转变为学习全过程的动力。

五、双语课程评估

课程教学的评估和考核环节对于吸取学生的意见和建议，有效评估教学进度和教学目标实现和师生契合度具有重要意义。因此，教学模式循环研究将有助于锚定关键环节，实现课程质量的完善和提高。综合定量和定性分析方法，研究影响旅游管理双语教学质量的因素和权重：例如教师授课进度、双语教材适合度、获得课外参考资料的便利度、学生学习动机、英语水平和个体基础差异等影响，探讨如何基于本科院校学生的实际水平对双语课程建设进行改进和完善。进而改进旅游管理双语示范课程建设的具体思路，包括课程目标、师资建设、资源建设、教学方法、考核评价等方面，并在实践中加以运用。具体方法如下：

第一，问卷调查法。通过在旅游双语课程期中和期末向学生分发课程评价问卷，通过 AHP 层次分析法和模糊综合评价方法，对教师水平高低、教材适合度、获得课外参考资料的便利度、学生英语水平和专业基础的差异等影响因子进行分层讨论和综合评分，用定量方法分析各因子对双语教学质量的影响，并据此研究双语教育质量管理方法，如将人力资源管理领域的"平衡计分卡"理论、道德伦理标准 SA8000 等先进理论运用于双语教学教育质量管理，为双语教学课程的科学评价提供参考。

第二，案例分析法。通过对国内旅游院校双语教学的典型案例进行分析。例如北京第二外国语学院，其依托外语院校的基础和优势，几乎所有的老师都有海外交流经历，培养出的学生具有优秀的外语能力和专业能力，可对其进行深入分析。另可通过对国家级旅游教学团队和旅游双语示范课的研究，总结成功经验并加以运用检验。

第三，比较研究法。比较研究国际上典型的旅游人才培养模式，例如以加拿大、美国为代表的 CBE 模式，以澳大利亚为代表的 TAFE 模式，以德国为代表的"双轨制"模式，以英国为代表的 CBET 模式。对国际知名商学院如康奈尔大学、昆士兰大学、佛罗里达大学、怀卡托大学、洛桑酒店管理学院、普渡大学、香港理工大学等旅游管理课堂教学方法进行比较研究，为双语课程的教学方式和内容改革提供依据，同国际先进教育接轨。

第四，专家访谈法。对校内外双语教学专家进行访谈，邀请其到课堂上进行现场观摩和听课，并请其提出指导和改进意见，传授交流双语教学授课心得和体会。根据旅游管理"产学研一体化"的办学特色，除邀请学界专家外，广泛邀请业内专家为双语课程建设提供建议。

六、结论和启示

本文以旅游管理专业课程《旅游景区管理》双语教学实践为例，从课程目标、资源平台、教学方法、考核形式和课程评估五个方面进行针对性分析并提出相关对策建议：

从课程目标设置而言，旅游管理双语实践的目标需要着重语言目标、知识目标和能力目标，通过层层递进的目标设置，全面培养学生的综合能力；从资源平台搭建而言，在新媒体和大数据时代，传统的知识传播工具和手段已经落后于信息大爆炸的要求，"90后"新生代大学生作为信息时代的弄潮儿，需要充分利用新媒体终端设备和云课堂、慕课等形成课内课外一体化的延伸平台，鼓励互动性和参与性的自主式学习；从教学方法而言，要有效将课堂和课外相结合，现实和虚拟相结合，业界和学界相结合，理论和案例相结合，通过沉浸教学法、专题讲座法、角色扮演法、案例教学法、游戏模拟法和实地演练法，为学生提供情景式和问题导向式的课程体验，改变传统"填鸭式"和"注入式"方法，以师生教学相长的头脑风暴来实现共同提高和进步。从双语考核形式而言，摒弃高分低能和纸上谈兵的弊端，更加注重复杂环境中的实际运用能力和应变能力，同时注重培养团队合作精神和持之以恒的毅力，分散期末考试压力为过程式学习动力；从双语课程评估方面，注重课程的反馈和关系管理，综合通过定性和定量研究相结合的方法，以问卷调查、经验借鉴、比较研究、专家访谈等方法，征求各方建议对课程进行后续评估和循环诊断，实现螺旋式提高和可持续发展。

基于云计算的高校智慧旅游实验教学平台建设研究

张俊洋

摘要： 我国旅游业正在逐步走进"智慧旅游"时代。高校旅游管理专业教育必须紧跟"智慧旅游"的行业发展大方向，为旅游行业打造和培养高端旅游人才。将智慧旅游引入旅游管理专业实验教学平台建设，把旅游管理专业实验室建设与实验教学提升到一个新层次。通过云计算构建智慧旅游实验教学平台可以提高旅游管理专业实验项目水平，推动我国高校旅游管理专业教育的可持续发展。

引言

作为旅游行业的人才培养孵化地，我国高校的旅游管理专业教育经过二十多年的发展，培养的毕业生数量已成规模，但培养模式还不尽完善，导致人才素质与行业需求脱节，本科生本专业就业率较低。我国旅游管理本科教学普遍存在如下状况：既不能在技能教学上与职业院校一较高下，又不能搞纯粹的研究型教育。毕业生既不屑于从事一线技能操作岗位，又没有足够能力胜任管理岗位。重理论、轻实践教学模式的普遍存在，严重制约了旅游管理专业本科教学的效度。要培养"适销对路"的旅游管理专业人才，必须加大实训教学力度，在调查旅游行业对专业人才素质要求的基础上，针对性开展高质量的实训教学。

旅游管理专业实验室是旅游管理专业开展实训教学的场所，目前我国多数本科院校旅游管理专业实验室建设与管理均存在诸多问题，如实验设备陈旧、功能不完善、实训基地档次不高等，从而造成实训课程的开设比例低、效果差。我国旅游业进入智慧旅游时代后，对旅游从业人员素质要求进一步提升，我国多数本科院校旅游管理专业实验室尚不能满足智慧旅游时代的旅游实训教学，无法与旅游行业接轨。如此一来，人才供需矛盾将进一步凸显。因此，把智慧旅游引入旅游管理专业实验教学平台建设，加强并探索其实验教学的创新成为当前旅游管理本科教育改革的当务之急。

一、云计算和云计算辅助教学

所谓云计算（Cloud Computing），就是以公开的标准和服务为基础，以互联网为中心，向用户提供安全、快速、便捷的数据存储和其他网络服务，让互联网这片"云"成为每一个网民的数据中心和计算中心。在云计算的模式中，用户所需的应用程序和软件并不运行在用户的个人电脑、手机等终端设备上，而是运行在互联网上大规模的云计算提供服务器集群中，用户所处理的数据也并不存储在本地，而是保存在互联网上云计算服务商提供的数据库中心里。用户只需要在任何时间、任何地点，用任何可以连接至互联网的终端设备访问这些服务即可[1]。云计算包括3个层次的服务：基础设施即服务（IaaS）、平台即服务（PaaS）和软件即服务（SaaS）[2]。IaaS通过互联网提供数据中心、基础设施硬件和软件资源，用户通过 Internet 可以从完善的计算机基础设施获得服务。Paas 则提供了基础设施，软件开发者可以在这个基础设施之上建立新的应用，或者扩展已有的应用，同时却不必购买开发、质量控制或生产服务器，它实际上是将软件研发平台作为一种服务，以 SaaS 的模式提交给用户。SaaS 是得到最广泛应用的一种云计算，它是一种通过 Internet 提供软件的模式（软件分布模式），在这种模式下，用户无须购买软件，而是向提供商租用基于 Web 的软件，来管理企业经营活动。云计算系统不仅能够向用户提供基础设施，即服务（IaaS）、平台即服务（PaaS）和软件即服务（SaaS）等层次的服务，云计算服务还可以使用户按需而用，不需要安装、部署和维护自己的服务器，从而更经济、便利地使用资源。随着互联网的进一步发展，云的广泛互联、跨域协作、泛在共享的愿景将会得到实现[3]。黎加厚教授结合信息化教育与云计算的特点，提出了"云计算辅助教学"（CCAI）的概念，其含义是指学校和教师利用"云计算"支持的教育"云服务"，构建个性化教学的信息化环境，支持教师的有效教学和学生的主动学习，促进学生高级思维能力和群体智慧发展，提高教育质量[4]。云计算在教学方面的应用正逐渐成为人们的研究热点，云计算走进了教育，将成为学校的主流技术，影响教师的教学方式和学生的学习方式，再次带来教育上的大变革[5]。高校教师应该从学生和学校的实际情况出发，利用现有的教育资源，充分发挥出云计算辅助教学的优势，实现教学效果最优化的同时降低教学资源成本，在整体上提高教学质量。

二、智慧旅游概述

（一）智慧旅游的起源

智慧旅游来源于"智慧地球（Smarter Planet）"及其在中国实践的"智慧城市（Smarter Cities）"概念。2008年国际商用机器公司（International Business Machine，IBM）首先提出了"智慧地球"概念，指出智慧地球的核心是以一种更智慧的方法通过利用新一代信息技术来改变政府、公司和人们相互交互的方式，以便提高交互的明确性、效率、灵活性和响应速度[6]。

（二）智慧旅游的基本概念

张凌云等认为，智慧旅游是基于新一代信息技术（也称信息通信技术，ICT），为满足游客个性化需求，提供高品质、高满意度服务，而实现旅游资源及社会资源的共享与有效利用的系统化、集约化的管理变革。从内涵来看，智慧旅游的本质是指包括信息通信技术在内的智能技术在旅游业中的应用，是以提升旅游服务、改善旅游体验、创新旅游管理、优化旅游资源利用为目标，增强旅游企业竞争力、提高旅游行业管理水平、扩大行业规模的现代化工程。智慧旅游是智慧地球及智慧城市的一部分[7]。

（三）智慧旅游时代旅游教育的新要求

国家旅游局将2014年旅游宣传主题定为"美丽中国之旅——2014智慧旅游年"，进一步推动我国智慧旅游的发展。旅游院校必须紧跟"智慧旅游"的行业发展大方向，让学生在校期间就能提前体验旅游企业的实际业务工作，学习到行业最新的知识和技能，为旅游行业打造和培养高端旅游人才。

三、智慧旅游实验教学平台建设

（一）平台功能架构设计

实验教学是高等教育的重要组成部分，在培养学生开拓创新精神、综合素质、实践能力与创业能力中起着十分重要的作用。高校云计算智慧旅游实验教学平台设计的主要目标是整合各类高校实验教学资源，提高教学效率和管理效率，为教师和学生提供一种运行在云基础设施之上的优质实验教学资源平台模型。用户可以通过移动终端设备快速接入、按需/预约使用实验服务。

（1）提高满足不同用户需求资源的利用率。利用移动化、虚拟化和云计算技术更加有效地管理实验教学资源，按需合理分配、使用和回收。

（2）通过云计算实验平台可以管理和监控实验室使用率、分配和使用效果情况，提高教育和教学管理效率。

（3）通过云计算平台为高校建立虚拟实验教学门户，为学生、老师提供有效的、便捷、多样化的服务环境，促进互动教学，提升教学效果，提高教学公平度和透明度。

（4）利用云服务为教师和学生提供统一的协作和沟通平台。

（二）平台硬件架构设计

云计算实验平台的硬件系统是实验教学系统的核心部分，也是整个系统功能的最终执行部件。硬件平台设计需要兼顾计算服务效率和数据存储、处理服务效率。平台设计从集约化、共享、动态、节能降耗等方面出发，整合计算机资源，提高设备利用率，降低复杂性，实现计算机资源和存储资源的共享，提高系统可靠性和可用性[8]。

通过移动云计算 SaaS 平台可以搭建移动云计算模式下的远程用户和本地用户虚拟化实验组。移动用户可以通过远程 Internet 身份认证模式接入内网实验平台，或者通过本地无线路由接入内网实验平台。远程移动云端服务和内网移动云资源整合后构成整个实验平台的资源云。

用户使用移动终端通过云端接口接入云计算实验教学平台，所需实验服务交由云计算实验教学平台处理，透明的处理完毕后由云端接口将结果反馈会用户。平台包括计算服务、资源调度管理、数据存储、安全防护、身份认证等功能。

计算服务功能主要是将来自用户的计算任务拆分，然后再派发到云中具备相应功能的节点进行分布式的并行计算。进行全部相关计算之后，再将最终的结果收集，统一整理（如排序、合并等）返还给用户。资源调度管理功能实现系统软硬件资源、数据的自我管理和自调优，以方便查询，搜索。存储功能由内网存储集群和远端云存储实现数据分布式存储。安全防护和身份认证可相应增加网络安全设备、监控设备。

（三）平台软件架构实现

针对平台 SaaS、PaaS 和 IaaS 所需软件功能，微软公司提供了全面的服务平台。包括普通用户 Live 和教育群体 Online 的 SaaS 服务；基于 Windows Azure Platform 的 PaaS 服务；数据存储、云计算等 IaaS 服务和数据中心优化服务。SaaS 管理平台主要由门户网站、SSP 管理、产品管理、业务受理、计费系统、EC 管理组成。PaaS 由 Windows Azure 平台实现。Windows Azure 主要组件包括 Windows Azure、SQL Azure、App Fabric。Windows Azure 提供基于 Windows，并可在微软数据中心服务器上运行应用程序及存储数据的环境。SQL Azure 提供基于 SQL Server 的云数据服务。App-Fabric 提供把在云中运行或在组织内部运行的程序连接起来的云服务。实验云平台的 IaaS 服务层包括管理服务器、生产服务器、存储、管理网络、生产网络和存储网络[8]。

在服务平台的基础上开发智慧旅游相关实验教学软件，满足旅游管理相关课程实验教学需要。如导游方向的模拟导游系统软件、智慧旅行社系统软件、会展旅游系统软件等，酒店管理方向的智慧酒店管理系统软件，旅游规划方向的景观设计教学软件、景区管理系统软件等。

（四）师资队伍建设

智慧旅游实验教学平台建设的一项重要内容是师资队伍建设，打造一支结构合理、学术造诣高、教学经验丰富、教学效果好、精干的实践教学团队和高水平的精干的实验教学管理团队是保证该平台有效运转的重要保障，也是提高实验教学质量的关键。师资队伍建设可从以下几个方面入手。

1. 实行课程组长负责制

旅游管理专业相关课程负责人的工作包括实验教学体系规划与实施，综合性、创新性实验项目设计与新实验项目确定，基础实验项目内容整合、优化与更新，实验教材编写等，结合旅游业发展现状将理论教学与实践教学紧密结合。

2. 组建智慧旅游实验教学研究团队

以实验课程组为纽带，将实验教师按类别来组建智慧旅游实验教学研究团队。实验教学研究团队负责旅游管理专业实验课程的设计、实验大纲的编写与审核、实验教学效果的评估与改进等工作。

3. 吸纳学术水平高、科研能力强的旅游管理专业教师参与实验室建设和实验教学改革

这些教师要承担实验教学与改革任务，及时将旅游业发展的新技术、新成果引入实验教学，保证实验教学内容、方法、技术的先进性。

4. 落实全员定期培训机制

针对旅游业的发展特点加大对实验教师培训的力度，构建完善的实验教师培训体系，支持实验教师承担理论教学和科研工作、进修学习提高等，提高实验教学队伍的整体水平，保证了实践教学体系改革的有效实施。

四、运行保障机制

（一）构建开放的实验教学运行管理机制

实验教学平台依据旅游管理专业实践能力的要求来设计模块化的实验项目，按"基本技能实验""综合设计型实验"和"研究创新型实验"三个层次组织实验项目，按照基本型实验、综合设计型实验和研究创新型实验三个层次来开展实验教学。

对上述三层次的实验项目采用不同层次的运行开放机制。基本技能实验主要实行"教师预约开放"方式，有预约教师指导，当学生需自己增加此类实验时，实行"学生预约"方式，根据学生预约安排指导教师；综合设计型实验实行"双向预约"方式，即实行教师和学生双向预约，由此确定实验安排及相关实验资源和实验指导教师；研究创新型实验则实行"学生预约开放"方式，实验指导教师将根据学生预约需要统一安排。

（二）制定科学化、规范化、信息化的管理制度

为保障实验教学平台的良好运行，须制定一系列科学化、规范化、信息化的管理制度。

1. 分层管理，责任到人

实验教学团队主要负责实验教学的实施、实验指导书的修正、实验大

纲的制定等具体工作的具体实施工作。各实验室的相关管理工作则由各实验室负责人具体负责，并做到责任到人。

2. 建立全面的规章保障制度

重视实验室的管理制度建设，做到实验教学平台的各项工作管理的科学化和规范化，出台一系列文件，如：《实验教学平台管理规定》《实验教学平台开放管理规定》《实验教学平台设备器材损坏丢失赔偿制度》等。

3. 信息化的档案管理

实验教学的相关档案全部采用信息化的方式管理，包括教学档案（教学大纲、学生成绩、实验考核方法、实验教学人员信息表、学生实验和实验报告等）和仪器（固定资产、低值易耗品）档案等。

（三）构建完善的实验教学质量保证体系

1. 及时更新实验教学内容

根据旅游业发展的需求及时更新教学计划、内容，修订教学大纲等，保证实验教学内容及教学手段能与时俱进。各门课程的教学大纲由理论课和实验课教师共同讨论修订。在修订过程中，相关课程通过讨论协调实验内容，使各课程实验内容的改革更加科学合理。

2. 建立实验教学反馈机制

由教务部门设立实验教学质量检查与评估督导组，不定期深入课堂听课，召开学生座谈会，了解实验教学具体情况，并及时向任课教师反馈信息，指导教师进一步搞好实验教学改革。并随机对实验教学进行检查和督导，形成了一套规范的、制度性的常规活动，对实验教学质量的提高起到有效的促进作用。

3. 建立多元化的学习评价机制

在实验教学中采用多元评价法，统筹考核实验过程和实验结果，对学生知识、能力与创新三方面进行评价。对学生实验的考核从书面考核、操作考核和成果考核三个方面入手。书面考核中严把实验报告的质量，要求学生完成实验后认真撰写实验报告，实验报告由指导教师批阅；操作考核是教师通过当场实践操作测试来评价学生的操作能力；成果考核中一方面由教师制定作品评价标准，并对学生最后的实验实践作品根据标准进行评价，另一方面通过同学进行评价，综合两者的评价后给予相应的成绩。

【参考文献】

[1] 李开复. 云中漫步——迎接云计算时代的到来［EB/OL］. （2008-5-9）［2011-2-8］. http：//www. Google. com. hk/ggblog/google-chinablog/2008 /05 /blog－post7570. html.

[2] 云计算［EB/OL］. http：//baike. baidu. com/view/1316082. htm, 2012-08-10.

[3] 韩燕波, 王桂玲, 刘晨等. 互联网计算的原理与实践［M］. 北京: 科学出版社, 2010.

[4] 黎加厚. 云计算辅助教学［M］. 上海: 上海教育出版社, 2010.

[5] 李梅, 严亚利. 云计算平台简介及教育应用［J］. 中国信息技术教育, 2010（7）: 73-76.

[6] 钱大群. 智慧地球赢在中国, IBM 商业价值研究院［EB/OL］. http：//www. ibm. com/smarterplanet/cn/zh/overview/ideas/index. html? re＝sph, 2010-01-12.

[7] 张凌云, 黎巎, 刘敏. 智慧旅游的基本概念与理论体系［J］. 旅游学刊, 2012（5）: 66-73.

[8] 樊雷, 孙健波, 马文杰. 基于移动云计算的高校实验教学平台设计［J］. 福建电脑, 2012（8）: 14-16.

案例教学法在《文化经济学》教学中的应用

萧 磊

摘要：案例教学法是一种理论与实践相结合来解决实际问题的教学方法，对调动学生学习积极性、掌握理论知识、提高综合素质有着十分重要的作用。本文首先介绍了《文化经济学》案例教学的基本程序；接着指出《文化经济学》案例教学中在案例编写、教师队伍、硬件设施和学生参与讨论等方面存在的问题；最后为了解决《文化经济学》案例教学中存在的问题提出了相关的建议。

案例教学法是通过对一个具体情景的描述，引导学生对这些特殊情景进行讨论的一种教学方法。因此，案例教学是一种教与学两方直接参与，共同对案例或疑难问题进行讨论的、合作式的教学方法。

案例教学起源于19世纪70年代的哈佛大学，后流传于欧美和其他国家，最先被运用于法学和医学教育，其后被管理学和其他学科领域的教学采用。

自20世纪80年代初案例教学被引进我国以来，已经在众多高等学校的MBA教育中备受关注，但在本科教育中应用还不十分普遍，甚至有学者认为本科生在理论功底和实践经验等方面都有所欠缺，没有必要也不应该推行案例教学。事实上，由于文化产业管理专业本身所具备的应用性、创新性等特点，单靠纯理论教学无法实现理想的教学效果。而案例教学法以其独特的优势，适合了文化经济学教学改革的要求，为学生提供一种真实的环境，提供进行分析的素材和机会，通过大量案例学习，使学生能够有更多技巧的训练，使其在认识问题、分析问题、解决问题等技能方面的训练得到强化，从而提高学生的综合素质。

一、《文化经济学》案例教学的基本程序

（一）课前准备

案例教学的第一阶段是课前准备，这一阶段学生和教师双方都要做好

充分的准备,这是取得良好的教学效果的基础。

1. 学生的课前准备

案例教学改变了以往课堂上以教师为主的传统,更多地强调学生的参与性和积极性。因此,学生的准备工作也是不可忽视的一个重要方面。主要有两个方面:一是熟悉案例。由于课堂教学时间有限,在课堂上看案例要花很多时间,这一过程应在课前完成。并根据要求形成自己的看法,带着问题上课,实现由被动向主动角色的转变。二是查找和案例相关的背景资料。熟悉了相关背景、扩大知识面以后对案例的理解会更透彻,对相关问题的思路会更全面。

2. 教师的课前准备

在案例教学中,虽然教师将课堂的主要角色让位于学生,但这并不意味着教师的课前准备工作可以省略,相反为保证案例教学效果,教师需要花更多精力做好如下准备工作:

第一,案例准备。案例是案例分析教学法有效组织和实施最为重要的前提和载体。用于教学的案例首先应当具有真实性,因为真实的案例有利于激发学生的积极性和创造性。其次所选案例应当具有典型性。对典型案例的理解和分析,有助于学生掌握基本的理论原理、方法和原则等。最后所选择的案例应当具有系统性和启发性。案例应能够完整反映文化经济学的理论框架,将所有案例作一个整体规划,使其与教学内容的体系化相对应。同时考虑到各个部分以案例来衔接,保持教学内容的连贯性,从而克服案例教学中容易出现的凌乱与分散。

第二,理论准备。从教师方面来说,案例教学的备课难度要大于传统的教学方法。教师不能仅仅使用固定的教科书,还要读懂、吃透案例中没有完全透露出来的一些深层次的东西,特别是案例所隐含的文化经济学的理论和方法。这就要求教师必须从多方面收集资料,课前要熟悉案例内容并进行深入研究,准备好案例讨论可能涉及的有关知识。

(二)课堂讨论

可以分为小组讨论和班级讨论两个阶段。

1. 小组讨论

把全班学生分为若干个小组,每组七至八名学生,小组讨论可以使学生互相启发、相互补充、集思广益,从而使案例分析更加丰富完善和全面。在小组内要紧紧围绕讨论题逐一展开讨论,针对每一问题形成该小组的基本观点,通过小组讨论加深了对某些问题的理解。小组讨论结束之前,每组推举一名代表作课堂发言。

2. 班级讨论

这一过程是案例教学的关键和中心环节。在小组讨论基础上,由每组派一名代表发言,其他组成员有不同观点可提出质疑,进而展开全班讨论。讨论案例时,最根本的一条是要充分发挥学生的主体作用,让学生独立地深入案例,运用所学知识来处理案例中的问题。讨论过程中教师的主导作用至关重要,这种主导作用表现在:一是应创造一个轻松和谐的自由讨论的气氛;二是要把握分析的主流方向,不要偏离主题,而当学生讨论冷场时应及时启发,活跃学生思维;三是某学生发言时要求其他学生认真倾听;四是不要直接表露自己的观点,避免学生产生依赖思想。

(三) 总结与评定成绩

课堂讨论结束后,教师要作系统的总结。一是要肯定学生积极参与和积极思考的态度和精神,保护和鼓励他们参与课堂讨论的积极性;二是要指出其中的不足或存在的问题,并提出改进的希望、目标要求和方法建议;三是要阐述案例所涉及的理论知识和运用理论解析和处理相关问题的一般方法及个人的看法,供学生参考。不要就事论事,而要把具体的事例上升到一定高度,总结出几条具有启迪性的结论或建议。这样做可以使学生跳出具体事实的小圈子,使认知得到进一步提高和升华。另外,教师应要求学生把自己的分析、讨论结果写成一份简单的书面总结,也可以以小组的名义写出书面分析报告,作为教师评定成绩的依据。教师对呈交的书面总结或报告应从分析判断能力、决策能力、创新能力和书面表达能力等四个方面加以评分。

二、目前《文化经济学》教学存在的主要问题

文化经济学是经济学的分支学科,在国内的发展仅有十余年的时间,实践教学经验积累不足,案例教学应用还不是很普遍,文化产业经济学的案例教学总体水平有待进一步提高,在《文化产业经济学》案例教学中存

在的问题主要有：

（一）案例教材建设有待提高

我国经济理论界对文化经济学的研究起步较晚，2003年胡惠林教授出版的《文化经济学》可以称得上是国内最早的著作，此后还有顾江教授出版的《文化产业经济学》等著作。

据笔者对国内目前大部分文化经济学教材分析，部分教材开设专门的案例章节，但多数案例较为陈旧，而且因为都是附在一章之后必然是针对本章的知识点，综合性的案例就较为缺乏，难以串联前后的基础理论；另外许多案例都是新闻报道的材料，只是普通的叙述，没有突出的矛盾和需要讨论解决的问题。

（二）师资力量有待加强

由于现代案例教学所体现的现实性、生动性和开放性特征，因而要求教师除了应当具备丰富的理论知识和较高的学术水准外，还必须具有较强的实践能力和准备、组织案例教学的能力，同时还应当具备较强的应变和判断能力，既能及时分析和解决教学过程学生发现的新问题，也能够对学生的分析方法和结论加以客观的、科学的评判和引导。由于我国经济学教学长期以来一直忽视案例教学，再加上文化经济学本身建设时间短，许多高校甚至还没有开设本科专业，正规科班文化产业管理专业毕业的教师缺乏，致使目前处于文化经济学教学第一线上的达到以上水平和要求的教师缺乏，更谈不上形成一支这样的队伍了。

（三）案例教学硬件设施有待完善

随着网络技术的发展，计算机、互联网、投影仪等设备和工具在教学中得以广泛应用，许多课程都开始采用多媒体教学手段，教学效果得以提升。但目前仍然普遍存在的一个问题是，尽管采用多媒体教学，但利用的深度不够，只是把以前的黑板换成投影而已，尤其是在案例教学过程中，更是缺乏对多媒体的综合利用。另外，案例教学的讨论需要专门的地方及相应的设备，这就要求在案例教学过程中，配备完备的案例讨论室和有关设备，而在这方面，国内高校与国外高校相比差距更大，这需要相当大的一笔投资，这对于教学经费本来就不宽裕的许多高校自然是一个严峻的挑战。

(四) 学生讨论积极性不高

学生参与积极性欠缺这首先与前面所分析的师资力量薄弱有关，由于教师专业素养的欠缺，在案例教学过程中，教师不能对学生发言进行有见解、有深度的总结和科学的引导，致使案例讨论流于形式，难以有效提高学生分析问题、解决问题的能力，难以提高学生对相关理论的理解深度。当然，问题更多的是学生参与的积极性差、主动性差，将案例分析单纯看成是一项作业、任务，而不是将之视为提高其专业素养和综合素质的一种有效手段，案例讨论不积极，案例发言的形式单一，案例分析深度不够。

三、加强文化经济学案例教学的建议

文化经济学案例教学存在的问题是由多个方面的原因造成的，解决这些问题需要从多个方面入手采取相应的措施。

(一) 提高案例编写水平

文化经济学教学案例的选择一定要突出现实性、典型性、鲜活性和综合性。把现实经济中文化产业的热点问题和学生普遍比较关心的现实经济问题加以提炼和总结。同时，案例的选择与应用要保持动态性，要经常对已经使用过的案例进行筛选、提炼与更新，使得案例教学真正能反映真实的现实世界。为提高案例选择的质量，要注意积累丰富的文化经济学素材，掌握丰富的文化经济学案例编写知识和程序。从编写程序上说，要重视选择课题、搜集材料、编写案例和进行讨论等各个环节。

(二) 加强案例教学的师资队伍培养

文化经济学案例教学的质量从根本上取决于教师水平。对于从事文化经济学案例教学的教师，除了具备深厚的文化经济学理论素养和丰富的教学经验之外，还必须更新教学观念，改革教学方式，掌握案例教学所必需的各种专门技能。

(三) 完善文化经济学案例教学的硬件设施

要把案例教学作为产业经济学教学过程的重要方面加以强调，在资金、人员和设备投入方面要进一步向案例教学倾斜。一般高校要加强产文化经济学教学中多媒体、互联网、课件等的建设。对于一些重点高校，根据学校管理学科的专业设置，可加强文化经济学案例教学实验室的建设。

（四）努力提高学生参与讨论的积极性

作为学习主体的学生要有意识地改变传统的学习思维和方法。在传统的教学方法下，学生学会了沉默和听话，以至许多学生有想法不敢表达和不会表达。在案例教学中学生要无所顾忌地说出自己的观点和想法，说得越多，表现越积极，成绩评定时分数越高。作为教师除了要提高专业素养以外还要努力提高驾驭讨论局势的技巧，要经过精心策划，像演员一样能吸引大家的注意和兴趣；特别是开篇提问，要达到语不惊人死不休的效果。通过教师和学生的共同努力，创造出既紧张又活跃的课堂气氛。

总之，《文化经济学》案例教学与传统教学有很大的区别，它实际上是一种双向沟通、交流的教学方法，教师通过对案例的设计点评，在把知识传授给学生的同时，又通过对案例的讨论把学生对知识掌握运用的程度反馈给教师，它的实施需要大量的准备工作，对教师和学生都提出了更高的要求。要想使案例教学在《文化经济学》教学改革和文化产业专业教学改革中科学化、制度化，在大量借鉴国外先进的案例进行教学的基础上，还需要组织相关教师进行培训，结合国内文化产业市场运作的实际情况和发展规律，在理论研究上向纵深发展，以便从文化产业专业教学目标出发构建合适的案例教学法，以达到培养高水平、高素质人才的最终目的。

【参考文献】

[1] 魏静. 谈案例教学在西方经济学教学中的运用 [J]. 昆明大学学报，2008（1）：78-80.

[2] 郑红玲，王洋. 有关《西方经济学》教学改革的探讨 [J]. 北方经贸，2009（8）：173-174.

[3] 翟仁祥，仇燕苹. 案例教学法在《西方经济学》教学中的应用 [J]. 吉林广播电视大学学报，2005（6）：56-57.

加强文化产业管理专业实践教学的几点思考[①]

张培奇

进入新世纪以来，伴随着我国经济发展和人民文化消费水平的不断提高，我国文化产业进入快速发展阶段，这给我国文化产业从业人员提出了新的要求，也给高校文化产业管理专业教学带来了新的机遇和挑战。文化产业管理专业作为一门应用型专业，旨在培养能够胜任从事文化产业各门类所需技能的应用型人才。要实现这一目标，必须发挥实践教学在其中的重要作用，然而，由于文化产业管理专业在我国是一个新兴专业，面临着办学经验和办学条件的双重不足，导致目前文化产业管理专业实践教学并不尽如人意。本文主要分析我国文化产业管理专业实践教学的现状和存在的问题，并提出一些针对性的建议和对策。

一、文化产业管理专业实践教学的现状

实践教学在文化产业管理教学中具有和理论教学同等重要的地位，它能够使学生将课堂所学的理论运用到实践中去，在解决实践中各种具体问题的过程中，培养学生发现问题、分析问题和解决问题的实践能力，进一步激发学生学习专业知识的兴趣与学习的动力。

近几年来，我国文化产业人才市场中的供需矛盾日益突出，一方面文化市场上应用型人才缺口很大，另一方面文化产业管理专业本科生的实践能力不强，达不到文化产业个行业所需的技能要求，其就业形势不容乐观。作为一门应用型学科，其在培养学生们专业理论的同时，还必须加强学生综合实践能力的培养。但现行的文化产业管理专业教学则过多地侧重于理论教学模式，这就不利于培养出实践能力强的高素质人才。因此，文化产业管理专业高等教学亟须建立起以学生实践能力提升为核心的实践教学模式。

当然，我国文化产业管理专业办学较晚，受办学条件和办学经验的限

[①] 本文受到2012年江苏师范大学校级教学研究项目资助。

制，与西方国家文化产业管理类专业在实践教学方面相比还有一些差距。比如，在西方一些国家，大学依托大学科技园区，与企业联合培养文化产业管理类人才。学校根据用人单位的要求，有针对性地开设一些实践课程，使学生提前掌握工作所需的技能，这样学生毕业以后就可以立即投入工作，从而大大提高了学生的就业竞争力。

二、文化产业管理专业实践教学存在的问题

（一）培养目标不够明确

目前，我国大部分高校的文化产业管理专业是要培养具有扎实的文化基础知识和良好的文化艺术鉴赏能力，具有广阔的国际视野，掌握文化产业的经营特点和运作规律，了解国内外文化艺术发展趋势，同时具备现代管理、现代经济和法律知识，能够在文化产业、媒体、政府管理部门、企事业单位从事文化艺术管理、文化经营、文化市场运作、文化项目策划、文化经纪、贸易、咨询和国际文化交流与传播工作的复合型专门人才。然而，大部分高等院校文化产业管理专业存在着培养目标不明确，专业不专，优势不优的问题，在人才培养中重理论轻实践，强调学科的理论性、完整性和系统性，而忽视了学生专业能力的实践性和职业素质的养成性教育。部分本科院校虽然定位于培养文化产业高级管理人才，然而对"管理人才"的理解却存在误差，好像"管理人才"不需要专业技能、只需要对下属指手画脚，从而对学生形成误导，尤其是严重影响了学生的社会实践和专业实习，文化产业行业基层业务能力是胜任中高层管理工作的前提。文化产业行业涉及门类较多，且不同行业所需的专业知识和技能差别较大。文化产业管理专业培养目标不明确，内容宽泛，也就等于没有特色和重点，这样做的出发点虽然是立志于造就文化产业行业的"通才"，却容易造成"蜻蜓点水""门门懂，样样不精"的后果，导致用人单位普遍反映学生动手能力弱，所学的理论知识也无法运用到实际工作中去。

（二）实践教学体系不完整，实践教学课程设置不到位

尽管目前大多数高校都能认识到实践教学对文化产业管理专业学生就业的重要性，并在制订教学计划时明显增加一些实践教学课程的课时，但是很多实践课程是虚设的。由于一部分高校仍然存在错误的观念，认为本

科院校主要是培养研究型人才，如果过分重视实践教学就变得和高职院校没什么差别了。因此，很多高校只是把文化产业实践教学作为理论教学的一个环节、一个补充，在教学内容的安排上仍普遍存在着重理论、轻实践，重知识、轻能力的现象，缺乏培养学生动手能力和分析问题能力的一整套规划。加之近年来一些高校在条件尚未具备的情况下开办文化产业管理专业，扩招速度较快，致使办学经费严重缺乏，实践教学基地无法保证，实践教学进一步被削弱，很多实践教学课程和环节无法到位。这些情况不可避免地导致了学生的理论与实践脱节、创新意识与动手能力不强的尴尬局面。

（三）师资力量薄弱

文化产业是一个涉及门类广、实践性较强的产业，这对专业教师素质提出了较高的要求。他们既需要掌握扎实的专业理论知识，又需要有过硬的实践能力。而当前文化产业管理专业的教师半路出家的居多，这就意味着他们缺乏文化产业行业如影视、动漫、会展等专业性较强的实际业务能力，因而在教学中难免会出现避重就轻，重理论教学，轻实践教学的问题。而国外的文化产业管理专业高等教育十分重视教师的实践能力，美国、英国等国家的文化产业类院校在教师聘任上多要求教师具有实业或经济部门的任职经历，实践经验丰富。

（四）实训活动受到较多限制

首先，校内实践教学设备缺乏且使用效率低下，无法满足实践教学要求。由于条件限制，大部分文化产业管理专业都没有建立专业实验室，有的院校甚至不知道如何建立文化产业管理专业实验室。有的院校虽然建立了专业实验室，但是实践教学设施、设备及相关视听资料严重匮乏，设施设备缺乏行业规范，无法起到应有的锻炼学生实践能力的目的。另外，受目前我国大学体制的限制，高校内各教学单位之间处于条块分割的状态，导致各自的实践教学资源无法共享，造成资源浪费。

其次，校外实训基地建设滞后。各文化产业院校在文化产业管理专业的实训基地建设方面取得一定的成绩，但还无法满足学生实训需求。与校外企业建立的实习合作关系是一种松散型的，尚未建立起长期的、相对固定的适于学生训练的校外实训基地，主要靠实习教师个人及同学自己联系，缺少稳定性和可控性。企业仅根据自身的需要接纳学生实习，往往因企业的效益、积极性和责任，不接受或有选择地接收实习生，严重影响实践教育目标的实现。另外由于文化企业大多是小型企业，单个企业接纳实习学生的人数有限，因此，学生都是分散在不同的地区和不同的企业实习，这给专业老师实习指导和管理带来了很多困难，很多学生处于无人管理的"放羊式"实习状态，造成学生的实习效果不明显。

三、加强文化产业管理专业实践教学的对策

（一）明确实践教学的目标

实践教学是一个十分复杂的教学活动，一般是指教学活动中的实验、实习、设计、实践等。文化产业管理专业的实践教学应该达到以下目标。

1. 专业知识的转化能力

实践教学的一个主要目的就是为学生们提供一个将理论知识和工作能力相结合的平台和机会，以便他们在进入文化产业行业工作以后，充分发挥理论基础知识深厚的特点，用学校所学解决实际工作中遇到的现实问题。除此以外，还包括接纳企业文化、心理适应、体能适应等方面的内容。这种能力可以很好地改变目前用人单位普遍认为毕业生只有"知识"、眼高手低的印象，增加毕业生的就业竞争力，推进文化产业的健康发展。

2. 文化产业从业的基本技能

文化产业是一个门类很广的产业，且大多都是服务性行业，它要求从业人员具备很多的基本技能。比如文化产业要求从业人员具有很高的创意能力，可以创造性的策划一个方案或者设计一个产品，这都需要借助一些工具和技能将这些创意表现出来，才能成为一个现实的产品。因此，实践教学应该注重培养学生的创意策划、设计、电脑绘图等基本技能。

3. 发现问题、解决问题的能力

我国的文化产业进入新世纪以来有了长足的进步，但和文化产业发达国家相比还有一定差距，地区之间发展极不平衡。文化企业内部在经营管理方面还有很多问题。而现在的毕业生发现问题、解决问题的能力很差，在实际工作中很难发挥高学历的优势。发现问题并利用理论知识解决问题的能力是很难单方面地从课堂教学中获得提高的，如果没有正确的引导，

学生很难获得这方面的能力。

(二) 修订实践教学大纲、构建科学合理的实践教学体系

科学的教学管理，是提高教学质量、确保人才培养规格的必要条件，而科学合理的实践教学大纲与实践教学体系对提高实践教学质量则具有特别重要的意义。各高校应该对文化人才市场进行充分调研，明确用人单位对人才培养的要求，及时修订实践教学大纲，构建包括基础实践、专业实践和综合实践等在内的科学合理的实践能力培养体系，制定全面而具有可操作性的实践教学质量标准，对实践教学的各环节实施质量控制。在具体修订过程中，对课程类实践教学要突出综合性、设计性实验要求和实验教学改革、实验室开放措施；对毕业实习要强调包括实习目的、任务、内容、安排、指导教师职责、实习要求、成绩评定标准等方面的内容。使实践性教学三个部分既相对独立，又密切相关，互为补充，相互促进，贯穿于文化产业管理专业学生学习的全过程，实现让学生的知识、能力、素质等方面协调发展的培养目标。在此基础上，制定合理的实践教学方案，拓宽实践教学的范畴，积极整合实践教学资源，充分保证实践教学的实施时间，建立起有效的实践教学质量监控机制，从而构建和完善科学合理的实践教学体系。

(三) 加强校内外实训基地建设

加强校内实验室和校外实习基地的建设，是实现实践课程体系建设的教学基础。校内实验室建设应朝着科技含量高、具有产学研一体化功能的方向发展。在拥有常规的以技能训练为主的校内实验室基础上，依托先进的计算机设备、高效的网络通信和优秀的教学软件建立先进的虚拟实验室。运用虚拟电子实验技术和虚拟仪器技术构造出具有身临其境感觉的虚拟化环境，实验者能够进入虚拟空间之中并进行实时操纵和相互交流，弥补实践硬件设施的不足，使学生在学校接受高规格的系统化操作训练的同时，感受和认知文化企业的职业氛围。

校外实习基地的建设应探索新的合作模式。要在考虑校企双方利益的基础上强化合作的深度和广度，达到真正的产学研相结合。随着文化产业行业用人机制的不断完善，越来越多的文化企业开始愿意担当起与学校共同培育人才的责任。所以，应注意遴选、确定一批不同层次不同类型的文

化企业作为校外实践基地，以满足不同能力目标的培养需要。

(四) 加强师资队伍建设

高校文化产业管理专业不仅知识性强，而且实践性也十分突出。所以，要求文化产业管理专业的教师不但要具备十分扎实的理论知识，而且还要具有很强的实践能力，如此才能培养出符合文化产业行业实际需求的人才。由于目前的绝大多数教师只注重理论学习，而缺少实际的行业工作经验，高等学校就要加强文化产业管理专业师资队伍的建设，在招聘教师时有意识地吸引既有理论功底，又有实践经验的文化产业行业资深人士加入到教师队伍之中，强化师资力量建设。在教师确保完成教学任务的前提下，鼓励教师到文化企业中兼职从事一定的实践活动，这样既能丰富教师的实践知识，又能使他们了解到文化产业发展的最新状况，不仅能充实文化产业教学的内容，而且还能提高其教学能力。要为教师多提供外出交流、学习的机会，定期或不定期选派优秀教师、青年教师到国内外知名的文化产业院校，开展学术访问或进修学习，从而更多地掌握文化产业方面的理论与实践知识。可以从国内外聘请具备较高理论素养、实践经验的专家，担任文化产业管理专业的兼职教师或客座教授，通过他们的教学，拓宽学生的视野，使学生的理论水平及实践技能也能同步得到更新，更好地培养学生的实践操作技能。

【参考文献】

[1] 钟宏桃，邢新. 文化产业管理专业实践教学改革探索 [J]. 艺术探索，2012 (1): 79-81.

[2] 刘敏和，王振艳. 关于构建高校文科实践教学体系的思考—以文化产业管理专业为例 [J]. 石家庄学院学报，2012 (4): 110-114.

[3] 曾添. 高校文化产业专业定位难以及几种实践教学模式的探析 [J]. 科教文汇，2011 (5): 42-43.

[4] 张灿. 旅游管理专业实践教学模式研究 [J]. 河北师范大学学报，2010 (6): 123-125.

高校《会展策划与管理》课程实践教学改革探究

王 蕊 朱锦程

摘要：随着教育部对高校实践育人要求的提高以及会展行业相关工作岗位对从业人员实践技能要求的提高，《会展策划与管理》课程的实践教学改革势在必行。本文指出了《会展策划与管理》课程实践教学改革需要遵循的以市场需求为导向和"以生为本"等原则，分析出《会展策划与管理》课程的实践教学内容，并提出若干实施注意事项，同时提出了"项目引领，理实一体"的实践教学模式。在实践考核方式上，提出要加强对学生的学习态度、项目参与度和阶段性任务的考核，引进企业评价，全面、科学的对学生加以评价。

引言

随着全球化进程的加快和我国经济的快速发展，作为商贸服务业的会展行业也进入到了飞速发展时期，已经成为经济发展的"晴雨表"和城市发展的"助推器"，被誉为"黄金产业"。江苏省的会展行业经过近几年的发展，在场馆建设、企业数量、展会数量、展出规模、经济产出等方面均取得了较大的发展。但在会展专业人才的数量上，一直存在较大缺口，已经成为江苏会展行业发展的制约因素。

目前在本科高等院校中，《会展策划与管理》的教学均在刻意地强调与职业院校的区别。课程的教学目的多是以让学生掌握相关的基本知识、基本理论为主，教学方式多为传统的理论教学、案例教学等方式。学生通过学习，掌握了理论知识，但在进行实际的会展项目策划工作时，仍存在与会展行业的实际脱节的问题。尽管高校的人才培养规格需要高于职业院校，培养更多创新拔尖型的人才，但应用型人才仍是市场的需求主体。因此，高校也需要加强对《会展策划与管理》课程实践教学改革的探索，使其培养人才更加适应会展行业需求。

一、实践教学改革的必要性

2012年教育部出台了《教育部等部门关于进一步加强高校实践育人工作的若干意见》，要求高校要切实改变重理论轻实践、重知识传授轻能力培养的观念，注重学思结合，注重知行统一，以强化实践教学有关要求为重点，以创新实践育人方法途径为基础，切实加强实践育人，特别是实践教学，培养拔尖创新人才。因此高校应该转变思路，积极探索课程实践教学改革之路。

在会展行业的实际工作中，会展策划与管理是会展项目经理等工作岗位的核心技能，要求从业人员能够切实进行市场的调研、项目的立项策划、招展招商策划、宣传推广策划等展会运作核心工作。因此，《会展策划与管理》是一门介绍会展策划与管理的理论知识、基本操作技能和运作方法的实践性较强的课程。但该课程传统的课堂教学多是采用课堂讲授法、案例分析法、多媒体演示法等方式进行。在课程的考核方式上，也多是采用卷面理论考试的方式。因此学生难以将理论联系到实际中，无法做到"学以致用"，难以适应会展行业的需求。为了弥合校企之间的沟壑，必须积极进行教程实践教学的探索。

二、实践教学改革的原则

以市场需求为导向原则。课程内容的选取应该先对会展策划与管理的实际工作内容及其工作技能要求进行详细的分析。在展会项目的确定时，也应该依据当地会展市场的现状进行。考核的方式也要注重对接市场需求，注重实践效果，所做的方案最好可以为地方展会公司或组织机构服务。例如，笔者在让学生做项目立项策划时，会先让学生对徐州的产业发展现状做调查，选定适合徐州实际的题材，再经过各实践环节的学习后，完成各自策划方案，并将学生的策划方案交给本专业的各实践基地，节省了企业立项策划的时间和精力。

"以生为本"原则。学习的过程中，要充分调动学生的积极性，并考虑学生的接受程度。在指导学生选题立项的过程中，要引导学生自己进行创意策划，在可行的基础上，尊重学生的兴趣和意愿，帮助学生完成各自不同的方案。此外，会展并不是学生日常生活中能接触到的，在教学过程中，要注意采用案例分析、多媒体演示等方式进行教学。对于现场服务与管理环节，还可以让学生亲自参与到实践中去，让他们在亲身实践中去了解展会服务和管理的内容以及可能存在的问题，能够改变学生的被动学习的状况，让学生积极探索学习内容。最后，在考核方式的设置上，采用团队合作形式进行实践的，还要对学生的项目参与度进行评价，避免出现同一小组里同学的任务贡献度不一样的情况，确保每一个学生都能够积极参与实践。

三、实践教学设计与实施

(一) 实践教学内容

实践教学的内容要通过对会展策划与管理的核心工作内容的分析得来。通过分析国家关于会展策划师岗位的职业描述，以及对会展企业中会展项目经理等岗位的工作内容的分析，选择了立项可行性分析、宣传推广策划、招展策划、招商策划、现场服务与管理等环节作为实践教学环节的内容（完整的会展策划与管理工作内容还包括会展项目的后期评估等环节，但由于评估是建立在实施环节基础之上的，因此只作为理论教学内容，可以不做实践教学环节内容）。同时，在实施过程中，要跟学生明确学习内容和能力目标要求。在实施前事先告知该阶段的评价成果形式，然后采用小组讨论、网络搜索、头脑风暴、社会调查、现场实践等方式进行实践（见表1）。

表 1　会展策划与管理实践教学环节教学内容一览表

项目	子项目	学习内容	能力目标	实践方式	阶段性成果
徐州市××展览会立项策划方案	立项可行性分析	1. 市场环境分析 2. 展会项目生命力分析 3. 展会执行方案分析 4. 展会项目财务分析 5. 项目风险预测 6. 存在问题及对策分析	1. 能够搜集到项目的宏观、中观、微观环境信息 2. 能够对项目进行分析，判断是否可行	5～6人为一组，通过网络搜索、社会调查的方式进行	立项可行性报告
	宣传推广策划	1. 展会宣传推广的类型 2. 展会宣传推广的方式与内容	1. 能够根据不同的展会阶段采用不用的宣传推广类型 2. 能够根据具体的展会性质与题材选择合理的宣传推广方式和内容	5～6人为一组，进行"头脑风暴"，结合小组立项题材，通过网络搜集等方式进行创意策划	宣传推广策划案
	招展策划	1. 参展商信息收集 2. 展区划分及展位分配 3. 展位价格政策制订 4. 相关资料的编制 5. 招展财务预算	1. 能够进行参展商信息搜集 2. 能够进行合理的展区划分 3. 能够制订合理的展位价格政策 4. 能够编制招展相关资料 5. 能够进行简单的招展财务核算	5～6人为一组，进行"头脑风暴"，结合小组立项题材，通过网络搜集等方式进行创意策划	招展策划案
	招商策划	1. 目标客户信息搜集 2. 招商资料的编制 3. 确定招商渠道和措施 4. 招商财务预算	1. 能够分析出目标客户的范围并进行信息收集 2. 能够编制邀请函、展会通信等招商相关资料 3. 能够通过合理的渠道和措施进行招商 4. 能够进行简单的招商财务核算	5～6人为一组，进行"头脑风暴"，结合小组立项题材，通过网络搜集等方式进行创意策划	招商策划案
	现场服务与管理	1. 会展现场的主要工作流程 2. 会展现场的主要工作内容	1. 能够合理安排会展服务岗位 2. 能够制订合理的现场服务管理方案	按企业要求分组，参与现场服务实践	现场服务质量

（二）教学模式

会展策划与管理可以采用"项目引领，理实一体"的实践教学模式。《会展策划与管理》的课程内容各自独立又互成一体，各章节均是为会展策划方案服务。因此，可以以最终的项目策划方案为项目进行引领，在每一个实践环节设置一个子项目，而各子项目经过整合就能成为最终的策划方案。学生在学习的过程中，通过教师的指导，完成市场调研、可行性论证、宣传推广策划、招展招商策划等子项目，并最终完成一份展会策划方案。此外，还可以采用"真假项目相结合"的方式进行实践。由于会展现场服务与管理的工作内容繁杂而细碎，且属于纯粹动手性工作，不适合使用方案的方式加以呈现，因此可通过与实践基地合作的方式，在合作单位召开展会期间，让学生亲身参与到展会的现场服务中来，真正实现"理实一体"。

（三）考核方式

会展策划与管理课程应该采用"过程性、全面性"的考核方式。实践教学应该注重的是对学生技能的考核而不是理论知识的考核。因此，考核标准应是有没有掌握到各个工作环节需要掌握的技能，同时，还应加强对学生的学习态度、任务参与度等方面的考核。此外，还可以积极引入发挥合作企业的作用，从行业的角度对学生学习成果进行评价，从而更加全面、科学的对学生加以评价（见表2）。

表2 《会展策划与管理》课程考核体系表

	考核内容		考核比例	评价标准
平时成绩	考勤		5%	次数
	学习态度及课堂表现		5%	听课、回答问题的积极性
成果评价	学生评价	项目参与度	10%	任务参与度
	教师评价	立项可行性报告	10%	方案的可行性、创新性、完整性
		宣传推广策划案	10%	
		招展策划案	10%	
		招商策划案	10%	
		立项策划案	20%	
	企业评价	现场服务与管理	10%	现场服务的质量
		立项策划案	10%	方案的可行性、创新性、完整性

四、结语

会展行业需要大量能够从事创意策划、营销推广和经营管理工作的高级复合型人才,而这些实践能力学生通过会展策划与管理课程传统的课堂教学方式是难以获得的,因此必须进行实践教学的改革。在改革过程中,要坚持市场需求导向,并注重以学生为中心。在教学内容选取时,要注意对实际工作岗位的工作内容进行分析,实施中要注意对学生明确任务和考核方式。同时,可采用"项目引领,理实一体"的实践教学模式,充分调动学生积极性,保障实践效果。最后,要建立全方位的实践考核体系,加强对学生的学习态度、项目参与度和阶段性任务的考核,还要积极发挥实践基地的作用,引进企业评价,全面、科学的对学生加以评价。

【参考文献】

[1] 张丽. 高校会展策划课程教学改革实施探索 [J]. 南昌教育学院学报(高等教育),2013,28(12).

[2] 林子昱. 高校会展策划与管理教学模式改革探讨 [J]. 经营管理者,2013(15).

[3] 闵祥晓,罗越富. 高校会展专业课程实践教学方法探讨——以中山学院会展策划课程为例 [J]. 黑龙江教育学院学报,2012,31(9).

[4] 魏仁兴. 会展策划与管理专业基于工作过程的课程体系探讨,福建商业高等专科学校学报,2010(4).

[5] 吴源. 基于工作过程的高职会展策划课程改革 [J]. 经济师,2011(8).

[6] 许凌. 基于工作过程的高职院校会展策划与管理课程教学设计 [J]. 中小企业管理与科技,2012(8).

[7] 肖温雅. 提高高职会展策划与管理专业学生实践能力的途径探索 [J]. 机械职业教育,2009(3).

文化产业管理专业实践教学模式探析

房 芳

摘要：文化产业管理专业是为广大文化企事业单位培养应用型人才的新兴专业，重点强调培养学生的动手能力。但目前其实践教学模式不完善，缺乏科学的实践教学体系和完善的考评机制，实践教学流于形式。完善实践教学体系需要从内外两方面入手，积极开展创意思维训练、案例分析讨论、分组项目模拟训练等课堂实践教学和社会人士专题讲座、校企合作打造实习基地、参加创意创业大赛、创办文化产业孵化器等课外实践教学形式。同时在培育双师型师资、完善考核制度和合理安排实践教学时间等方面加强管理。

一、文化产业管理专业发展现状及存在问题

（一）发展现状

文化产业是在全球化的消费社会背景中发展起来的一门新兴产业，被公认为21世纪全球经济的"朝阳产业"和"黄金产业"。在党的十八大报告中指出：加快发展文化产业、推动社会主义文化大发展大繁荣，文化产业要成为国民经济支柱性产业。文化产业管理专业即是为适应国家文化产业快速发展而设立的专业，以培养具有宽阔的文化视野、扎实的人文素质、前瞻的产业理念和熟练的从业技能的复合型人才为目标。文化产业是教育部为适应经济和社会发展需要而新设置的本科专业，是近年来高校新办专业中发展最快的专业之一，从2004年山东大学、中国传媒大学、中国海洋大学和云南大学四所高校开设文化产业管理专业开始，该专业已经经过了十年的发展，现如今全国已有一百多所本科院校开设了文化产业管理专业，已经形成本科、硕士到博士完善的学科体系。

（二）存在问题

在文化产业大发展大繁荣的带动之下，文化产业管理专业走过了十年历程，在发展速度、招生规模方面都取得了引人注目的成绩；但同时也存

在着一些问题。首先在专业发展方面存在社会认可度不高、学生就业遇冷等问题，广大文化企业对文化产业管理毕业生的就业反馈评价并不高，认为他们存在理论脱离实际，岗位适应性差。其次在专业建设方面存在培养目标模糊、经典教材匮乏、师资力量薄弱和实践环节缺失等方面问题，这也成为制约文化产业管理专业进一步发展的最大障碍。

二、实践教学环节缺失及其原因

实践环节缺失严重影响了文化产业管理专业学生的社会适应能力，具体表现在创新能力和动手能力不足，所学知识与市场脱节。高校培养与社会需求存在一定偏差，直接导致该专业毕业生就业方向与本专业相符度较低，出现"热专业，冷就业"问题，严重影响了该专业的长远发展。

（一）实践环节缺失的表现

一是实践教学内容数量少、质量低；重课堂，轻课外。由于种种原因，很多学校教学大纲中设计的实践教学环节都没有真正开展起来，现行的文化产业管理实践教学多为课堂实践教学，缺少课外实践环节。

二是实践教师自身业务能力有限，缺乏专职实验员。国内文化产业管理专业很少设有专门的实验室供实践教学使用，缺少专职文化产业管理实验员，实践教学往往由理论课教师担任，教师实践技能不足严重影响了实践教学质量。

三是实践教学缺少社会实习基地，很难做到与市场真正对接。文化产业管理专业缺少与社会文化企业的对接，造成绝大多数实践教学都在校园内完成，以模拟为主，缺少真正的市场检阅和历练，即使是校外专业实习也大多为自主实习，学生自行联系实习单位，岗位与专业符合度低，起不到实习实践的作用。

四是实践教学时间无保障和考核机制不完善。当前文化产业管理实践教学时间安排没有统一标准，存在很多缩短实践教学时间甚至完全取消实践教学的现象。此外，不论是课堂实践还是课外实践，考核制度都不完善，缺乏统一的评判标准，且实践成绩没有与学生最终成绩挂钩，校外实习考核更是流于形式，导致教师和学生的重视程度普遍较低。

（二）实践环节缺失的原因

首先，现在国内高校文科教学普遍受传统教学方法和人才培养模式的影响，在一定程度上存在着重知识轻技能，重继承轻创新，重理论轻实践的陈旧教育观念，文科实践教学在很多高校不被重视，在实验室建设和实验经费划拨方面都远远不如理工科，导致文科实践教学发展速度缓慢，最终造成学生创新能力和动手能力差，不能满足社会对高校毕业生职业素质要求越来越高的趋势。

其次，文化产业管理专业师资力量薄弱，由于专业设立时间较短，缺少拥有本专业研究背景的教师，大多由历史学、文学、管理学、经济学等理论性较强的专业背景的老师担任，教师本身就缺少文化产业管理的社会实践经验和背景，加之很多教师固守原有的研究方向，造成在教学方面往往倾向立足于已有的理论教学资源，缺少实践教学环节。

再次，文化产业管理实习实践基地严重不足，主要由于国内文化企业对于文化产业管理专业的认识度和重视度还不够，缺少校企合作和为企业发展到高校寻求智囊团的传统，在校企共建实习基地方面表现不够积极主动。

最后，文化产业管理实践教学时间无保障和考核机制不完善主要是由于很多高校匆忙搭乘兴建文化产业管理专业的快车，在课程设置之初缺乏科学的论证，同时由于该专业发展历史短暂，国内缺少可借鉴的模板，所以人才培养方案中关于实践教学时间和考核机制的规定就相对模糊，导致教师在开展实践教学方面无章可依。

三、文化产业管理实践教学发展对策

（一）实践教学模式的主要构成体系

实践教学模式基本分为课堂实践教学和课外实践教学两大类，课堂实践教学仍以课堂为中心，以模拟训练为主，是一种演示模拟性质的实践教学。课外实践教学则突破课堂限制，以社会为中心，以感官接收和实际操作为主，是一种真正接触社会和市场的实践教学。

1. 课堂实践教学

当今的文化产业管理专业实践教学基本停留在课堂实践教学，主要包括创意思维训练、案例分析讨论和分组项目模拟训练等方式，这一类实践教学基本以课堂为主体环境，以教师为主导，学生在教师指挥下完成一些教材理论知识以外的实践内容。

（1）创意思维训练

文化产业管理重点培养具有创意思维的人才，很多文化产业领域的工作都需要创意思维为基础，因此，创意思维训练成为课堂实践教学的第一步。例如，《文化产业创意与策划》是该专业核心课程，主要就是培养学生创意思维和策划能力。教师在讲授创意思维的原则、方法等基本理论之后，就带领学生一起进行创意思维训练，引导学生利用发散思维和集束思维、想象思维等方法对图形、颜色、场景、主题等元素进行创意。

（2）案例分析讨论

案例分析讨论是文科实践教学中最擅长使用的一种实践教学方法，通过分析各类成功或失败的案例，从中抽象出一般性的规律，很好地将理论与实践结合在一起。文化产业管理专业设有《文化产业经典案例分析》课程，全程通过案例分析让学生了解国内外经典的案例，并从案例中总结出文化产业发展的一般性规律。案例分析讨论不同于简单的举例，需要让学生参与到案例分析中，可以使用视频、模拟操作软件等方式，开拓学生视野，增加学生兴趣，锻炼其对知识的总结概括能力和操作能力，让其深入体会理论从实践中来，又运用到实践中去的道理。很多文化产业管理专业课程如《文化资源学》《文化市场营销》《品牌策划与推广》《会展经营管理》等均可采用案例分析法进行课堂实践教学，需要注意的是教师在选择案例时要甄选内容充实、资料完备且具有典型性的案例。

（3）分组项目模拟训练

分组项目模拟训练也称作项目实践教学，是指教师围绕教学任务，导入有关项目，以完成项目为目标，以学生为主体，采用分组讨论、"头脑风暴"的方法，以项目策划案为考评参考依据的实践教学方法。具体做法为：先将全班同学分为若干个小组，根据教材中的理论基础设计一个项目，以学生为中心，教师提供协助和指导，小组内通过"头脑风暴"的方法，发挥每个学生的主观能动性共同完成项目设计并提交项目策划案。这样既能检验课堂教学质量，又能锻炼学生创新能力和动手操作能力。项目实践教学能够培养学生的市场意识和解决实际问题的能力，它与传统课堂教学的最大区别是以教师为中心转变为以学生为中心，以教材为中心转变为以项目为中心。例如《会展策划与实务》课程可以围绕一项会展项目开展分组项目模拟实践教学，以小组为单位，完成项目策划，以每小组最终提交一份会展项目的策划方案为考核依据。《广告策划》课程也可以围绕某一产品广告项目设计实践教学内容。

2. 课外实践教学

实践教学不能仅仅停留在课堂讨论和模拟，还要广开渠道，增加与社会和市场真正接触的机会，增加动手操作的环节，这些都需要课外实践教学来完成。

（1）社会人士专题讲座

大学开设课外讲座是一种很好的连接学校与社会的方式，但长期以来，受传统教育思想的局限，倾向邀请学者、专家来校演讲，忽视广大企业家、经理人等社会人才。文化产业管理专业是市场走在学术前面的专业，即先有文化产业市场的发展，后有文化产业管理专业的设立，很多理论也是依据市场现象总结归纳所得。因此，应坚持"请进来"战略，经常邀请文化企业中具有丰富实践经验的企业家、管理者和基层一线人才等社会人士来开设专题讲座，向学生介绍真正的文化市场，与学生分享在文化产业管理实际工作中的经验和教训。国内有些高校在这一方面走在前列，例如，山东大学定期邀请各类文化企业家、高级经理人等业界精英给学生开讲座就收到很好的成效，学生得到了很多实践知识并开阔了眼界；许多企业家也为自己的企业预订了一批储备人才，客观上降低了大学生的就业压力，同时还丰富了实践教学内容、提高实践教学效果，可谓实现了学生、企业、学校的"三赢"。

（2）校企合作，打造实习基地

深入企业实践是提高学生专业技能的必要途径，尤其像文化产业管理这种应用型学科更是如此。学校应扩大开放程度，加强与企业之间的横向联系，通过校企合作，共同打造实习基地，学校通过选派学生到实习目的地，帮助学生将理论知识升华为实践经验。如江苏师范大学文化产业管理专业就先后与徐州报业集团、徐州市艺术馆、徐州国际会展中心、徐州音乐厅等多家文化企业签订专业合作共建协议，为文化产业管理专业的学生提供实习实践场所。校企双方从学校教学计划和文化企业业务安排两方面考虑，协调安排学生实习时间和实习内容，每年学校选派学生前往企业进行为期至少10周的专业实习，所有企业均提供一定数量岗位，满足学生顶岗实习需求，避免专业实习流于形式。

(3) 参加创意创业大赛

近年来，国内大量的创意设计大赛和创业大赛为学生提供了展示项目设计的平台，从中央到地方各级层面都越来越注重大学生创意创业能力的提升，定期举办各级创意创业大赛，在实践指导教师的引导帮助下，大量学生团队和个人在各类比赛中展示了自身的创意，通过实际操练为创业打下基础。2014年，已成功举办八届的"挑战杯"中国大学生创业计划竞赛升级为由共青团中央、教育部、人力资源和社会保障部、中国科协和全国学联五部委联合组织开展的"创青春"全国大学生创业大赛，意在打造增强大学生社会责任感、创新精神、实践能力的有形工作平台。在国家层面的带动下，全国、省、高校三级创业大赛机制将逐步完善，引导和激励高校学生将所学理论知识与社会经济发展紧密结合，培养和提高创新、创意、创造、创业的意识和能力被广泛重视。文化产业管理专业实践教学可以采用教师组织学生团队或个人参加各级创意创业大赛，发挥所学专业特长，既能综合各门课程知识，又能将理论应用于实践，最终起到锻炼学生实践动手能力和促进就业的双重目标。

(4) 文化产业孵化器

如何真正让专业服务企业，知识服务市场是众多高校文化产业管理专业面临的问题，孵化器可以很好地解决这一问题。孵化器是一个聚集创新项目和初创企业的"温室"发展空间，是介于企业和市场之间，兼具社会效益和经济效益的组织机构，其功能主要是为项目开发、企业成长提供商务配套、商务代理和信息、技术支持，以及创业指导、投融资服务等。孵化器有很多种类型，其中很重要的一种就是大学、科研机构为促进科研成果转化，向学生提供实践和创业温室而设立运营的孵化器。如今在开设文化产业管理专业的高校中成立文化产业孵化器的还为数不多，较著名的有"中国传媒大学文化产业孵化器"。它依托大学丰富的传媒和文化资源，专注于文化创意产业，作为高校产学研相结合创新实践平台，取得了一定成果，被评为北京市高新技术产业专业孵化基地，受到北京市及朝阳区政府的高度重视和大力支持。[1]孵化器给在校大学生提供了大量实践机会,让学生在学校就真正接触到文化产业的项目运作,了解产品从研发到投入市场的全过程。

学校可以依托创意创业大赛或某些专业课程(如《文化产业创意与策划》课程)中的学生创意进行筛选,对好的创意提供专业孵化指导和投融资服务,既能增加学生创意创业的动力,又能真正实现产学研一体化,这也是实践教学的最高层次。当今,虽然很多高校文化产业专业都建立了文化产业研究中心、文化产业基地等研究机构,但建立文化产业孵化器的还为数寥寥,既反映了文化产业管理专业的实践教学不足,又反映了产学研体系尚有待发展。

(二)双师型师资建设

实践教学的主体是教师,他们肩负着制定实践教学计划、设计实践教学模式和掌控整个实践教学环节的重任。文化产业管理是一门学科交叉性很强的专业,现阶段其所在的学院也是五花八门,有历史学院、文学院、新闻传播学院、艺术学院等,教师大都是由原有师资通过重新学习转变而来,教师的专业水平不高成为制约专业发展的重要瓶颈。同时,现有教师又多为学术型人才,本身就缺少实践经验,对实践教学的开展非常不利。

由于上述原因,当前文化产业管理专业教师无论从数量上还是质量上都难以满足实践教学需要,很多实践课程开不起来,有些即使开了也效果不佳。因此,要坚持"走出去"的开放式办学策略,培养双师型人才。学校应从考评制度和激励制度上推动文化产业管理教师深入一线,到文化创意策划的一线岗位挂职,使他们既熟悉理论知识,又拥有实践经验,既能教书育人,又能进行职业指导,实现从学术型师资到双师型师资的转变。

除了原有师资的培养之外,还可以引进文化企业中的实战人才作为专业实践教师或邀请文化企业中的管理人才担任实践教学的兼职教师,借助这类人才的实际工作经验,丰富文化产业管理实践教学体系,让学生从实践指导老师那里可以直接获得市场的一手信息和经验。

(三)实践教学时间安排

相对于课堂教学而言,实践教学时间安排相对灵活,时间可长可短,可根据各类实践教学形式的特点进行安排。

首先是课堂实践教学时间，根据不同课程需要，灵活安排实践教学时间。如有些课程可以安排每学期 1/3 的课时作为实践教学课时。如《文化产业创意与策划》共 54 学时，可以安排 18 学时作为课堂实践，即在每一章课堂教学后安排课堂实践，可以是创意思维训练或创意策划训练，也可以是案例分析讨论等。

其次是实践周，即在整个学期的最后一周安排集中实践教学，将前面所讲内容进行综合性实践训练。具体可以采用参观、讲座、项目模拟训练等方法。如《会展策划与实务》可以在学期最后一周集中安排分组项目模拟训练，将前面所学理论知识集中到一个项目运作上，并依据项目策划的情况评定实践成绩。此外，也可以采用带领学生到会展中心参观观摩、邀请会展中心管理人员做会展经营相关的讲座等方式。

再次是专业实习期，可安排在第 6 或第 7 学期，用两个月以上的时间集中派送学生到实习基地进行完整的专业实习，整个实习期内学生要综合运用课堂教学所学的知识，并发挥自身的主观能动性，完成实习基地分配的工作任务，实习指导教师定期到各实习点进行现场检查与指导。实习结束时由实习基地负责人出具实习评价表，并打出实习分数，教师根据检查情况和实习评价表综合得出学生最终实习成绩。

（四）完善考核制度

多年来，文科实践教学得不到重视的一个很重要的原因就是因为考核机制不健全，由于它不像理科实践教学容易量化、缺乏成绩评定标准，所以常常流于形式。因此，完善的实践教学模式应该有配套的考核机制来保障，首先，教师对每次实践教学应做详细考勤并结合学生在每次实践教学中的表现，评定实践成绩，将其作为期末成绩的一部分纳入整个考核体系。其次，针对在校外实习基地进行的实践教学，可以实行实践基地和实践教师双考核并以实践基地考核为主的考核制度。再次，通过严格的考核制度和完善的考核机制，加大学生对实践教学的重视，进而提高实践教学效果。

四、文化产业管理专业实践教学的积极意义

文化产业管理专业是一个实践性、应用性非常强的专业，因此，将实践教育的观念引入到文化产业管理教学过程中，培养具有创新意识和较强

操作技能的人才是该专业发展的必然要求，有着重要的积极意义。

（一）增强课堂教学效果

传统的课堂教学往往采用教师"一言堂"模式，缺少学生的参与，纯粹理论的灌输无法激起学生浓厚的学习兴趣。通过课堂实践教学，如创意思维训练、案例分析讨论、项目模拟训练等学生参与式教学模式，可以大大丰富教学内容，使抽象的理论知识具体化、社会化，加深学生的理解程度。同时，由于学生的参与性强，大大提高了学生的积极性，很好地增强了课堂教学效果。

（二）培养学生综合素质

文化产业管理人才培养的目标是要培养具有创新意识和较强操作技能的应用型人才，仅通过课堂讲授是无法达到这一目标的。只有通过实践教学，创造理论与现实结合的机会，突出学生的主体性，才能实现上述目标。实践教学一方面可以培养学生的团队合作精神、调查研究性学习能力和创新能力等综合素质能力；另一方面可以锻炼学生的策划能力、宣传推广能力和品牌塑造能力等实际动手能力，既能满足对应用型创新人才的培养目标，又能提高学生自身素质和能力。

（三）满足社会对应用型人才的需求

大学是社会人才培养的摇篮，大学人才培养模式应与社会需求接轨。文化产业管理专业作为一门应用型学科，主要是为广大文化产业管理机构、文化事业单位、文化产业经营企业以及各类文化市场和各类企业的创意、策划、营销管理岗位培养从事文化产品开发与营销、文化活动创意与策划、文化项目于管理等工作的复合型人才，学生除了扎实的理论知识之外，还应熟练掌握创意策划、宣传推广、品牌塑造等专业技能才能满足社会需求。实践教学有利于帮助学生学以致用，改变大学生理论与实际脱节、到工作岗位后完全从零开始的问题。

【参考文献】

[1] 周哲、赵雪波. 打造高校产学研创新实践新高地——关于中国传媒大学文化产业孵化器建设的思考 [J]. 现代传播. 2013（11）：143-144.

90后青年学生网络偏好行为及其引导

——以驻江苏省徐州市高校为例

安仲森　王　欣

摘要："90后"青年学生的网络行为总体上较为理性，对网络的态度较为积极。依据对徐州市四所本科院校的调查结果，综合分析"90后"学生常见的网络行为及其发生频率，网络偏好行为主要分为四类：信息搜集行为、放松休闲行为、沟通交流行为、追求刺激行为。主观上网络行为偏好与网络依赖和学生对网络态度、自身控制力、自我实现的需要、人格因素等密切相关，我们应通过学校和家庭教育引导、主体自觉、管理干预等方法来进行矫治。

基金项目：本文为江苏省教育厅高校哲学社会科学基金项目《自媒体时代网络舆论运行机制及引导路径研究》（项目号：2012SJD860004）的阶段性研究成果之一。

引言

网络行为是在互联网出现之后而产生的概念，目前，尽管学术界对其定义还没有统一，但是顾名思义，网络行为就是利用网络，将网络作为媒介、对象或工具而产生的一系列工作、学习或生活的社会行为，有广义和狭义之分。广义上的网络行为应该包括与网络有关的一切行为，包括网上和网下的行为。狭义上的网络行为仅仅指网上行为。所谓的网络偏好行为，就是在上网总时间长度相同的情况下，某人从事某种网络行为所用的时间显著高于其他人并在自己的网络行为中占据重要位置。不同的人存在不同的网络偏好，而人们对同一网络行为的偏好程度也可能存在不同，因此网络行为偏好这个概念存在类型和程度两个维度。网络偏好行为有的本身就是网络依赖症，而有的是网络依赖症的重要前提。

从2008年开始，20世纪90年代以后出生（简称"90后"）的青年学生陆续进入大学校园学习，高等教育的改革和发展从此面临一个新的时代群体。"90后"青年学生是在经济以及信息的全球化浪潮和中外文化以及各种社会思潮激荡、碰撞、融合的时代大背景下，伴随着互联网的深入发展而成长起来的一代，尤其在当今高度发展的网络环境下，他们的思想和行为出现了一些新的变化，呈现出新的表征，关注并研究他们的网络行为及其规律，对于新时期做好思想政治教育工作，促进高等教育的发展，推进人才强国战略具有重要价值。

一、90后青年学生网络行为现状

2011年1月，针对"90后"青年学生网络行为情况，笔者对徐州市四所有代表性的本科院校的部分学生进行了问卷调查。此次调查共发放问卷456份，收回442份，有效问卷435份。在有效问卷中，"90后"学生392人，年龄在17~21岁。其中男生226人，女生166人，分别占到57.65%和42.35%。

对于上网时间，在被调查的"90后"学生中，平均每天上网时间在2~4小时的占到了34.2%，4~6小时的占到了21.1%，6~8小时的占8.8%，2小时以下的占32.8%，8小时以上的占3.1%。此外，对于上网时间在8小时以上的学生中，回答"某一天不上网会感到严重不适"的选项占到了这类学生总数的88.47%，这说明，绝大多数学生上网的时间在正常的范围之内，但对于每天平均上网时间超过8小时的，则形成了典型的网络依赖。

对于上网的方式，其中最主要的上网方式是宿舍有线网络、无线网络、手机，分别占到了30.1%、23.4%、22.7%，去网吧、校内机房、家庭上网只占较小的比例。这说明，随着计算机网络在高校内普及方式的多样和手机网络的发展，学生不出校园就能享受到便捷的网络服务，信息化校园建设取得了明显成效。

对于上网时段，被调查的"90后"学生中，近一半的学生没有固定的上网时间段，也少有人在深夜上网，通宵上网者较以往明显减少。但值得注意的是，由于手机媒体的迅速发展，选择在课堂上偶尔用手机上网的比例占到了12.5%，而且在课堂上上网的主要目的是交友聊天、玩游戏的占到了42.8%，对于利用手机网络同步进行学习的只占到了25.36%，这从一个侧面说明了部分学生的学习风气有待整治,教室的网络管理、技术控制有待加强。

对于上网的目的,大部分学生都把查找资源、娱乐和放松、开阔眼界等选项作为首要的回答,打发时间只占到了17.7%,认识结交朋友占了13.6%。

对于具体的网络行为,下载各种音乐和影视资源、浏览新闻、搜集与学习的有关信息、即时通信与收发邮件等选项所占的比例最高,都超过了一半。对于下载软件、上网聊天、参与网络群体讨论、玩游戏、网络购物等所占的比重紧随其后,都超过了3成。调查还显示,"90后"青年学生上网浏览的多是教育网站、搜索引擎、综合网站、娱乐网站、电影网站和游戏网站,也有部分人经常或偶尔浏览淫秽网站和其他非法网站。

对于网络的态度,调查显示,72.5%的学生表示满意,认为其正面影响大于负面影响,只有24%的学生认为负面影响大于正面影响。关于网络在大学生学习生活中的重要性,高达66.1%的学生认为比较重要,只有1.7%的学生认为一点都不重要。对于网络行为的道德问题,绝大部分被调查者反对浏览、制作、传播淫秽信息,高达7成以上的学生没有用非法手段攻击他人网站或窃取重要信息,更有88.5%的学生认为在网络空间里应遵守诚信的社会公德,慎重交友。调查同时显示,27.43%的被调查者有入侵他人网站,窃取他人信息的想法,23.2%的学生对浏览黄色网站持无所谓态度。

通过上述数据,我们认为,"90后"青年学生尽管思想比较激进,在理想信仰、价值取向以及人际关系模式构建上出现了新的表征,也面临着一些困境和尴尬,但是绝大部分学生的网络行为较为理性,能够积极发挥网络的积极作用为自己所用,对网络态度较为积极,也能够按照一定的伦理规范约束自己的行为,体现出了较高的素质水平。但是,由于家庭、学校、社会以及"90后"学生自身等多种原因,他们也出现了网络失范行为,如网络成瘾、网络的过度使用、网络盗窃、浏览传播淫秽信息等。这说明,他们在道德上的认知和现实的行为之间仍有冲突和差距,这也呼唤对"90后"大学生需进一步加强网络道德建设,进一步规范网络行为,不断提高道德水平。

二、90后青年学生网络偏好行为及其影响因素

依据对徐州市四所本科院校的调查结果，综合分析"90后"学生常见的网络行为及其发生频率，网络偏好行为主要分为四类：信息搜集行为、放松休闲行为、沟通交流行为、追求刺激行为。

相关研究发现，网络行为的影响因素主要有性别、人格特点、应对方式和社会支持因素等，此类研究考察了上述四种偏好行为与几种影响因素之间的关系。其主要结论是：放松休闲行为和追求刺激行为的频率与上网时间有显著的正相关，即上网时间越长的人，越倾向于放松休闲和追求刺激行为。在平均上网时间一定的情况下，沟通交流与信息搜集行为的频率与性别存在显著的偏相关，即女生相对于男生来说存在着沟通交流行为偏好和网络信息搜集行为偏好的趋势。在上网时间和性别一定的情况下，人格因素与追求刺激行为频率存在着显著的适度正相关，性格的内外向与沟通交流行为存在适度正相关。由此，人格因素中精神质分数高的人，更倾向于表现出网络追求刺激的偏好，性格外向的人，更倾向于网络沟通交流行为的偏好。

三、90后青年学生网络偏好行为的主观原因分析

对于网络偏好行为产生的原因，调查结果显示：四所高校的被调查者对于原因的选择基本一致，占前四位的分别是"学业需要，网络是每时每刻必备的工具""在网络上与网友的交流是大学生活的重要内容""时常感到孤独""觉得生活十分无聊"，占到了62.3%、53.2%、45.2%和44.6%。另外，"在网上寻求自信""好奇心强，对网络上的新鲜事物感兴趣"等也占到了较高的比例。此外，对于每天平均上网时间达到8小时以上学生的调查问卷分析，结果显示："人际关系不佳""感情受挫""学业不顺""显示中没有固定的兴趣爱好"等的选项则显著高于上网时间在8小时以下的学生。

通过上述数据的分析，结合笔者个别访谈的结果，尽管绝大部分"90后"学生对网络的态度较为积极和理性，但是也出现了典型的网络偏好行为以及网络依赖，这应该引起我们更多的关注。从主观原因和动机来说，可以归纳为如下几点：

一是过分夸大网络在学习中的作用。将学业与网络过度联系在一起，在学习中处处依赖网络，规避了网络的负面影响。这种行为也与学业不良有直接关系，由于学习成绩不理想转而试图通过网络来改变，但是过分依赖于网络却加剧了学习不良的状态，形成了恶性循环。

二是缺乏自我控制的能力。一些学生明知道在网络上花费的时间过多，而且意义不大，但仍旧无法抑制上网的沉迷状态。在调查中，有高达34.3％的学生"对于长时间上网后感到后悔"。对于"有时控制不了自己上网的时间"的选项占到了28.7％。

三是人际关系不理想。在现实中人际关系不理想的学生转向寻求网络友谊，而这种行为又加剧了现实人际关系不良的程度。对于"时常感到孤独"的选项所占的比重可见一斑。

四是自我价值感和认同感的需要。"90后"大学生寻求更多认同和尊重的需要转而使他们依赖于网络，尤其是那些自认为在现实生活中自我价值得不到体现的学生。在网络的虚拟空间里，他们把自己定位得更加积极，现实生活中不被接纳的个性特征在网络里得到了充分表达，他们或做版主，或发帖引起别人大量关注，或撰写大量文章寻求追随者，或在网络游戏中"关五关斩六将"寻求被称赞，体现自己的另类智商。

五是部分学生对自己的大学生活缺少规划。从调查结果来看，部分学生对大学生活缺少设计，没有明确的学习和奋斗目标，在生活中不善于培养自己的兴趣爱好，所以感觉"生活十分无聊"。

四、90后青年学生网络偏好行为的引导和干预

对于"90后"青年学生网络偏好行为以及网络依赖，应通过学校引导、主体自觉、家庭教育和管理干预等方法来进行矫治。

一是加强学校的引导。要对学生使用网络情况及学生的思想状况进行深入了解，平等地与他们开展对话和交流，缩小师生交往的心理距离。加强网络思想政治教育，用主流的价值观念、健康的舆论引导大学生进一步树立和完善人生观、价值观，创新教育载体，不断提高主流网络文化对学生的吸引力和感染力。要合理安排并引导学生的生活与学习，创造条件让学生进行适时适当地面对面交流与沟通，远离网络依赖。对于大学生使用

网络，采取收与放相结合，疏与堵相配套的原则，采取有效适度的管理，形成必要的约束机制，努力消除网络带来的负面影响，为学生的健康成长创造良好的媒体环境。

二是唤醒主体的自觉。在网络技术迅速发展的今天，网络上的道德教育应着力培养他们道德的主体性，培育他们的自律意识，不断提高自我修养的水平。要通过学风建设系列活动，设置情境，促使学生自觉地树立起生活的理想和目标。通过丰富多彩的校园文化活动，转移学生的注意力和情感中心，采取多种方式促进现实生活的人际交往。深入了解学生的个性和心理特征，通过个别谈话、集体活动等让学生获得现实生活的自信，培养多样的兴趣。同时，加强大学生职业生涯的规划教育，让大学生主动自觉地设计自己的大学生活以及未来职业，明确奋斗目标。一些研究发现，网络偏好行为及网络依赖是大学生成长中的常见问题，大部分人可以依靠自我反省和自我控制逐步回到正确的轨道上来。

三是家庭教育的补位。首先，对于家庭教育来说最主要的是要与了解自己的子女，观察和了解他们在学校在家庭的日常行为、去向和状态；其次，学会倾听孩子对网络以及网络上传达信息的想法，适时适当引导，在家庭里营造和谐宽松的环境，让孩子主动说出心里话；再次，培养孩子的人际交往能力，扩大他们人际交往的范围。父母是孩子人际交往的首要责任人，这是不可推卸的。父母可以从尝试改善家庭亲子沟通入手，帮助他们建立对现实世界的信任和信心，从而逐步使孩子自愿走出网络、迈出家门，走向丰富的现实世界。家长可以多陪孩子打球、锻炼、读书等，还可以带他们出去旅游，既能拓宽孩子的眼界，又能锻炼动手和交际能力。最后，要有防范意识，为孩子的上网提出必要的约束条件，控制好孩子上网的时间。可以联系网络运营商，为构筑绿色网络提供保障。此外，家长应该及时"充电"，学会与孩子沟通的技能和本领，可以尝试主动与孩子一起上网，一起打游戏，一起获取资讯，以一种平等、对话的方式教育孩子，这样才可能被孩子接受。

四是管理干预的及时。管理干预的及时，首先是管理。要建立长效机制，促进网络的健康运行。加强对上网时间段及网络覆盖范围的管理。建立监督机制，设定网络管理的目标，禁止特殊的网络使用行为。在管理上也可以使用提醒卡片，记录个人网络使用的清单，等等。坚强技术控制，如 IP 地址时间控制、网络信号屏蔽、实名制认证等。其次是干预。加强网络管理，限制上网时间、地点虽然有一定的必要性，但是从源头上解决问题才是根本之道。团体辅导是干预的最有效的方法之一。所谓团体辅导，即团体心理咨询，它是在团体情境下进行的一种心理咨询方式，通过团体内的互动交际作用，运用团体动力和适当的心理咨询技术，协助个体认识自我、探索自我，调整、改善与他人的关系，学习新的态度与方式，从而促进自我发展及自我实现的过程。团体辅导可以帮助当事人从五个方面改变，即认识到自己过度使用网络、认识到自己潜在的心理问题、协助当事人面对现实、处理潜在的心理问题、协助当事人制定改善网络偏好行为和成瘾的措施和计划，培养当事人对时间的敏感度和自我控制的能力。

【参考文献】

[1] 龙海平. 90 后大学生思想发展规律及教育对策［J］. 广西教育学院学报，2009（5）：78.

[2] 张再兴. 网络思想政治教育研究［M］. 北京：经济科学出版社，2009：388.

[3] 樊富珉. 团体心理咨询［M］. 北京：高等教育出版社，2005：11.

[4] 高玉清. 推动吉林省高校双语教学的可持续发展［J］. 社会科学战线，2012（7）：275-276.

[5] 奚红妹，宋彩萍. 对话视阈下的高校双语教学［J］. 教育理论与实践，2011（36）：53-55.

[6] 王俊. 探究式学习：改善高校双语教学实效的一个新思路［J］. 江苏高教，2013（2）：68-69.

[7] 李甜."Vb 双语教学辅助系统"的设计和实现［J］. 中国教育信息化，2012（21）：39-41.

[8] 刘春丽. 旅游管理专业梯进式双语教学模式构建与实践［J］. 中国成人教育，2011（12）：147-148.

[9] 邹统钎. 国际化旅游职业经理人培养模式——旅游管理国家级特色专业论文集［C］. 北京：旅游教育出版社，2013.